何以
中国

大地有名

胡阿祥 著

浙江人民出版社

图书在版编目（CIP）数据

大地有名 / 胡阿祥著． — 杭州 ：浙江人民出版社，2022.10（2023.2重印）

ISBN 978-7-213-10740-5

Ⅰ．①大… Ⅱ．①胡… Ⅲ．①地名-文化研究-中国-文集 Ⅳ．①K92-53

中国版本图书馆CIP数据核字(2022)第157521号

地图审图号：GS浙（2022）137号

大地有名

胡阿祥　著

出版发行：浙江人民出版社（杭州市体育场路347号　邮编　310006）
市场部电话：(0571)85061682　85176516

责任编辑：汪　芳　李　信　　封面设计：林　林
责任校对：戴文英　　内文设计：王　芸
责任印务：程　琳　　营销编辑：陈雯怡　陈芊如　张紫懿
电脑制版：杭州天一图文制作有限公司
印　　刷：浙江新华数码印务有限公司
开　　本：880毫米×1230毫米　1/32　　印　　张：10.875
字　　数：235千字　　插　　页：4
版　　次：2022年10月第1版　　印　　次：2023年2月第2次印刷
书　　号：ISBN 978-7-213-10740-5
定　　价：78.00元

自序

“地上本没有路，走的人多了，也便成了路。”套用鲁迅先生的这句名言，我说：大地本没有名，人们关注了，也便有了名……

有了名的大地，已是打上了人的烙印的大地。或者说，大地有名亦即地名，就是人们为大地编制的身份证。如此，这样的大地，其实全面呈现着自然与人文交融的“器”与“道”，忠实记录了人类社会的过去与现在；这样的地名，既是鲜活而广泛的社会现象，也是真实且珍贵的文献资料。进而言之，研究大地如何有名的地名学，也就成为一门兼具学术意义与实用价值的交叉学科。

大概是因缘际会吧，约从1985年5月研读苏联地名学家B.A.朱奇凯维奇（В.А.Жучкевич，1915—1985）的《普通地名学》开始，半个多甲子以来，我参与了南京大学地名学方向班的创建，开设了多门本科生与硕士生地名学课程，编制过几十份城区或区片的地名规划文本或地名命名方案，至于楼盘名称评审、地名调查、地名讲座、地名申遗、地名采访等活动，往往更是应接不暇；而日积月累，我所出版的地名著作、发表的地名论文、撰写的地名随笔、推敲的地名碑文，也是“蔚为大观”。又自2019年至今，中央电视台与民政部联合制作的《中国地名大会》已经播出两季24期，我担任了其中15期的点评嘉宾。在此漫长的过程中，我既处处感受着“古今多少事，都付地名中”的无限精彩，每每感叹着地名学术“开卷如芝麻开门”的特别魅力，也尤其欣慰于社会大众对地名的越来越钟情、对地名文化遗产的越来越珍爱。

或许是为了回应这样的社会钟情与大众珍爱，近两三年来，我所收到的地名主题的出版邀约，可谓纷至沓来，比如已经交稿的《释名翼雅集》《如果地名会说话：国是千万家》，还在商谈中的三卷本《地名学的理论与实践》和可能成为系列的《课本中的地名》。从某种意义上说，我想，涵括古今、包罗中外的地名文化，或将成为聚议的热点话题、凸显的出版现象吧。

《大地有名》的选编，即是我应浙江人民出版社之约，在汪芳编辑的耐心建议下，以地名与地名学为中心内容而完成的一部文集。选编这部文集的旨趣所在，就如东汉刘熙《释名·自序》的感慨："名之于实，各有义类，百姓日称而不知其所以之意。"而一旦"打破砂锅问到底"，追究万千地名的"所以之意"，往往会发现其中奥妙无穷。

《大地有名》收录我已刊、未刊的文章凡35篇，略以考据、应用、普及三个指向，分门别类，厘为三编。上编"闻'名'识中国"，比附美国电影*Scent of A Woman*的汉译片名《闻香识女人》。该编9篇文章所考所述的名号、国号、域外称谓以及其他地名，既是认识中国的独特视角，也是地名价值的集中呈现。中编"地名与文史"，从"常识"纠谬到"成说"质疑，从文献记载到剧集演绎，从地名变迁到诗文传播，11篇文章的例证，都围绕着文史中的地名、地名中的文史两个主题。至于下编"地名里的中国"的15篇短文，则是我为广大读者草拟的讲义，所以视为地名与地名学的知识普及可矣，然则地名领域之宏阔丰富、地名学术之深邃无垠，由此也可见一斑了。

胡阿祥

2021年10月3日于句容宝华仙林翠谷

目录

上编 闻『名』识中国

说不尽的地名中国 002
解说名称，认识『中国』 008
禹迹与九州：『创世记』的人文意义 022
源远流长『汉』国号 036
有关『中华民国』国号的『一重公案』 060
『中华人民共和国』国号的成立过程 071
China：失位的『震旦』与变味的『支那』 083
Serice：神秘的丝国 097
龙与狮：中国的动物象征 116

中编
地名与文史

历史『常识』纠谬二例 136
黄帝陵究竟在何处？ 145
叩『关』问『中』话战事 149
蒋山、蒋州、蒋王庙与蒋子文崇拜 155
乌衣巷名称的由来与乌衣国的传说 166
韩愈郡望昌黎及相关问题质疑 175
《徐霞客游记》中的地名记述与研究 186
『宁夏』：美愿还是写实？ 206
改『鄂』为『楚』？何必折腾！ 214
玩味《琅琊榜》中的地名 222
《长安十二时辰》里的坊市与伏火雷 241

下编

地名里的中国

听歌：『我们都有一个家，名字叫中国』 248
审图：省区名称的由来 255
填表：南北二京的地名『履历』 261
逛街：『寻常巷陌，人道寄奴曾住』 267
品味：舌尖上的地名 274
魅力：天堂般的『江南』与秘境『香格里拉』 279
巡礼：佛道名山 284
泛舟：五湖四海 289
风俗：吉祥或忌讳 296
吟诵：『诗句连地理者，词气多高壮』 301
尴尬：惹人笑话的『望文生义』 308

演变：避讳与雅化 313
正名：从『埃峰』到『珠峰』 318
见证：沧海与桑田 324
回家：地名『万花筒』 330

图版目录

图1-1 利玛窦与明朝大学士徐光启 009
图1-2 利玛窦改绘的《坤舆万国全图》 019
图1-3 四川汶川大禹塑像 025
图1-4 南宋唐仲友撰《帝王经世图谱》中的《禹贡九州山川之图》 028
图1-5 中国古代星象图壁画，中间为银河 043
图1-6 “中华苏维埃共和国中央执行委员会”印章 073
图1-7 禾本科优质牧草猫尾谷标本（南京大学生物学系植物标本室藏） 084
图1-8 后天八卦方位图 085
图1-9 长沙马王堆汉墓出土素纱禅衣 099
图1-10 东国公主巧带桑蚕之种画板 102—103
图1-11 “丝绸之路”中的“绿洲之路”简图 108
图1-12 公元前5世纪古希腊雕塑《命运三女神》 111
图1-13 清末谢缵泰所绘《时局图》 117
图1-14 1900年美国漫画《真正的麻烦是这家伙醒来之后》 119
图1-15 清朝长方形黄龙旗 124
图1-16 1906年美国图书《中国和她的人民》封面 128
图1-17 北京故宫铜狮子 132
图2-1 陕西黄陵县黄帝陵 147
图2-2 蒋王庙老照片（1914年） 163
图2-3 清末民初陈作仪《金陵四十八景》之

"乌衣巷" 169

图 2-4 韩愈画像 180

图 2-5 徐霞客画像 190

图 2-6 梁朝建康城布局示意图 226

图 2-7 芜湖—南京段长江的河道走向 235

图 2-8 唐代长安图 243

图 3-1 何尊 249

图 3-2 何尊铭文拓片 252

图 3-3 何尊铭文中的"中或"二字 252

图 3-4 唐朝淮南道 255

图 3-5 河南省地图 256

图 3-6 桐城六尺巷 268

图 3-7 太湖、洪泽湖与江苏省水系 292

图 3-8 黄鹤楼旧影（1880年） 304

图 3-9 苏北海岸的历史变迁 325

图 3-10 鸣沙山与月牙泉 328

图 3-11 四窗岩 333

上编 闻『名』识中国

■ 说不尽的地名中国

2005年11月1日，我在《现代快报》“钟山夜话”专栏发表了一篇小文章《骑鹤上南京与杨花萝卜》，其中写道：

春有烟花三月、秋有二分明月的扬州，是很让人向往的地方。二分明月出自唐人徐凝的“天下三分明月夜，二分无赖是扬州”，烟花三月则做足了诗仙李白《黄鹤楼送孟浩然之广陵》“故人西辞黄鹤楼，烟花三月下扬州”的文章。李白的这两句诗，化用的是梁朝殷芸写的孙吴故事：“有客相从，各言所志。或愿为扬州刺史，或愿多资财，或愿骑鹤上升。其一人曰：‘腰缠十万贯，骑鹤上扬州。’欲兼三者。”也许人生理想不外乎当官、发财、成仙吧，“欲兼三者”就是奢望了，不过唐时扬州真的仿佛天堂，乃至有“扬（扬州）一益（成都）二”之说。

问题在于，殷芸笔下的扬州，说的是六朝首都所在的南京；李白的广陵扬州，当然指的就是今天扬州。李白是真的不知道还是装糊涂，不得而知。而今天的扬州若要大做“腰缠十万贯，骑鹤上扬州”的形象宣传，则是将错就错的“扬虚子”商人功利行为了，知根知底的南京文化人心理肯定会不平衡。

此段文字有些绕来绕去，不太熟悉地名变化的人，可能会犯糊涂。这里问题的关键在于：殷芸故事里三国孙吴时代的扬州，与李白诗歌中唐代的扬州，根本就不是一回事，虽然同为“扬州”，却是异地同名。孙吴的扬州，治所在今天的南京市，级别相当于现在的省，而且范围很大；唐代的扬州，治所就在今天的扬州市，级别也只相当于现在的地级市，范围很小。如此，“腰缠十万贯，骑鹤上扬州”这样的形象宣传、旅游资源、雕塑题材，南京人当然不肯出让给扬州。而且，李白说的是“下扬州”，也与殷芸说的“上扬州”不是一回事。“上扬州”的“扬州”，是孙吴以至六朝的首都所在，就是今天的南京市。这就如同我们今天说的“上北京”，到首都去，习惯称“上”。李白说的“下扬州”的“扬州”，只是唐朝的一个普通政区，就是今天的扬州市。

从这个例子，不难看出地名学术的复杂、地名知识的重要。说起来，真正了解一个地名，我们要知道音、形、义、位、类五个要素，也就是读音、写法、字面义与指代义、位置、类别。虽然是否知道地名的字面义与指代义，并不影响我们对地名的使用，但音、形、位、类四个要素还是应该明确的，因为这些要素联系着我们的生活，至于地名的义，则反映了我们的文化修养与知识水平。

说起地名与生活的关系，我们可以想象，现代生活是离不开地名的。没有地名，城市乃至乡村的生活将是一片混沌。以身份证为例，上面又有多少地名信息。然而地名不仅具有实用价值，它也映射着人类社会的过去与现在。地名是人们赋予各个地理实体的专有名称。自古至今，那些曾经使用或正在使用的地名，都是人们约定俗成的、命名的、公认的；反过来，地名又成为人类社会各种信息的载体。如此，站在今天的立场，我们可以认为：地名是当地人的脸、外地人的眼，是鲜活而广泛的社会现象，是真实且珍贵的文献资料，是必须保护与传承的文化遗产。

以言地名是真实且珍贵的文献资料，不妨举两个例子。

先说区域地名整体。1944年，金祖孟先生在《新中华》杂志第二卷第四期上发表了《新疆地名与新疆地理》一文。这篇文章非常精彩，通过分析新疆地名的特点，系统全面地说明了新疆地域的特征：新疆地名稀少，可以表示那里人口稀疏；新疆地名分布不均，可以表示那里各地带土地利用程度的不同；新疆地名难读、难懂、难记，可以表示那里民族、语言、文字的复杂；“迪化”“镇西”一类取义于古代中央政府希望或意志的地名，可以表示那里的确位于地理上和文化上的边疆；新疆汉文村落地名集中在天山东段的南北山麓，可以表示那里汉人的分布情形；新疆地名中与水相关字眼的普遍应用，可以表示那里气候的干旱与水的可贵；新疆地名历史上多变，可以表示那里村落以至都市常因沟渠的兴废与河道的改变而发生变化。如此等等，无疑拓宽、加深了我们对广袤、美丽、神秘的新疆地区的真切理解。这就是地名作为文献资料的特别价值。

再说城市地名个案。就以我生活与工作的城市南京为例，它拥有近2500年的城市史、450多年的都城史，是中国的第四大古都、中国南方最大的古都。那么如何理解南京的历史呢？南京城市名称的褒贬变迁与成千上万的老地名，就是一条非常独特而且非常有效的途径。

比如，伴随政治地位的沉浮与行政建置的轻重，伴随成功的辉煌与没落的无奈，历代南京的城市名称有时大气磅礴，有时低迷沉沦。大气磅礴的褒义名称，如三国孙吴的“建业”、东晋南朝的“建康”、元朝的“集庆路”、明朝的“应天府”“南京”“京师”、太平天国的“天京”，它们所对应的南京，或为半壁江山的皇朝首都，或为天下一统的帝国京城，又或为东南形胜之地、潜邸龙兴之所、民变政权之都。至于低迷沉沦的贬义名称，在中国的“八大古都”中，南京应该是最多的。其中，明显含有贬义的名称，如西晋灭吴后替代建业的“建邺”、取代了淮水的“秦淮”、唐朝初年的“归化”；相对含有贬义的称谓，如281年起用的“江宁县”，1645年、1864年起用的“江宁府”，1645年清朝的改南京为“江南省”；可能含有贬义的称谓，如镇压王气的“金陵”。这些或褒或贬的名称，承载着南京地位的起伏不定，浓缩着南京历史的沧桑岁月。

再如南京的老地名。2004年4月，南京评选出“南京十佳老地名”。我在接受南京《金陵晚报》采访时，曾分析了“南京十佳老地名”的象征意义与指示作用。如乌衣巷点睛了历史沧桑的南京，龙蟠里、虎踞关写照了地理形胜的南京，桃叶渡、长干里、莫愁路表达了性情浪漫的南京，夫子庙体现了市井百态的南京，成贤街凝聚了人文雅致的南京，朝天宫、孝陵卫彰显了京都大气的南京；至于“南京十佳老地名”的产生时间、地域分布、名实关系，则全面揭示了南京城市的时空发展过程，鲜活反映了南京人的怀旧情结与个性追求。推而广之，南京人文与自然的方方面面，就反映在数以万计的南京老地名中。如果我们把南京的历史、地理、文化、风俗等比作一部厚重的百科全书，那南京老地名就是构成这部百科全书的长短不一、层次各别的词条。南京老地名绘就了南京的《清明上河图》，但比《清明上河图》更加丰富与细致；绘就了南京的《南都繁会图》，但比《南都繁会图》时间更长、空间更广。

以上新疆地名与南京地名两个例子启示我们：老地名轻易不能废弃，新、老地名要做到和谐一致，应该将老地名上升到历史文化遗产的高度予以保护。其实，把地名视为文化遗产，这既是世界各国的共识，也是中国各级政府的实践。

所谓世界各国的共识，比如1987年联合国第五届地名标准化会议决议指出："地名是民族文化遗产。"1992年联合国第六届地名标准化会议决议强调："地名有重要的文化和历史意义，随意改变地名，将造成继承文化和历史传统方面的损失。"2007年联合国第九届地名标准化会议决议进一步明确："地名完全属于非物质文化遗产。"再如我所收藏的日本出版的《地名与风土》杂志，1984年创刊号的封面语是："地名是时间的化石，地名是日本人共同意识的结晶体。"其他各期封面语还有"地名是宝贵的文化遗产""地名是完美的古代文学""地名是表达过去文化发展沿革的宝贵记录"等说法。

所谓中国各级政府的实践，就以近些年为例，比如2012年7月，民政部制定《全国地名文化遗产保护工作实施方案》，印发该方案的《通知》指出："地名文化遗产是重要的中华民族文化遗产，是宝贵的文化财富。"2017年1月，中共中央办公厅、国务院办公厅印发《关于实施中华优秀传统文化传承发展工程的意见》，在"重点任务"中提出要"保护传承文化遗产""推进地名文化遗产保护"。而基于这样的世界共识与中国实践，以我所参与的南京市、江宁区的相关工作来说，就既丰富多彩，也卓有成效。2007年12月，“南京老地名”项目入选“南京市首批非物质文化遗产名录”；2019年1月，南京市江宁区老地名项目入选“江宁区第二批非物质文化遗产名录”。通过这样的举措，南京老地名得到很好的保护，营造了弘扬地名文化的社会氛围。面向未来，我们认为，在中国非物质文化遗产类别中，理应增加“地名文化类”。这既是凸显中华文化特征的必要手段，也是完善中国非物质文化遗产类别的创新。

说不尽的中国地名！地名是历史记忆、文献资料、文化象征、文明见证，地名是风俗符号、地域特色、乡愁所系、乡恋所在，地名的背后有感情、有人物、有故事、有观念。地名是一声声的乡音，镌刻着人们的记忆；地名像一盏盏明灯，照亮着游子回家的路；地名如一块块磁铁，吸引着你我思乡的情。如果说诗词让人生更美好，那地名就是生活的日常；过日子可以没有诗词，但不能没有地名。地名是大地的身份证，而人并非生活在真空里，所以时时刻刻都离不开地名。

▪ 解说名称，认识“中国”

一

400多年前的1582年，天主教耶稣会传教士、意大利人利玛窦（Matteo Ricci）从印度启行，来到中国。利玛窦在中国传教、工作和生活了28年，1610年逝世，安葬于大明京师（今北京）。利玛窦晚年撰写而又经由比利时耶稣会士金尼阁（Nicolas Trigault）增修的《利玛窦中国札记》，1615年在德国奥格斯堡出版。由于“书中初次精确地、忠实地描述了中国的朝廷、风俗、法律、制度以及新的教务问题”，所以一经问世，就在欧洲引起了轰动，历史悠久、地大物博、繁荣富庶的中国，也因此而真实地、立体地呈现在欧洲人的眼前。在《利玛窦中国札记》的第一卷第二章中，利玛窦这位与中国士大夫颇多交往、直接掌握了中国语文、对中国典籍进行过钻研的西方“中国通”，第一次相当详细地解释了其时的欧洲人尚觉模糊不清的“关于中华帝国的名称”问题。①

“中华帝国的名称”纷繁复杂，利玛窦则聪明地将之区别为三类。关于第一类名称，利玛窦认为：“这个远东最遥远的帝国曾以

---

① 以下两段中的引文，见何高济等译《利玛窦中国札记》第一卷第二章（中华书局1983年版）。

图一-1 利玛窦与明朝大学士徐光启

各种名称为欧洲人所知悉。最古老的名称是Sina，那在托勒密（Ptolemy）的时代即已为人所知。后来，马可波罗这位最初使欧洲人颇为熟悉这个帝国的威尼斯旅行家，则称它为Cathay。然而，最为人所知的名称China则是葡萄牙人起的”，“今天交趾人和暹罗人都称它为Cin，从他们那里葡萄牙人学会了称这个帝国为China”；“我也毫不怀疑，这就是被称为丝绸之国（Serica regio）的国度，因为在远东除中国外没有任何地方那么富饶丝绸，以致不仅那个国度的居民无论贫富都穿丝着绸，而且还大量地出口到世界最遥远的地方……在中华帝国的编年史上，我发现早在基督诞生前2636年就提到丝绸工艺，看来这种工艺知识从中华帝国传到亚洲其他各地、传到欧洲，甚至传到非洲。”关于第二类名称，利玛窦写道：“中国人自己过去曾以许多不同的名称称呼他们的国家，将来或许还另起别的称号……因此我们读到，这个国家在一个时候称为唐，意思是广阔；另一时候则称为虞，意思是宁静；还有夏，等于我们的伟大这个词。后来它又称为商，这个字表示壮丽。以后则称为周，也就是完美；还有汉，那意思是银河。在各个时期，还有过很多别的称号。从目前在位的朱姓家族当权起，这个帝国就称为明，意思是光明；现在明字前面冠以大字，因而今天这个帝国就称为大明，也就是说大放光明。”又第三类名称，即利玛窦所谓“这个国家还有一个各个时代一直沿用的称号”——中国（Ciumquo）或中华（Ciumhoa），利玛窦阐述：“中国”这个词表示王国，“中华”这个词表示花园，放在一起就被翻译为“位于中央”，“我听说之所以叫这个名称是因为中国人认为天圆地方，而中国则位于这块平原的中央”。

平心而论，利玛窦这位老外对“中华帝国的名称”的分类与解释，或者正确，或者接近正确，或者有些正确的影子。而尤其可贵的是，利玛窦还分析了中国为什么会有如此之多的名称：“这个国度从远古时代就有一个习惯，常常是统治权从一个家族转移到另一个家族，于是开基的君主就必须为自己的国家起一个新国号。新统治者这样做时，是根据自己的爱好而赋予它一个合适的名称”；然而，“与中国接壤的国家中，很少有知道这些不同名称的，因此中国境外的人民有时就称它这个名称，有时又称它另一个”。

二

相对于利玛窦对“中华帝国的名称”的解说，传统时代的中国人对外国名称的解说有时就冬烘了。不妨说个坊间流传甚广、主角为中国人的外国国名“故事”。

晚清，在维新洋务人士的大力鼓噪下，西风劲吹，西学猛进。一位略闻新知的童生请教私塾先生：“何谓伽利略意大利人?”私塾先生答：“此有何难！伽利略的意思就是赚大钱的人。”

这位私塾先生望文生义，把“意大利”妙解为“意思就是赚大钱的人”。好在伽利略不是葡萄牙、西班牙或者海牙人，否则真不知私塾先生又会闹出什么笑话。

确实离奇古怪的葡萄牙、西班牙、海牙等，暂且不去管它。回过头来说我们自己国家的名称，比如夏、商、周，大元、大明、大清，中华民国、中华人民共和国，中国、九州、华夏、支那等，这一连串具有“中国人”身份标识意义的名称，时时接于目、闻于耳，其具体含义是什么，还是应该知道的吧！然而事实上，也许我们对之太耳熟能详了，反而想不到对它们“打破砂锅问到底”。这种情况，可以比附一下东汉刘熙的《释名》。昔刘熙撰《释名》，其自序云：“夫名之于实，各有义类，百姓日称而不知其所以之意。”所以《释名》的目的，在于辨明上则天地阴阳、下至宫室车服种种名称的“所以之意”。而就“中国”古今名称言，竟也与此相仿佛。

其实，如果“打破砂锅问到底”，追寻“中国”这块土地古往今来的名称的来源取意，那实在是一件特别富有趣味的事情。本来，创造了方块汉字的中国人，历来有讲究名称字号的传统，人名如此，国家的名称当然就更加讲究了。即便如域外对中国的称谓，也还存在着如何选用方块汉字对译拼音文字的问题。以由China音译的“支那”为例，在中日甲午战争后特殊的政治背景下，在特有兴趣于文字的音形义的中国人看来，就可以理解出许多不吉利的意思，仅从字面看，“支那”就等于“支解那里”，所以，针对日本人顽固地称中国为“支那”，中国人也曾经反戈一击，把日本的Japan谐音为“假扮”，以示讥讽。

当然，立足于学术的立场去解说中国的各种名称，又绝非易事。比较而言，拼音文字的外国名称，由于历经演变、屡有挥发，其意往往十分难解，我们所见只是一堆字母的组合；而方块汉字的中国名称，虽有望文生义的方便之处，却也因此容易导致臆解、误解乃至瞎解，汉字意义的引申、扩展、假借等，也会造成本义、引申义、附会义等的混淆。以上述利玛窦“夏”等于伟大、“商”表示壮丽、“周”就是完美、“汉”意为银河、“大明”就是大放光明一类说法为例，其所存在的主要问题，就是本义、引申义、附会义的混淆。

三

依据利玛窦有关“中华帝国的名称”之分类与举例进行补充，则有着5000多年文明史的中国，古今名称繁多而又可大别为三类。第一类即国号，包括夏、商、周、秦、汉、新、晋、隋、唐、周（武曌的周）、宋、大元、大明、大清计14个统一王朝国号，以及帝制结束后的中华民国、中华人民共和国国号；国号的指称对象，无论时间还是空间，都相当明确。第二类可拟称为名号，如诸夏、华、诸华、华夏、中国、中华、中土、禹迹、禹域、九州、九有、九原、四海、海内、天下、赤县神州、齐州、冀州、东土、东国等皆是；名号指称的时空范围模糊，文化的、民族的、政治的含义也往往多变。第三类是域外有关中国的称谓，其中影响最大、使用最广的，除了汉、唐、中国、中华这些源于国号、名号的称谓外，还另有支那（China，或译真丹、震旦等）、赛里斯（Serice，或译舍里斯、赛里丝等）、桃花石（Taugas，或译陶格司、汤姆格茇等）、契丹（Cathay，或译乞塔、契泰、迦太等）四个系列，以及诸如那迦（Nagas）、德卢（Ta-ruk）、德由（Ta-yuk）等特殊称谓；其原型大体不是汉文，而是各种外文的音译。

以上这三类名称，产生的原因极为复杂。比如国号，从最早的夏到现今的中华人民共和国，有着诸多的共同点：国号的来源与取义，总有具体原因与文化背景、历史传统，即便是那些因袭或雷同的国号，也自有显明的意义与特别的缘故；从字面义看，中国历代国号大多属于“美号”，这些“美号”与君主的统治息息相关，照应了所统治的部族民众的心理要求，并进而使政权蒙上了顺天应人的色彩。又如众多的名号，或与民族相关，或与文化结缘，或联系着历史传说，或根源于地理观念，至于语言的嬗变、政治的影响、经济的发展、文风的变迁等，也往往作用于某些名号的形成及其含义的变化。再如域外有关中国的称谓，是域外人或外国人给起的，而所以要起这些称谓，则联系着国号翻译原则、国号命名方法、国号心理、国际关系、地理视野、中外交通形势、民族更替等多方面因素。

深入探讨“中国”古今名称的政治文化意义后，我们可以得出的最重要结论是：“伟矣哉！变动不居而又蕴含深意的中国历代统一王朝国号，延用不衰而又凝重气派的中国古今名号，来源不一而又终归取准于文化的域外有关中国的称谓！”①

就“伟矣哉”国号言，早在公元前21世纪，启就建立了中国历史上第一个君、家、国三位一体的国家；启用作国号的夏，则是中国历史上的第一个可信国号。夏国号的最终择定，与蝉所代表的居高鸣远的美义有关；而取美义为国号，也成为后世中国历史上命名国号的一种常用方法。由夏而下，商、周、秦、汉、新、晋、隋、唐、周、宋、大元、大明、大清这些统一王朝使用的国号，同样具有或显或隐的美义，并成为各自国家天命所钟、历数所在、万民拥戴的象征，乃至政治文化的符号。这种符号，于商为凤，于周为重农特征，于秦为养马立国，于汉为“维天有汉”，于新为“应

① 胡阿祥：《伟哉斯名——“中国”古今称谓研究》“结语”，湖北教育出版社2000年版。按本文即据该书写成，有关论述详见书中，本文不予展开。

天作新王”，于晋为巍巍而高，于唐为道德至大，于宋为“天地阴阳人事际会”，于大元为“大哉乾元”，于大明为“光明所照”，于大清为胜过大明，总之，都属于“表著己之功业”“显扬己于天下”的“美号”。[①]至于中华民国、中华人民共和国，则书写出国号历史的新篇章，即既区别于以往天下社稷一家一姓的国号，又表明了国家的主权属于中国各民族，属于中华民族。

就“伟矣哉”名号言，虽然地域概念的中国是多变的，文化概念的中国是模糊的，但中国的地域范围在不断放大，中国的文化意义在不断加强。以文化概念的中国为例，所谓“中国有文章光华礼义之大”[②]，凡是文化上达到这个标准者，即为中国；文化既不断进步，中国的地域范围于是不断放大，中国的成员也不断增多。那些非汉民族政权或国家，随着经济文化上的中国化，不仅从文化上，也从地域上成为中国的一分子，因此中国又不是哪一族的中国，而是各族共有的中国。至于后起的政治概念的“中国”——“十八世纪五十年代清朝完成统一之后，十九世纪四十年代帝国主义入侵以前的中国版图，是几千年来历史发展所形成的中国的范围。历史时期所有在这个范围之内活动的民族，都是中国史上的民族，他们所建立的政权，都是历史上中国的一部分”[③]——既与地域概念的中国、文化概念的中国相辅相成，又较之更加客观与全

① 东汉班固《白虎通德论·号》云："百王同天下，无以相别。改制天下之大礼号，以自别于前，所以表著己之功业也。必改号者，所以明天命已著，欲显扬己于天下也……故受命王者必择天下美号。"

②〔唐〕孔颖达：《〈尚书·舜典〉正义》。

③ 谭其骧主编：《中国历史地图集·总编例》，中国地图出版社1982年版。

面，而且政治概念的中国，无论时间、空间都指称相当明确。[1]由中国概念的流变，我们还可以明了这样的史实：中国的历史是中国境内各民族——无论文化高低、地域远近，是汉族还是非汉族——共同缔造的，中国的版图是由中原和边疆共同组成的。有意思的是，这样的史实同样非常明确地显示于诸夏、华夏、中华、禹迹、九州、四海、天下、赤县神州等名号中。这众多的名号，出现时间多在先秦时期，而又跨朝代、越古今地使用了下来。正所谓“泰山不让土壤，故能成其大，河海不择细流，故能就其深”，中国古今名号的伟大之处，是在这些名号的支配下，中国文化渐趋发达与丰富，中国地域也由仄小而广大。

再就“伟矣哉”域外有关中国的称谓言，有源于秦王国国号的支那系，源于神秘精美的丝的赛里斯系，源于最高统治者称号大汗的桃花石系，源于民族名称的契丹系，源于国号及名号但更与文化有关的汉、唐、中国、中华系。而稍加分析，这些称谓的演变脉络也相当清晰，即大体由国号而物产，由称号而民族，最后取准于文化；又就这些称谓流行的地域看，大体为连成一体的亚欧非大陆及东亚、东南亚海邻诸国。而诸如此类的称谓也反映出，长期以来，中国的物质文明、精神文明、制度文明以至心态文明，其影响超越了中国本身的时空范围，广泛作用于整个世界历史。比如赛里斯称谓，源于中国出产的各种各样世界上独一无二的精美织物，外国人对之感到不可思议，于是以物名国，称中国为赛里斯；又如中国历

① 政治概念的历史中国地域范围，是今天的中国加上巴尔喀什湖、帕米尔高原以东和蒙古高原、外兴安岭以南地区。

史上的汉、唐两朝，祚运长久，国势强大，声教远暨，对周围各国都产生过重大影响，域外于是常称中国为汉、为唐。考虑到在中外交通并不发达、了解途径还很狭窄的古代，这些域外有关中国的称谓，能够形象或者准确地抓住“中国”的若干特征，也确实是难能可贵。

四

既然域外有关中国的称谓，都能抓住“中国”的特征，那么国号、名号这些中国人的“自称”，当然更能凸显中国的历史与文化。正是从这层意义出发，本文拟题为“解说名称，认识‘中国’”。以下姑就“中国”这个名号举出两例，以见一斑。

例一，夏丏尊的“中国真不愧为‘中’国哩”。1922年，文化名人夏丏尊在《东方杂志》第十九卷第十号上发表《误用的并存和折中》，文中略说：

> 从小读过《中庸》的中国人，有一种传统的思想和习惯，凡遇正反对的东西，都把他并存起来，或折中起来，意味的有无，是不管的……
>
> ……已经用白话文了，有的学校，同时还教着古文，已经改了阳历了，阴历还在那里被人沿用。已经国体共和了，皇帝还依然住在北京……这就是所谓并存。
>
> ……
>
> 至于折中的现象，也到处都是。

……

讨价一千，还价五百。再不成的时候，就再用七百五十的中数来折中。这不但买卖上如此，到处都可用为公式。甚么“妥协”，甚么“调停”，都是这折中的别名。中国真不愧为“中”国哩！

这似乎可以称为“行为中国”吧。它使得中国人的行为，整体而言，不同于英国人的冷静老成绅士、德国人的准确高效严肃、美国人的自由开放幼稚、日本人的善采异邦与实用主义。中国传统文化的精华与中国人的典型行为，是“中”，是中庸，是折中，是调和，而由此出发，对于现代中国社会中的中庸，我们也可以获得更深的理解。

例二，利玛窦的修正中国位置。1584年，利玛窦绘制出介绍给中国人的第一幅世界地图——《山海舆地全图》。在庞然世界中，中国被安放在一个不起眼的角落，而且看起来也不很大——这与中国人过去所看到的自刊地图完全不一样[①]，观图的中国人无不感到发自内心的恚恨与不满。因为中国人“把自己的国家夸耀成整个世界，并把它叫做天下，意思是天底下的一切……他们认为天是圆的，但地是平而方的，他们深信他们的国家就在它的中央。他们不喜欢我们把中国推到东方一角上的地理概念”。在这等情势下，为了传教事业的顺利进展，利玛窦干脆改绘地图，“抹去了福岛的第

① 据何高济等译《利玛窦中国札记》第二卷第六章，中国人“表示整个世界”的自刊地图是这样的：“他们的世界仅限于他们的十五个省，在它四周所绘出的海中，他们放置上几座小岛，取的是他们所曾听说的各个国家的名字。所有这些岛屿都加在一起还不如一个最小的中国省大。”

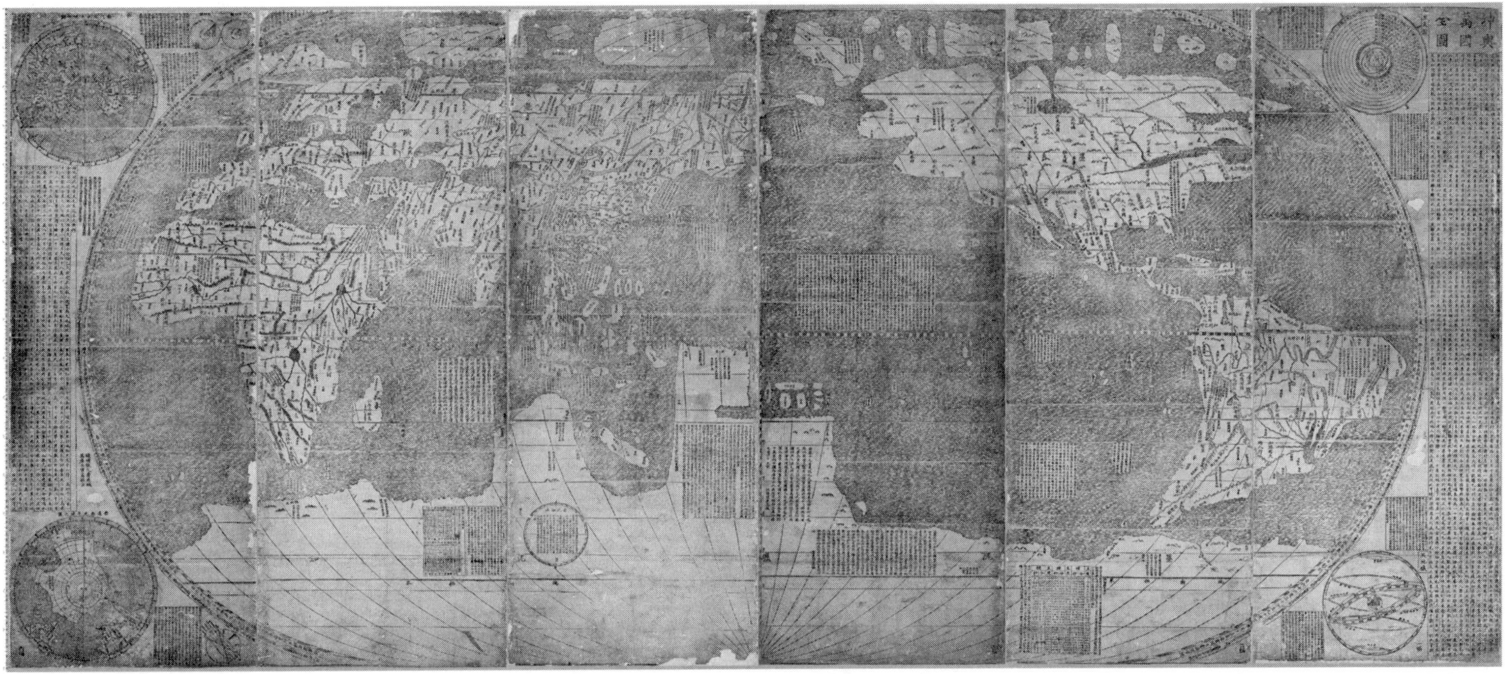

图 1-2　利玛窦改绘的《坤舆万国全图》

一条子午线，在地图两边各留下一道边，使中国正好出现在中央”。这一改绘，果然令中国人“十分高兴而且满意”。[①]

以上围绕“中国”这个名号之文化概念与地理概念的两例，显示了名号对于中国人行为与心理的暗示作用。推而论之，则揭示本文所涉的众多国号、名号与域外称谓的来源取义，其特别值得指出的意义，起码有以下三点：

其一，“中国”古今国号、名号以及域外称谓，与中国历史紧密相连，往往凝聚着中国传统文化的精华。比如国号与名号的复杂演变，以及域外称谓的汉译选字，就从独特的侧面、别样的角度，生动形象地诠释了中国文化中重视、讲究名称字号的传统，淋漓尽现了方块汉字的魅力、中华民族的心理认同以及中国传统文化所表现出的泱泱大国气度。

其二，有助于澄清中外广大的社会各阶层对相关问题的模糊认识。中国、中华等名号以及支那等称谓的定位和解释，事关国家、民族以及国际关系的大体。而现实存在的情况是，许多人对于这些概念有着诸多的误解。比如有人认为元、清是中国历史上为外族所统的大耻辱，有人至今仍极端地认为只有汉族建立的王朝才可以称为中国；至于小部分人的居心混淆，大部分人的认识模糊以至无可奈何地选择回避和漠视，同样是不必讳言的事实。这些，都既不利于国家的进步，也有碍民族的团结。

其三，可以由此真切地感受到中国传统名号文化中一些沉重的方面。比如受悠久深厚的名号情结的作用，汉武帝、隋炀帝、明成

---

① 何高济等译：《利玛窦中国札记》第二卷第六章。

祖、慈禧太后等之炫耀国力，粉饰盛世，而这无疑与中国帝王、士大夫们之“居天地之中者曰中国，居天地之偏者曰四夷”[①]，中国有“礼乐教化”、四夷无“礼乐教化”的观念密切相关。又比如大清国在对外的一系列不平等条约中，习惯使用“中国”一词，以之作为鸦片战争后处于国际关系中屈辱地位的心理补偿与精神慰藉。同样一个“中国”，西方人的理解只是一个国家，即China，并无什么尊崇的意思；清朝却将之当成褒称，作为尊号。然而诸如此类的方面，虽然沉重，却也颇能引发我们的思考。

人有姓名，国有名称。姓名伴随着人的一生，而且起着相当明显的心理暗示作用，所以事关重大；名称标识着国家的历史与文化，以此解说名称，大有助于认识“中国”，斯言自然不虚。

---

①〔宋〕石介：《徂徕集》卷十《中国论》。

▪ 禹迹与九州：“创世记”的人文意义

一、大禹治水

“禹迹”与“九州”这两个名称，往往见于诗人的吟诵中。先举些例子吧。以“禹迹”指称全国，比如唐人张说的诗：“文明遍禹迹，鳏寡达尧心。”又五代晋朝的《武功舞歌》：“百川留禹迹，万国戴尧天。”以“九州”指称全国，比如唐人王昌龄的《放歌行》：“清乐动千门，皇风被九州。”南宋陆游的《示儿》：“死去元知万事空，但悲不见九州同。”等等。值得注意的是，“禹迹”与“九州”在诗中往往成对出现，如南北朝庾信的诗：“九州攸同禹迹，四海合德尧臣。”明人胡翰的诗：“鸿飞九州野，吾愿观禹迹。”那么，为什么会有“禹迹”“九州”这两个祖国的名称？为什么这两个名称又往往成对出现呢？细说从头，这里面不仅联系着有趣的历史事实，而且还夹杂着许多神话传说呢！

读过基督教《圣经》的朋友都知道洪水与诺亚方舟的故事，没有读过的朋友也肯定听说过这个故事。这个故事见载于《圣经·创世记》里，说上帝耶和华看到他创造的世界变得一团糟了，就决定毁灭所有的人类，只留下为人虔诚、与人和睦相处的好人诺亚一家。于是上帝告诉诺亚造一条大船，那船长450英尺、宽75英尺、高43英尺，这跟现代的远洋轮船差不多大。诺亚又捕捉了许多动物放在船上，然后上帝就让暴雨连下了40个昼夜。洪水汹涌澎湃，淹没了整个地球，只有诺亚方舟漂浮于汪洋大海中。等到洪水消退了，诺亚一家和带上方舟的动物，就成了这场可怕的洪水后仅存的生物，并且一直繁衍至今。

那么大家是否知道，在我们中国也有这样的“创世记”呢？这就是大禹治水。话说尧帝时，洪水滔天，到处泛滥，人民不得安生，于是尧帝命令鲧治理洪水。鲧用围追堵截的方法治了九年，却是堵上了这里，又溃漏了那里，纵然忙得焦头烂额，却没有什么成效。接任尧帝的舜帝一怒之下，就把鲧杀了，又委派鲧的儿子禹继续治理洪水。禹接受了父亲的教训，改用疏导的方法，劳心焦思十三年，三过家门而不入。为了治水，禹累得身体枯瘦，嘴变得像鸟儿一样尖小；由于长期泡在泥水里，他大腿上没有白肉，小腿上没有汗毛；他翻山越岭，蹚水过河，到处奔波，脚上长满了老茧，以致行路困难，一跛一瘸的，人称“禹步”。也许是禹的真诚感动了上苍，也许是禹的确治水有方，反正洪水被禹治平了。治平洪水之后，立下丰功伟绩的禹获得了“大禹”即“伟大的禹”的称号，随后又接受了舜帝的禅让，成为新的君王。大禹后来把位子传给了自己的儿子启，这标志着夏朝的建立，也标志着中国历史从此进入君、家、国三位一体的新时代。这个新时代历时4000年，直到1912年中华民国建立，推翻帝制，才宣告结束。

想象一下，在大禹那样的时代，竟然能够驯服滔天的洪水，这是不是一件特别了不起的事情？具备前仆后继、百折不挠的奋斗精神，刻苦耐劳、公而忘私的优秀品质，调查规划、因势利导的科学态度的大禹，是不是特别值得尊崇的英雄？也因为此，大禹得到了后人长久的怀念，这种怀念又以各种方式表现了出来。

比如围绕着大禹的神话传说，丰富多彩。大禹治水，得到了应龙、巨龟、河精的帮助。应龙飞到高空，俯瞰大地，判断地理形势，然后用尾巴画地，作出标记；随着标记，大禹率领民众，疏通、拓宽、开凿了一段又一段的河道，这些河道后来就成了我们熟悉的大江大河。巨龟驮着大禹从天帝那里求得的“息壤”——一种能够无限生长的土壤，堵塞河堤的决口，又在必要的地方多撒一些，于是就长出了山丘。人面鱼身的黄河河精从翻腾的水波里跳出，双手奉上《河图》，那《河图》上画的是治水的规划、方案。当然，大禹治水也惹恼了水神共工，共工一夜之间把洪水水位提高了好几丈，许多山头都被淹没了。面对恶神，大禹只能采取武力，于是召集群神打败了共工。

比如围绕着大禹的感恩感念，真挚有情。《左传》记载，周天子派刘夏出使，在洛水入黄河处，面对着滔滔河洛，刘夏情不自禁地发出了由衷的感叹：“美哉禹功，明德远矣。微禹，吾其鱼乎！”这话是说：多么美好啊，大禹的功劳！他光明磊落的德行照耀千秋！倘若没有大禹治平洪水之患，我们早就化成了鱼鳖！孟子赞美大禹说：“禹疏九河……然后中国可得而食也。”这话是说：大禹疏通了九河，田地不再遭受水患，因此中原大地的人们才有了收获、有了粮食。

比如围绕着大禹的名胜古迹，星罗棋布。今天黄河山陕峡谷中的龙门口，那是大禹治黄河时拓宽整治的，所以也称禹门口；陕西

图 1-3　四川汶川大禹塑像

旬阳市禹穴，那是大禹治汉水时住过的地方；山东济南市的禹登山，大禹曾经登过。四川汶川相传是大禹的出生地，安徽怀远相传是大禹夫人涂山女的家乡，浙江绍兴相传是大禹的归葬地，这几处有关大禹的名胜古迹尤其繁多。至于禹庙，更是遍布神州大地。

然而比较言之，“禹迹”“九州”这两个我们祖国的名称，更加彰显了大禹治水的丰功伟绩，这又怎么理解呢？

二、“芒芒禹迹，画为九州”

其实归根结底，大禹治水，功不在水，而在于地。道理很浅显，鱼离不开水，人也离不开地。大禹治水，使得洪水各归其道、汇流入海，才进而使得陆地显露出来、为人所居，这就正如《左传·襄公四年》里的描述：

> 芒芒禹迹，画为九州，经启九道，民有寝庙，兽有茂草，各有攸处，德用不扰。

这几句话的意思是：茫茫无际的禹迹啊，被划分成了九州，开通了条条道路，百姓有了居住的房屋与祭祀的宗庙，野兽有了丰茂的青草，他（它）们各有各的住处，遵守道德，互不干扰。从这段描述中也可以看到，“禹迹”是被划分为“九州”的，“禹迹”的范围就等于“九州”，“禹迹”“九州”本是相互关联的一对名称。

说到这里，几个问题就来了：“禹迹”“九州”究竟是什么意思？为什么会出现这对名称？出现的时间与指称的范围又是怎样的？

先说禹迹。大概是在西周的时候，出现了“禹迹”这个名称。从字面义理解，“禹迹”就是大禹那一跛一瘸的“禹步”走过的地方。这“禹步”走过的地方有多大呢？按照《尚书·禹贡》的记载，那是包括了从黄河北岸到长江北岸的27座山，弱水、黑水、河水、汉水、江水、济水、淮水、渭水、洛水9条水！马马虎虎地说，就是当时的全国各地吧。因为正是大禹治水，拯救了大地，造福于万民，人们为了纪念与缅怀大禹的功绩，就把他踏遍的山山水水合称为“禹迹”，而延续下来，“禹迹”就成了全国的代称。

再说九州。稍晚于西周时出现的“禹迹”名称，春秋时又出现了“九州”名称。考察“九州”的原始含义，其实它不是指九个具体的州，而是指水中的许多州。这得从“九”字说起。在中国古代，“九”往往不是实数，而是表示数量多到无以复加的虚数。清朝学者汪中曾经写过一篇经典文章《释三九》，说“凡一、二之所不能尽者，则约之以三，以见其多；三之所不能尽者，则约之以九，以见其极多”，也就是说，“九”是虚指的极数。比如成语“九牛一毛”，意为从很多牛身上拔下一根毛，比喻在极大数量中的极小数量；“九州”也是这样，是指许多的州。那么“州”又是什么意思呢？东汉许慎的《说文解字》解释说：“𡿧，水中可居者曰州。水周绕其旁，从重川……𡿧，古文州。”这意思很清楚，州是个会意字，指水所围绕的陆地，或者说指人们可以居住的水中的陆地，大概就相当于水中的岛吧。这个意思的州，现在写作“洲”。

说到这里，我们就能理解为什么“禹迹”与“九州”是一对名称了，原来它们都与大禹治水有关。因为大禹治平了洪水，显露出许许多多块陆地，人们得以安居在这些陆地上，所以这些陆地就被合称为“禹迹”；“禹迹”是由许许多多块陆地，也就是“水中可居”的州组成的，所以“禹迹”也被称为“九州”。

三、九州：从空泛到实在

有趣的是，到了战国时代，原来指许多块陆地的空泛的“九州”名称，变成了各有其名的、实实在在的“九州”。其中与大禹治水直接关联的具体的“九州”名称，见载于《尚书·禹贡》中，分别是冀州、兖州、青州、徐州、扬州、荆州、豫州、梁州、雍州。有关各州的分布情况与大致范围，看看南宋的《禹贡九州山川之图》就清楚了：

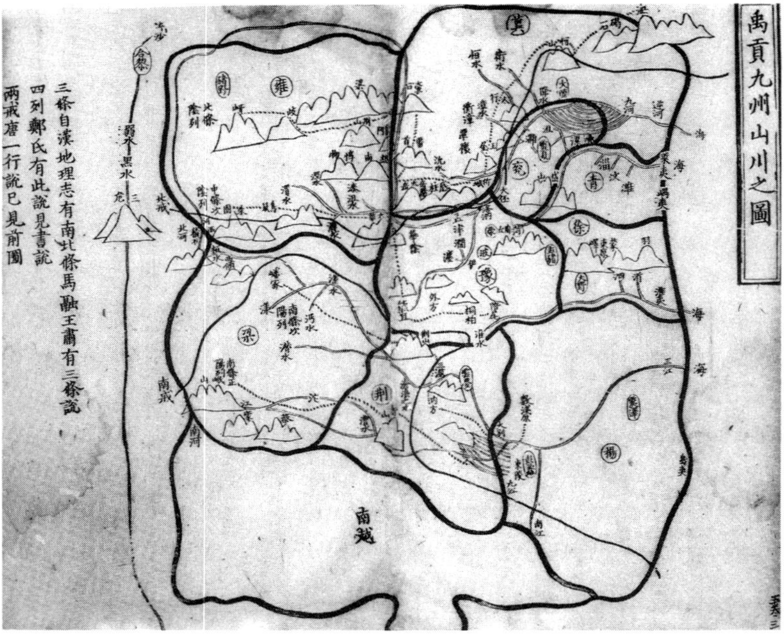

图 1-4　南宋唐仲友撰《帝王经世图谱》中的《禹贡九州山川之图》

这幅近千年前的地图，虽然描画的更是距今2000多年前的情况，我想大家应该并不陌生。因为这些州的名称甚至位置，很多沿用到了今天，有的成了今天省区的简称，比如河北省简称冀，河南省简称豫，有的仍是今天的政区名称，比如河北省有冀州区，山东省有兖州区、青州市，江苏省有徐州市、扬州市，湖北省有荆州市。由此也可以看出，这些“九州”名称寿命的长久、影响的深远。然而问题在于，本来空泛的“九州”，为什么到了战国时代就变成了实在的“九州”呢？这就要说说《禹贡》这篇重要文献与

“托古改制”这种传统思想了。

《禹贡》是中国传世最早的历史文献《尚书》中的一篇，字数不多，只有大约1200字。古人认为这篇文献是大禹治平洪水、划分九州、依据九州土地的肥瘠状况而制定贡赋等级的记录，所以命名为《禹贡》。而按照大多数现代学者的理解，《禹贡》写成于战国时代，实质上反映了当时人们对统一的向往，其中的“九州”，就是学者们为未来统一时代所设计的政区划分方案。那么，为了未来的统一而设计的政区划分方案，为什么非要说成是大禹的“九州”呢？简而言之，这是要“托古改制”。

我们知道，在农业经济占优势、生产力水平低下的先秦时代，人们很尊敬经验丰富、见多识广的老年人，直到今天，不是还有“不听老人言，吃亏在眼前”的说法，不是还有“老生常谈”的成语，不是还有难以清除的“老中医”“祖传秘方”一类的城市“牛皮癣”嘛。而处在这种“老就正确”的思维定式下，很容易使人向往过去，向往古代。因此，思想家们提出一项政治改革的设想，政治家们规划一项政治改革的方案，首先就要托古，就是把当前的设想、方案假托于古代，说这种改革不过是恢复古代已经实行过的制度罢了。因为在层累地造成的古史传说中，古代有尧、舜、禹那样的圣君，有夏、商、周那样的盛世，这样的圣君与盛世所实行的制度，当然也是尽善尽美、整整齐齐的——大禹时代就是这样。

当然，还有一个具体的原因，就是在历史记忆与古史传说中，大禹的形象可谓充满了“正能量”，比如墨子称道大禹说：

> 昔者，禹之湮洪水，决江河，而通四夷九州也，名

> 山三百，支川三千，小者无数，禹亲自操橐耜，而九杂天下之川。腓无胈，胫无毛，沐甚雨，栉疾风，置万国。禹大圣也，而形劳天下也如此！（《庄子·天下》）

反过来看看战国时代，真是今不如古，群雄割据，杀伐连年，烽火狼烟，人民痛苦不堪，社会混乱异常。于是学者们——无论是儒家学派的孔子、孟子、荀子，还是法家学派的商鞅、申不害、韩非，或是其他学派的大师们，都向往统一、反对分裂，并且按照各自的设想，勾画着未来统一时代的蓝图。其中的地方行政区划，就是恢复大禹九州的政区制度，以方便政府的管理与人们的居住。因为在设计者们看来，这样做的好处是很多的，既便于统治者实施——试问哪位统治者不希望成为大禹那样的圣君呢，也便于老百姓接受——大禹可是救民于洪水之中、家喻户晓、妇孺皆知的超级英雄啊！

其实九州具体名称的来源取义，也有力地证明了大禹九州由空泛到实在、由模糊到清楚的历史背景，是在统一趋势日渐明朗的战国时代。比如冀州得名于冀国，春秋时冀国为晋国所灭，所以冀州的范围与晋国的范围相当；徐州得名于徐国，春秋时徐国为吴国所灭；扬州缘于越国，扬、越二字音近义同，战国时越国为东南霸主；荆州得名于楚国的别称荆国，楚国早期在荆山（今湖北南漳县西）一带立国，春秋战国时楚国是南方大国；雍州得名于雍城，雍城即今陕西宝鸡市凤翔区，春秋战国时秦国在此建都200多年。另外，青州是九州中最东面的一个州，属于齐国的范围，按照春秋战国流行的五行学说，东方色青，所以取名青州；兖州属于卫国的范围，得名于沇水，沇水是济水的别称，济水流经今河南、山东境内，是战国时代著名的“四渎”（即江、河、淮、济）之一，济水今天虽然已经湮没了，但仍留下了许多相关的地名，比如济南，就因在济水之南而得名；豫州在春秋战国时属于周天子周国的地方，东汉刘熙的《释名》说：“豫州，地在九州之中，京师东都所在，常安豫也”，也就是“豫州”的“豫”，是居中的天子希望安闲舒适的意思；至于梁州，那是战国时代秦国新开拓的疆域范围，即汉中、巴蜀地区，秦人架有栈道通达，而梁就有桥梁沟通的意思。如此看来，《禹贡》九州的具体名称以及方位、范围、背后的相关国家，都是春秋战国时代情况的反映。也就是说，如果不到战国时代，学者们是无论如何也编造不出这样一套州名的。

遗憾的是，公元前221年秦灭六国，虽然完成了统一的重任，然而战国学者们设计的规模与名称俱备的九州，却没有被秦始皇帝嬴政采用，秦朝分天下为三十六郡。到了西汉武帝刘彻元封五年（前106）时，为了加强中央集权，才以《禹贡》九州为基础，实行了州制，然而不是九州，而是十三州。十三州中，豫州、兖州、青州、徐州、冀州、荆州、扬州七州是《禹贡》的州名，《禹贡》的雍州改名凉州、梁州改名益州，另外加上了幽州、并州、交趾、朔方。这十三州的正式称呼是“十三刺史部”，习惯上则称“十三州”。另外，西汉武帝的十三州并不是行政区，而是监察区。再到东汉晚期，州变成国家一级行政区，相当于现在的省级行政区。而从此以后直到清朝，作为行政区的州也是一直存在的。今天，我们国家在一些少数民族地区还设置有自治州，比如延边朝鲜族自治州、恩施土家族苗族自治州、甘孜藏族自治州、凉山彝族自治州等。至于现行政区名称中带“州”字的，那就不仅不胜枚举了，而且成为时尚，以至于现在许多政区改名时，若不带上个“州”字，好像就不雅致了。也许，这就是历史的惯性吧。

四、孪生兄弟与“创世记”的意义

总结上面的讨论，大禹治平水土，人民得以安居；九是虚指的极数，在地理上后来多指八方（东、南、西、北、东南、西南、东北、西北）加中央，于是“禹迹”“九州”成了全国的代称。分析这两个名称，“迹”指大禹足迹所至的范围；“州”本来是指水中可居的陆地，后来演变成九个理想中的大行政区。也就是说，“迹”“州”这两个字是通名，与“禹”“九”这两个专名结合在一起，构成了指称全国的专有名词。而从理论上讲，如果“禹”字加上与“迹”义同义近的通名，或者“九”字加上与“州”义同义近的通名，也就可以构成与“禹迹”“九州”义同义近的、指称全国的专有名词了。

事实也正是如此。禹迹、九州有着众多的孪生兄弟，它们“出生”的年代有早有晚，但都是指称全国的古老名称。比如禹迹的孪生兄弟有禹甸、禹域、禹服；九州的孪生兄弟更多，有九有、九囿、九围、九土、九原、九牧、九伯、九服、九畿、九共、九域、九方、九垓、九区、九野、九壤、九宇、九县、九廛、九夏等。我们简单地选说几个。

比如禹迹的孪生兄弟，禹甸，《诗经·大雅·韩奕》：“奕奕梁山，维禹甸之。”《诗经·小雅·信南山》：“信彼南山，维禹甸之。”

甸是治理的意思，禹甸就是大禹治理过的地方，宋人方夔的《苦热》诗说：“谁是苍生霖雨手，普将禹甸酿西成。”禹域，近人黄遵宪称道梁启超：“一言兴邦，一言丧邦，茫茫禹域，惟公是赖。”陈毅元帅的诗：“百年家国恨，禹域日倾颓。”又20世纪30年代创办的研究中国历史地理的“禹贡学会”及《禹贡》半月刊，在《募集基金启》中说：“今日一言‘禹域’，畴不思及华夏之不可侮与国土之不可裂者！”

再如九州的孪生兄弟，九有，西晋潘岳的诗：“茫茫九有，区域以分。”近人黄遵宪的诗：“茫茫九有古禹域，南北东西尽戎狄。”九围，唐太宗李世民的诗：“昔地一蕃内，今宅九围中。”《隋书·西域传》：“自我皇隋，平一宇宙，化偃九围，德加四表。”九土，西晋左思的赋：“九土星分，万国错跱。”北宋司马光的文：“至于十国五代之际，群雄竞逐，九土分裂。”九域，《晋书·孙惠传》：“今明公名著天下，声振九域。”北宋王存著有《元丰九域志》，那是记载全国疆域的地理总志。九夏，1912年2月12日清帝退位制书：“前因民军起事，各省响应，九夏沸腾，生灵涂炭。”如此等等，这里就不再累赘举例了。

问题在于，为什么“禹迹”“九州”会有这么多的孪生兄弟呢？

一般的原因在于，中国历史上的汉魏两晋南北朝时期，社会上流行复古思潮与创新时尚。因为复古，一些旧名号被重新使用起来，而且被赋予了更加明确的含义，如禹甸、九有、九围、九土；因为创新，许多新名号又被造立出来，从而使得诗歌文赋的形式与内容更加丰富多彩，如禹域、九垓、九区、九野、九壤、九宇。

特殊的原因在于，大禹治水的人文意义与“九”这个数字的特别象征。

先说“九”这个数字的特别象征。在中国文化中，“九”不仅代表虚指的极数，是极多的意思，而且还是一个神圣的数字、吉祥的数字。《易经》以“九”代表乾坤万物，《黄帝内经》称“天地之至数，始于一，终于九焉”，九月九日是两个最大阳数的重叠，所以称为“重阳节”，中国古代品评人物，分作“九品”，诸如此类，不一而足。与此相关联，以“九”这个数字配上合适的字眼，称呼我们的祖国，也就寄寓了神圣的意味与吉祥的祝愿了。

再说大禹治水的人文意义。水是生命的源泉，试问在人类历史上，哪一个古老的文明不是傍水而居呢？古中国文明发源于黄河、长江流域，古印度文明发源于印度河、恒河流域，古埃及文明发源于尼罗河流域，古巴比伦文明发源于两河流域，概莫能外。然而，傍水而居尤其是傍着平原地方的大江大河而居，也容易遭受洪水的袭扰乃至灭顶之灾，于是能否解决洪水问题，也就理所当然地成了人类早期文明能否维系、能否发展的关键所在。其实哪怕到了科技发达的今天，水利对于农业而言，仍然是至关重要的命脉所在。于是我们看到，世界各地都有洪水与治水英雄的神话传说，其实这类神话传说都有历史的影子或者依据。具体到中国，洪水与治水英雄的历史和传说，就是大禹治水。

上升一步来说，大禹治水的人文意义在于：此前人类只能被动适应的自然世界，变成了一个有主动的奋斗、有历史的记忆、有血有肉的人文世界；自然经济为主、缺乏行政管理的生活，开始向农业经济为主、政区有序管理的生活发展；部落联盟、选贤任能的社会状态，逐步变为统治权力、家族世袭的国家体系。如此等等，于是大禹成了华夏先民与大自然既搏斗又适应的象征，成了我们民族自强不息、厚德载物精神的标志，成了开创中国疆域的偶像，成了中国“国家”的奠基人。而从这层意义上说，治平洪水、划分九州、传位于儿子启的大禹的历史与神话，正是我们中国的“创世记”。这样的“创世记”，较之《圣经·创世记》里诺亚方舟的故事，更加积极、主动、充满“正能量”；而再由这样的“创世记”中凝练出来的“禹迹”“九州”及其众多的孪生兄弟，也就非常恰当地成了我们祖国古老而雅致的名称。

▪ 源远流长“汉”国号

人有姓名，国有国号。中国是个特别讲究名号的国家，这大概与方块汉字有关。汉字不同于拼音文字。拼音文字只是一堆字母的组合，我们往往看不出多少的奥妙；汉字则音、形、义纷繁复杂，变化不定，不仅可以“望文生义”，若以细密的功夫进行分析，有时简直就是莫穷究极。而在这样的背景之下，殚精竭虑地取名定号，就成为古往今来中国文化的一大特色，中国人有意识无意识地都具有浓厚的名号情结。

这样的名号情结，在中国历代国号中即有着鲜明的体现。中国历史上曾经出现过数以百计的国号。这些国号，来源取义总有具体原因与文化背景、历史传统，即便是沿袭或者雷同的国号，也各有成立的缘故。传统时代的国号，就其政治文化意义言，是家天下的标志，是天命所钟、历数所在、万民拥戴的象征；而这标志、这象征，又伴随着我们民族的成长、我们国家的历史与我们祖先的生命，并凝聚为中国传统文化的独特符号。

在中国传统文化的这类独特符号中，“汉”可谓最突出的一例。在广袤的空间与久远的时间里，诸多的汉族与非汉族建国者以“汉”为国号，“汉”又是域外有关中国的一种习惯称谓与中国人数最多民族的族称。如此，对于中国的历史、文化及汉族来说，“汉”

无疑成了最鲜明的记忆与最显眼的符号；这种记忆与符号，最初又是以国号的形式表现出来的。道理明摆着：没有汉国号，哪来的汉称谓与汉族称？而没有汉高祖刘邦，又哪来的汉国号？

一、语曰“天汉”，其称甚美：探寻汉国号之源

公元前202年二月甲午，在定陶（治今山东菏泽市定陶区西北）附近的汜水之北，汉王刘邦①即皇帝位，定国号为汉；由此上推，前206年，沛公刘邦被立为汉王，这是汉国号开始出现之年。汉国号是怎样得来的？东汉班固的《汉书·萧何传》中有比较详细的说明：

> 初，诸侯相与约，先入关破秦者王其地。沛公既先定秦，项羽后至，欲攻沛公，沛公谢之得解。羽遂屠烧咸阳，与范增谋曰：“巴、蜀道险，秦之迁民皆居蜀。”乃曰：“蜀、汉亦关中地也。”故立沛公为汉王，而三分关中地，王秦降将以距汉王。汉王怒，欲谋攻项羽。周勃、灌婴、樊哙皆劝之，何谏之曰：“虽王汉中之恶，不犹愈于死乎？”汉王曰：“何为乃死也？”何曰：“今众弗如，百战百败，不死何为？《周书》曰‘天予不取，反受其咎’。语曰‘天汉’，其称甚美。夫能诎于一人之下，

---

① 一般认为汉高祖本就名“邦”字“季”，这值得怀疑。在家人、朋友圈内，以及当时的社会上，大家习称他为“刘季”，也就是“刘三”“刘家老三”；“刘邦”之名，大概是在刘季即皇帝位时，为体现自己的尊严而特取的，并从此成为他行之于世的“大名”。

而信于万乘之上者，汤、武是也。臣愿大王王汉中，养其民以致贤人，收用巴、蜀，还定三秦，天下可图也。”汉王曰：“善。”乃遂就国，以何为丞相。

这段史料的背景是，前209年，戍卒陈胜起义反秦，“号为张楚”（张大楚国之义），而天下纷起回应。其中，沛县丰邑（今江苏丰县）人、泗上亭长刘邦[①]与县吏萧何、狗屠樊哙、吹鼓手周勃等在沛县起义，杀沛令，称沛公（即沛县县令）；下相（治今江苏宿迁市西南）人项梁（战国时楚国名将项燕之子）、项羽（项梁的侄子）则在吴（治今江苏苏州市）杀会稽郡守，项梁为郡守，项羽为裨将。陈胜死难后，项羽、刘邦两支起义军逐渐成为反秦主力，并拥立在民间为人牧羊的战国楚怀王之孙熊心为主，仍称“楚怀王”。前207年，项羽在巨鹿之战中消灭秦军主力；次年，刘邦入关，受秦王子婴降，秦朝宣告灭亡。

历史的发展，后来确如萧何所料，刘邦“还定三秦”，击败项羽，得了天下，建立起新的统一皇朝汉朝。然而溯之当初，沛公刘邦被立为汉王时为什么会愤怒？又为什么会听从萧何等人的劝谏做起了汉王呢？分析上引史料，并结合楚汉相争的史实，我们可以得出两点认识：

其一，依照楚怀王与项羽、刘邦等人的约定，“先入关破秦者王其地”，那么刘邦应该被封为关中王或者秦王，然而作为诸侯统

---

①《史记·高祖本纪》说刘邦曾为“泗水亭长”，《汉书·高帝纪》说刘邦曾为“泗上亭长”，从战国秦汉时代的实际用法看，泗水亭、泗上亭都非专有名词，仅是指泗水附近的一个亭而已。此亭究竟在哪里，尚不能确定下来。

帅的项羽却违背约定，改封刘邦为汉王，汉王的封域汉中、巴蜀地居偏僻。项羽对立有大功的刘邦给予仿佛流放罪人的“酬劳”，的确是太过分了，刘邦的愤怒也实属正常。至于项羽“蜀、汉亦关中地也”的说法，则纯属强词夺理、玩弄概念的狡辩。西汉司马迁的《史记·货殖列传》称“关中自汧、雍以东至河、华”，即战国秦汉时最为惯用的关中概念，是指今天的陕西关中平原，而汉中、巴蜀不在其内。①

其二，不仅如此，在项羽所封的包括灭秦有功将领、旧六国贵族以及秦降将的十八诸侯王中，项羽最不放心的就是素有“宽大长者”之誉、胸怀天下大志的沛公刘邦。在项羽看来，他要取代已经佯尊为楚义帝的楚怀王而成为新的楚帝的最大障碍，就是刘邦。有鉴于此，项羽一方面自立为西楚霸王，建都彭城（今江苏徐州市），拥有广大的封域，以求控制其他诸侯；另一方面，既立刘邦为汉王，更层层封堵汉王之国：汉王之国本都南郑（今陕西汉中市），北阻秦岭，秦岭绵长，山高谷险，已经难以横越，又预先分封雍、翟、塞三王于关中，“王秦降将以距汉王”，即进一步阻挡刘邦北归的道路，再封申阳为河南王，都洛阳，徙魏王豹为西魏王，都平阳。这样的层层堵塞之下，项羽认为刘邦是势难翻身了。

据上分析，不过相当于楚义帝名下小小县令的沛公刘邦，得封汉王时，果然“怒”出有因，“怒”得其理；然而，刘邦“怒”而“欲谋攻项羽”，就当时形势论，则时机还远未成熟，不仅刘邦的力

① 汧谓汧水，发源于今陕西陇县；雍指雍山，在今陕西宝鸡市凤翔区；河、华即黄河、华山。当然，由于关中不是正式的地方行政区域，所以还可以用其他方法来解释，项羽认巴、蜀、汉中为关中地，即是一例。

量无法与项羽抗衡，而且项羽的家世声望，项羽与名义上的反秦力量总统帅楚义帝的密切关系，也是出身低微的匹夫刘邦所不能及的。事实上，刘邦也意识到了这些，所以他才甘冒生命危险，亲赴鸿门之宴；刘邦就任汉王之国，更是烧绝秦岭栈道，以向项羽表示没有“出国”之意。

又有值得注意者，刘邦赴国汉中南郑前，萧何劝谏的话“语曰‘天汉’，其称甚美”，肯定也使刘邦在愤怒却又无奈之际，得到了一些宽慰。比如北魏郦道元的《水经·沔水注》便直言：“汉高祖入秦，项羽封为汉王。萧何曰：天汉，美名也。遂都南郑”；又唐人李吉甫的《元和郡县图志》卷二十二《兴元府》也说：“秦亡，项羽封高祖为汉王。高祖欲攻羽，萧何曰：‘语曰天汉，其称甚美。’遂从之。”如此，萧何谏语中，“语曰‘天汉’，其称甚美”一句是十分关键的；甚至可以认为：刘邦接受汉王封号，以及后来确定帝国国号为“汉”，都和萧何的这一劝谏有关。

“语曰‘天汉’，其称甚美”是什么意思呢？这联系到了古代的天文问题。唐人颜师古注解这句话说：“（三国魏）孟康曰：‘语，古语也。言地之有汉，若天之有河汉，名号休美。’（晋）臣瓒曰：‘流俗语云“天汉”，其言常以汉配天，此美名也。’”也就是说，无论是先秦的“古语”还是秦以后的“流俗语”，都称天河为“汉”；换言之，“汉”既指天河，又称天汉，提到汉，就会联想到天。从这个意义上说，“汉”是美名，而以“汉”作为王国之号，也就是“休美”的名号了。沛公刘邦接纳谋士萧何的劝谏而称“善”，显然有这一层的首肯意思在内。

不过话说回来，项羽封立刘邦为“汉王”而不是别的什么王，直接原因还是他与谋士范增“阴谋”划定的汉国，都城在秦朝汉中郡的治所南郑；项羽封立的其他诸侯国，除了董翳的翟国外[1]，国号都取自地域名称，可以为证。《史记·高祖本纪》“更立沛公为汉王”，唐人张守节的说法也是“本汉中郡”。

汉中郡始置于战国时的楚国，公元前312年为秦国所取，始治南郑，迄刘邦受封汉王时不改。关于汉中郡名称的由来，为《史记》作注的张守节称“以汉水为名”，《水经·沔水注》说“汉中郡，因水名也”。汉中郡的“汉”得自汉水的“汉”，应该毫无疑义；至于汉中郡的“中”，学者们大多解释为“中游”，则相当勉强，因为汉中郡不在汉水中游，而是位于汉水上游。那么“汉中”之名作何解释呢？其实，只要跳出“中”释“中游”这一思维定式，问题不难解决。根据一些学者的研究，“汉中”这个地名与古代巴人有关。[2]虽然巴人的居住与活动区域，由于史料的欠缺而难以梳理清楚，但鄂西、陕南、川东、重庆留下过巴人的踪迹，还是可以肯定的。在巴人语言中，“中”即地方。换言之，古代巴人语言表示“地方”这个意思的读音，大概就相当于诸夏（后来称华夏，汉族的前身）语言的“中”字读音，所以用“中”来记音。巴中、阆中、黔中、资中、蚀中等地名，就是巴人在先秦地名中留下的孑遗，“汉中”也是如此。“汉中”一名，虽然形式上看是诸夏文字，意思却不能按照诸夏语言来直解——“汉中”其实是一个双语

① 《资治通鉴·汉纪一》胡三省注：“以上郡北近戎、翟，因以名国。”

② 邓少琴：《巴蜀史迹探索》“巴史三探”，四川人民出版社1983年版。

地名[①]，即诸夏语言的“汉”（专名）加上巴语的“中”（通名），意为“汉水流经的地方”。

“打破砂锅问到底”，这“汉中”与刘邦“汉”国号来源的“汉”水，又是怎么回事呢？从自然地理上看，今天的汉水（也叫汉江）由发源地到汇入长江，长1500余千米，为长江最长的支流。历史上的汉水，没有重大的变迁。有趣的是汉水的名称。“汉水”本来只称“汉”，“水”是后来加上去的；又战国成书的《尚书·禹贡》称“嶓冢导漾，东流为汉”，东汉许慎的《说文解字》也说“汉，漾也”，也就是说，如果仔细区分的话，“汉”的上源称“漾”，从南郑、汉中一带才开始称“汉”。清人段玉裁《说文解字注》说“漾言其微，汉言其盛”，即发源时的“汉”，因为水流弱小，所以拟声为“漾”，微波荡漾的漾，及水流盛大了，才又拟声为“汉”。这样，“汉言其盛”，“汉”也因此寓有了美义。又据许慎《说文解字》，“汉”的古体（战国时的写法）左从“氵”，右上从“或”，右下从“大”；段玉裁注：“古文从或从大，或者，今之國字也。”这样，古体的“汉”字，由“氵”（水）、“大”、“或”（國）组成，同样带有明显的美义。

其实还不仅诸夏语言的“汉”有“伟大”“盛大”的意思，亚洲地区诸多民族语言中，称“伟大”“盛大”之义的词，都发音为“han”。[②]如古代朝鲜半岛的马韩、弁韩、辰韩以及今天的大韩民

---

① 双语地名是自古及今普遍存在的现象。举现在的例子，如雅鲁藏布江，“藏布”即藏语“江”的汉语音译，而又加上了汉语的通名“江”；青海省的峨堡大南山，“大南山”是汉语，“峨堡”是蒙古语音译，意为石堆（带宗教意味的）。

② ［日］辻原康夫著，萧志强译：《从地名看历史》第一章，世潮出版有限公司2004年版。

国，蒙古的成吉思汗，“韩”“汗”都是所谓的汉字记音，而最初就是“伟大”“盛大”的意思。

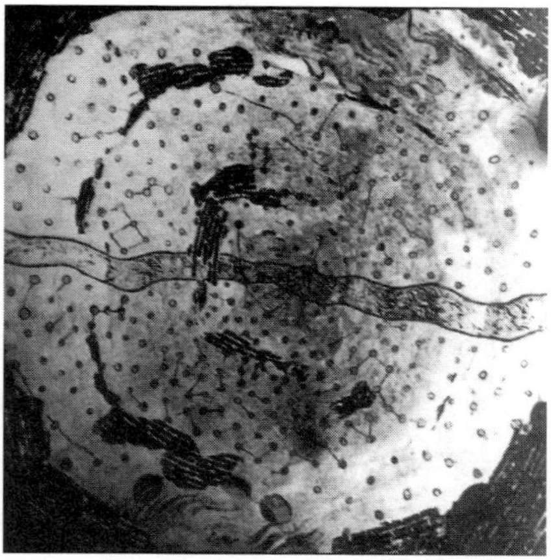

图1–5 中国古代星象图壁画，中间为银河

当然，在中国古代，这字形、字音、字义三方面都蕴涵着美义的“汉”，最大的美义还是与“天汉”的联系。如东汉蔡邕的《汉津赋》吟咏汉水道：“夫何大川之浩浩兮，洪流淼以玄清。配名位乎天汉兮，披厚土而载形。”“配名位乎天汉兮”一句，就显示了地“汉”与天“汉”的对应关系。地上的“汉”，发自西北，流向东南，又处河（黄河）、江（长江）之间，应该就是同样流向的天上的“汉”名称的来源。西晋陆机《拟明月皎夜光》诗：“招摇西北指，天汉东南倾。”“天汉东南倾”，正好符合地“汉”的形势。地“汉”者，“汉言其盛”；而在天上，婉转随流、荧光盛大的正是“天汉”。“天汉”如同一条云状的光带，仿佛天上的一条大河，所以又称“云汉”“河汉”；这条云状的光带，略呈灰白色，因而也称“银汉”“银河”；光带是由密集的星群组成的，于是还称“星汉”“星河”。而这“天汉”以及一系列的相关称谓，又都是由地“汉”亦即汉水派生出来的。

二、且可称汉，以怀人望：梳理汉国号之流

刘邦的“汉”国号，依据上节的“考证”，可谓上符天文之“天汉”，中合人事之“休美”，下应地理之“汉中”；而汉国号的确立过程，也体现了中国名号文化的诸多方面。

汉国号作为刘邦的王国之号，使用了5年（前206—前202）；作为统一皇朝的帝国国号，则使用了210年（前202—公元8年）。公元8年，外戚王莽篡汉，刘家的天下变成了王家的天下，国号也变“汉”为“新”。

然而“汉”国号并未退出历史的舞台！如果把中国历史上的汉国号比作一条河流的话，那么起于公元前206年、止于公元8年的汉国号，只是这条河流的发源段；经过短暂的潜流后，它重出地面，流出了上游、中游与下游……

（一）上游：刘秀与刘备的汉国号

取代汉国号的新国号历时短促，只有15年（8—23）。当新朝后期，王莽不切实际的改革造成了比不改革更坏的结果，于是以揭竿而起的绿林、赤眉为代表的人民，怀念起汉家旧德，拥立刘氏后裔为帝，希望重建汉朝，而“欺人孤寡，篡汉自立”，则是刘氏宗室和维护汉朝正统的官僚地主声讨王莽的一条最重要罪状，恢复汉朝也因此显得天经地义。正是在这样的情势下，刘玄、刘盆子、刘婴、刘子舆（王昌）、刘文伯（卢芳）等真假刘氏后裔，遂被各派势力推拥为帝，并纷纷以兴复汉朝来号召天下；而雄才大略的汉高

祖刘邦九世孙刘秀，也依据“刘秀发兵捕不道，四夷云集龙斗野，四七之际火为主”的“赤伏符”①，乘势而起，并于公元25年六月在鄗（今河北柏乡县北）即位称帝，国号仍为汉。

事实上，当刘秀“复高祖之业”称帝建国时，其他称王称帝者还遍布全国。只是十多年后（公元36年），政治经验丰富、行政能力杰出、军事谋略高超的刘秀灭群雄、取天下，汉国号才定于一尊，光武帝刘秀也才仿佛于高祖刘邦，汉也再次成为真正的天下共号，并一直在名义上延续到了220年十月魏王曹丕的篡汉建魏。

曹丕篡汉建魏的次年四月，“汉景帝子中山靖王胜之后”②刘备称帝，仍用国号汉。刘备是否为汉景帝刘启之子中山靖王刘胜的后代，其实不能肯定。对此，注《三国志》的南朝宋人裴松之的一段话颇是意味深长：“臣松之以为先主虽云出自孝景，而世数悠远，昭穆难明，既绍汉祚，不知以何帝为元祖以立亲庙。”然而无论怎样，刘备正是凭借着“帝室之胄”的身份，用兴复汉室为旗帜，逐渐形成他三分天下有其一的势力，并与曹操对抗、与孙权联合的。在这样的背景下，当曹丕公然代汉称帝、废汉帝刘协为山阳公后，刘备继承汉统、再建汉国号，就成了势所必然。而且刘备做得也相当到位：先是，“或传闻汉帝见害，先主乃发丧制服，追谥曰孝愍皇帝”；接着，“在所并言众瑞，日月相属”，文武也极力劝进。③如此这番之后，汉中王刘备④才变身为汉帝刘备。

---

①《后汉书·光武帝纪》。按“四七之际”指从刘邦封王的公元前206年到刘秀起兵的公元22年，合228年；“火为主”“赤伏”都与汉为火德有关。

②《三国志·蜀书·先主传》。

③《三国志·蜀书·先主传》。按山阳公刘协实际的死亡时间为234年。

④ 219年，刘备取汉中，自称汉中王。

据上分析，刘备仍用汉国号的原因，在于显示政权的正统性[①]，表明其是汉朝的延续。关于这一点，直接的相关证据也甚多。如《三国志·蜀书·先主传》记载太傅许靖、安汉将军糜竺、军师将军诸葛亮等人上书劝刘备称帝说：

> 前关羽围樊、襄阳，襄阳男子张嘉、王休献玉玺，玺潜汉水，伏于渊泉，晖景烛耀，灵光彻天。夫汉者，高祖本所起定天下之国号也，大王袭先帝轨迹，亦兴于汉中也。今天子玉玺神光先见，玺出襄阳，汉水之末，明大王承其下流，授与大王以天子之位。瑞命符应，非人力所致……宜即帝位，以纂二祖，绍嗣昭穆，天下幸甚。

上引史料中，玉玺沉潜汉水而出于襄阳，刘备又为汉中王，都与汉家高祖刘邦相呼应，于是刘备也就成了继“二祖”刘邦、刘秀之后再造汉朝的“三祖”了。

刘备再造的汉，仅传一代，到刘备的儿子“阿斗”刘禅手上，就为魏所灭。对于寿命短至43年（221—263）的这个“汉”，当时“耽古笃学”的巴西大儒谯周曾有“先见之明”：“先主讳备，其训

① 关于中国古代政治学说中的“正统”，记载盈篇，此不细说。要之，正统概念，在血缘承嗣方面是与“庶支”相对而言的，其基本含义为“嫡出”；在分裂割据或皇朝兴替的历史环节上，是与“僭伪”“偏安”相对而言的，其基本含义为“唯一的合法政权”。“正统”的政权，至少在名义上取得了可以号令天下的资格。参考胡阿祥：《东晋十六国南北朝的疆域变动与侨州郡县设置》，《中国古中世史研究》第22辑（2009年8月，韩国，中国古中世史学会）。

具也，后主讳禅，其训授也，如言刘已具矣，当授与人也。”①及至刘禅降魏，世人竟都认为谯周所言不虚。

（二）中游：刘渊与李寿的汉国号

刘邦、刘秀、刘备“三祖”的汉，大体一脉相承、一统相接，我们不妨认作汉国号的起源（刘邦）与上游（刘秀、刘备）。经过42年（263—304）的沉寂后，到了中国历史上分裂动荡的十六国时代，“汉”国号再次登上历史舞台。

十六国时代从304年刘渊称汉王起，到439年拓跋焘统一止，135年间，各族统治者在混战割据中，纷纷建立政权，建号称尊。其中启用汉国号的政权，有匈奴族的刘渊与氐族的李寿。304年，匈奴刘渊称汉王，308年称帝，国号汉；及319年，刘渊的侄子刘曜改国号为赵。又304年，氐族李雄称成都王，306年称帝，国号成；及338年，宗室李寿改国号为汉；347年，为司马氏的晋所灭。

相对于刘秀的反新复汉、刘备的抗魏承汉，刘渊、李寿以汉为国号，情形更为复杂。《晋书·刘元海载记》称：

> 夫帝王岂有常哉，大禹出于西戎，文王生于东夷，顾惟德所授耳。今见众十余万，皆一当晋十，鼓行而摧乱晋，犹拉枯耳。上可成汉高之业，下不失为魏氏。虽然，晋人未必同我。汉有天下世长，恩德结于人心，是以昭烈崎岖于一州之地，而能抗衡于天下。吾又汉氏之

---

①《三国志·蜀书·杜琼传》。

甥，约为兄弟，兄亡弟绍，不亦可乎？且可称汉，追尊后主，以怀人望。

这段刘渊（字元海）[1]的自白表明：其一，刘渊在政治上与军事上的主要对手是晋，刘渊既然叛晋自立，上者是取晋代之，成就汉高祖那样的一统伟业，下者也要如曹魏，拥有天下之半。其二，为了这样的目的，也为了弥补本身力量的不足，刘渊必须争取“晋人”的支持，而他采取的措施就是“称汉”。其三，刘渊“称汉”的现实考虑是汉家恩德有利于他“以怀人望”，历史的根据则是刘渊为匈奴冒顿单于之后，而汉高祖刘邦时与冒顿单于和亲，约为兄弟，如此则“兄亡弟绍，不亦可乎”。以此，刘渊毅然祭起了尊汉进而复汉的大旗，“追尊刘禅为孝怀皇帝，立汉高祖以下三祖五宗神主而祭之”[2]。于是，刘渊的汉成了“绍修三祖之业”，即继承“我太祖高皇帝”刘邦、“我世祖光武皇帝”刘秀、“昭烈”刘备的第四个汉国号。

至于氐族李寿的改“成”为“汉”，又不同于匈奴刘渊。作为宗室，李寿先后被封扶风公、建宁王、汉王。338年，汉王李寿起兵袭取成都，废除成帝李期，自立为帝。李寿废止地域色彩过强的成国号、改行汉国号，直接原因是沿用他的汉王封号，以显得渊源有自。[3]当然，成国的规模与刘备的汉相仿佛，以及李寿为汉王时

---

① 刘渊，字元海。唐避高祖李渊名讳，故以字称，如《晋书·刘元海载记》。

②《晋书·刘元海载记》。

③ 关于这一点，《魏书·崔玄伯传》所记崔宏（字玄伯）有关国号之议可作参考：“三皇五帝之立号也，或因所生之土，或即封国之名。故虞、夏、商、周始皆诸侯，及圣德既隆，万国宗戴，称号随本，不复更立……昔汉高祖以汉王定三秦，灭强楚，故遂以汉为号。”

有汉中郡地，也与李寿定国号为汉有关。李寿新定的年号汉兴也透露了一些这方面的消息，大概国号为汉、年号汉兴，就与刘备的汉乃至刘邦的汉攀上了关系，从而使得自己实际篡夺来的政权蒙上了一层“正统”的色彩。

（三）下游：刘知远、王建、刘龑、刘崇的汉国号

347年李寿长子李势时，氐族的汉为汉族的晋所灭。此后很长一段时间里，作为国号的汉又沉寂了。汉国号的再度集中涌现，是在500多年以后，即中国历史上的“五代十国”时期。五代中的汉，起自刘知远；十国中的汉则有三个，分别起自王建、刘龑与刘崇。

先说刘知远的汉。此汉之前，为汉族的梁、沙陀的唐与晋；此汉之后，为汉族的周。947年初，从东北南下的契丹灭晋，受到中原人民的抗击，晋北京留守、河东节度使刘知远乘机在太原称帝。出于续嗣晋祚、争取晋旧臣支持的用意，以及河东即今山西一带习称晋地，晋的开国皇帝石敬瑭又曾为太原尹、北京留守、河东节度使，称帝也在太原，所以刘知远虽然称帝，却未改晋国号。及契丹军北撤、刘知远建都晋之旧都汴（今河南开封市）、天下大势已定时，遂定国号为汉。

刘知远弃晋国号、用汉国号，有着地理的、民族的与自身的考虑。从地理上说，既已拥有中原、定都于汴，则地域色彩较强的晋便显得有些狭隘。又从民族上讲，晋以“儿皇帝”的名义父事契丹（辽），于大义有亏。再从自身看，出生太原的刘知远本为原先从西域内迁的西突厥别部沙陀人，“及得中国，自以姓刘，遂言为东汉

显宗第八子淮阳王昞之后”①，即刘秀第四子、东汉明帝刘庄第八子刘昞的后代；建国号为汉后，又“以汉高皇帝为高祖，光武皇帝为世祖”②。如此，在当时北有异族强敌（契丹）、南有多国并立、中原地区民族情绪高涨的形势下，刘知远假冒刘邦、刘秀、刘庄的后裔，并以汉为国号，就具有了显示政权正统、彰明民族大义、表现渊源有自的多重功效。

仅仅四年之后的951年，汉臣郭威代汉称帝，建国号周。刘知远从弟、北京留守、河东节度使刘崇出于自居正统、继承刘知远事业并以周为僭伪的目的，在太原称帝，仍用汉国号。所谓“朕以高祖之业一朝坠地，今日位号，不得已而称之”，“本朝沦亡，绍袭帝位”是也。③979年，代周而立的宋灭汉。

与刘知远、刘崇的汉并存但更早出现的汉，是远在岭南立国、始于刘龑的汉。917年，刘龑继承其兄刘隐独霸岭南的事业，在番禺（今广东广州市）称帝，国号越。918年，改国号为汉。

刘龑是个名号情结特别浓厚的人，“又性好夸大”④。他本名刘陟，即帝位后先改名岩，又改名龚，再改名龑，而且龑还是取《易经》“飞龙在天”之意造出的新字。其浓厚的名号情结也反映在他的国号上。刘龑改越为汉，大概有几方面的原因：首先，越具有太过明显的岭南地域特征，而且百粤（越）之地自古为蛮夷之邦，以越为国号显得不够大气。其次，刘龑是彭城（今江苏徐州市）人，

①《资治通鉴·后汉纪一》胡三省注。

②《新五代史·汉本纪》。

③《资治通鉴·后周纪一》。

④《新五代史·南汉世家·刘龑传》。

其兄刘隐还曾被五代的梁封为大彭王，而彭城刘氏不仅出过南朝宋帝刘裕，刘裕又号称是汉高祖刘邦之弟楚元王刘交的二十一世孙，于是刘䶮移植汉为国号，就有了历史的依据与家族的理由。再次，刘䶮“耻为蛮夷之主，又呼中国帝王为洛州刺史”[①]，他的志向不在仅为岭南之主，而是要做中原皇帝；这种志向也不是“越”能够笼罩的。最后，刘隐、刘䶮政权中，多有中原迁来的士人与名臣及其后裔，放弃“越”而行用政治上大气、民族上正宗的“汉”为国号，符合这批臣僚的心愿，有利于刘䶮政权的巩固。

刘䶮的汉终究没有走出地处僻远的岭南。971年，汉为赵匡胤的宋所灭。又早于刘䶮，907年称帝的蜀主王建用汉国号一年（917年正月至十二月）。王建以蜀为国号，是因据有蜀地、原为唐朝的蜀王。至于改蜀为汉，《旧五代史·王建传》说：“及梁祖开国，蜀人请建行刘备故事，建自帝于成都。”据此，王建的短暂称汉，是欲行“刘备故事”，借用的是蜀人对于刘备之汉的历史感情。只是王建少了称汉的最重要资源，即姓王而非姓刘，所以汉国号只用了一年，就改回称蜀。相对于汉来说，蜀既是王建占有地域的传统名称，又是王建拥有的政治资本即前朝的封爵名号，两相权衡，王建最终舍汉取蜀。[②]925年，五代之一的唐灭蜀。

据上，“五代十国”时期涌现出的四个汉国号，依次是917年王建的汉、918年刘䶮的汉、947年刘知远的汉、951年刘崇的汉；及979年，随着刘崇创立的汉为宋所灭，“五代十国”结束，宋朝

---

①《旧五代史·僭伪列传·刘陟传》。

② 按沿用前朝封爵为国号是较为普遍的情形。如此前之南朝宋、齐、梁、陈，北朝齐、周，以及隋、唐，无不如此。若王建者，大概也无意背离这一传统，以免引起不必要的混乱。

重建统一，于是作为国号使用的汉，又归于沉寂。

虽然，汉国号沉寂了，源远流长、断断续续地使用了千余年（前202—公元979年）的汉国号，却早已深入人心、广播域外，成了中国人口最多民族的族称与域外对历史上中国的称谓。比如与汉的族称象征意义有关，元朝末年汉国号就再度出现。元末反抗蒙古统治的割据群雄，起用了一批历史上汉族中原王朝（皇朝）施用过的国号，如：徐寿辉国号宋，张士诚国号周，明玉珍国号夏，刘福通迎立的韩林儿国号宋；使用汉国号的则是陈友谅。陈友谅本隶徐寿辉部，1359年自称汉王；1360年杀主徐寿辉而称皇帝，国号汉，建都江州（今江西九江市）；1364年为吴王朱元璋所灭。而以上宋、周、夏、汉诸国号，用意都是一致的，即既为有力的反元旗帜，又表现了割据群雄收揽人心的策略与驱逐蒙古、重建汉族统治的决心。

三、表著功业，显扬天下：俯瞰“汉”流域

以上就中国历史上成规模、有影响的汉国号，即中原皇朝与割据政权的汉国号，作了一番探寻与梳理。[①]这条“汉”国号之河，其源甚远，其流颇长；然而，如果我们仍不满足于顺着干流的地面行走，而是从空中俯瞰的话，那么映入我们眼帘的，将是更加激动

① 据笔者读书所及，又有西晋太安二年至三年(303—304)，丘沈易姓名为刘尼，建号为汉，建元神凤；西晋永嘉三年(309)，刘芒荡自称汉后，僭帝号；北魏武泰元年至二年(528—529)，邢杲自署汉王，号年天统；明成化元年至二年(1465—1466)，刘通称汉王，建元德胜。只是这些称汉国号并建元者，未成规模，故不再细说。

人心的“汉”流域！这“汉”流域，干流壮阔、异彩纷呈，支流众多、大小不一，交通域外、声教远暨，滋润大地、德泽万民……

（一）干流壮阔、异彩纷呈：汉国号的反复沿用及其意义

在中国历史上，国号的沿用是普遍现象[①]，其中汉国号的反复沿用显得尤为突出。沿用的理由，往往是以刘邦后裔的身份，与刘邦的汉、刘秀的汉、刘备的汉攀附关系，从而寻求正统地位，达到收揽人心的现实目的，寄托一统天下的雄心壮志；或者显示渊源有自，借以表明高贵的血统与建国的依据。这实质上体现了中国历史上国号的最本质特征：家天下。中国古代的国家，是君、家、国三位一体的国家；而国号，也就成了家天下——某一姓帝王家族拥有国家最高统治权——的标志。所以刘姓建国者，总是念念不忘刘邦的汉，总以恢复刘邦的汉为号召。也正是由于国号具有的这种政治文化意义，决定了开国伊始，就要定立国号，这也就是中国古代政治指导性文献东汉《白虎通德论》“号”篇所阐明的“百王同天下，无以相别。改制天下之大礼号，以自别于前，所以表著己之功业也。必改号者，所以明天命已著，欲显扬己于天下也……故受命王者必择天下美号”。而具体到刘姓建国者，“表著己之功业”“显扬己于天下”，最合适的美号就是“汉”了，就是以“汉”来接续刘邦、刘秀、刘备的正统。

至于匈奴刘渊、沙陀刘知远、沙陀刘崇以异族的身份，强攀刘

① 如夏、周、秦、魏、唐一类国号的直接继承，商、宋、明一类国号的隐暗因袭；至于新、隋、大元一类国号的缺乏承袭，同样是值得关注的有趣问题。

汉宗族、依傍汉朝、掩盖种姓来历，又说明了对于今天而言更具现实意义的事实，即在中国古代，但凡异族欲在中原立国，就必须认可、接纳乃至融入汉地的文化传统与历史系统，这也就是我们常说的“汉化”；它又从国号以及心理的层面，直接反映了异族并不自外于中国，中国不仅是汉族的中国，也是非汉族的中国，中国是多民族国家。现代中国是这样，历史中国本也如此。进而言之，匈奴、沙陀之沿用汉国号说明了以上问题，夏国号的沿用如匈奴刘勃勃（赫连勃勃）的夏，周国号的沿用如鲜卑宇文觉的周，秦国号的沿用如氐人苻健、羌人姚苌、鲜卑乞伏国仁的秦，魏国号的沿用如鲜卑拓跋珪的魏，晋国号的沿用如沙陀石敬瑭的晋，唐国号的沿用如沙陀李存勖的唐，以及辽、金、大元、大清的采用汉式国号与汉式年号，也都说明了以上问题。

（二）支流众多、大小不一：众多汉国号的区别方法[①]

国号是国家的名称，名称的本质属性是起区别作用。而出于复杂的政治、文化、民族、心理等原因，中国历史上起用的大量同名国号，混淆了国号的区别作用。为了避免由此造成的麻烦，历史上对有关国号的使用，往往并非国号的原型，而是经过后人改造过的“变型”。这种改造过的“变型”国号，使用普遍，改造的对象则以同名国号为主。汉国号在这方面，也是颇具代表意义。

刘秀重建的汉，为了区别刘邦始建的汉，后人称为后汉，而把刘邦的汉称为前汉，并把刘备再建的汉称为季汉。又五代时期刘知

① 本小节参考了楚庄：《我国古代的“国号”》，《天津师院学报》1981年第3期。

远的汉，因为汉国号以前出现过，所以史称后汉。这是在同名国号前冠以顺序词的处理方法。

又有在同名国号前冠以方位词的处理方法。一种情况是，一个国家经历了重大的变动（比如疆域的巨大变迁、都城的远距离迁移），后人就根据变动前后的疆域特别是都城的相对位置，在国号前冠以方位词，以资区别。如西汉（都长安，今陕西西安市）与东汉（都雒阳，今河南洛阳市）。又一种情况是，依据不同国家相对的疆域所在地区或都城所处位置，用方位词来区分同时代或不同时代出现的同名国号。如刘崇的北汉与刘龑的南汉。再一种情况是，一个国家的主体丧失后，残余势力不改国号，后人或也依据其相对地理位置，加上方位词以资区别，如汉（刘知远的后汉）与刘崇的北汉。

又有在同名国号前加地域名称的处理方法。古有蜀国，分布在今四川中部偏西，蜀后来更成为地域名称，刘备的汉因此称蜀汉。

又有在同名国号前缀以五德的处理方法。王莽以刘邦的汉为火德[①]，而刘秀不改火德，刘邦、刘秀、刘备的汉遂称炎汉。

又有以各种代号区别同名国号的处理方法。刘邦的汉定都长安，刘秀的汉定都雒阳，长安在西称西京，雒阳在东称东京，于是以西京作为西汉代称，以东京作为东汉代称。刘备的汉、李寿的汉有古蜀国之地，又建都成都（战国以来为蜀郡治所），以此刘备的汉别称蜀（这样的称法带有贬义），李寿的汉别称后蜀（相对于刘备的蜀）。

---

① 汉德是个极为复杂的问题，先为水德，改为土德，再改火德。

值得指出的是，经过处理、已非原型的新“国号”，因为历久的沿用，也具有了专指性，如西汉、东汉、蜀汉、南汉、北汉；再者，在家天下的时代，冠以帝王姓氏即国姓，本是区分同名国号的常用方法之一，但这种方法基本不用在汉国号上，原因很明显：以汉为国号者大多姓刘，如果都称“刘汉”，仍然会混淆不清。

（三）交通域外、声教远暨：汉成为域外有关中国的习惯称谓

中国历代国号很多，然而域外并不随着中国屡更的国号而改变其对中国的称谓。域外或者以中国有代表性的国号（如汉、吴、唐）指称若干朝代，或者以中国有代表性的名号（如中华、中国）概说中国，或者干脆另给中国起个名字（如赛里斯）。这另起的名字，也是五花八门、错综复杂，其中影响最大、使用最广的有四个系列，即支那系、赛里斯系、桃花石系与契丹系。①

就“汉”来说，中国历史上刘邦、刘秀近乎前后相接的汉朝，历运长久，疆域辽阔，国势强大，声教远暨，对周围各国都产生过重大影响，中外交通尤其是与西北、中亚的经济文化交流也非常繁盛，因此域外特别是中亚地区及其以西诸国，往往称汉朝及汉朝以后的中国为汉。《北史·波斯传》记北魏孝明帝神龟中，波斯国遣使上书贡物云：“大国天子，天之所生，愿日出处，常为汉中天子。波斯国王居和多，千万敬拜”；《旧唐书·大食传》载，唐开元年间，大食遣使朝献，其使“请依汉法致拜”；宋朝朱彧《萍洲可谈》卷二记载：“汉威令行于西北，故西北呼中国为汉；唐威令行于东

---

① 胡阿祥：《历史上域外有关中国称谓论纲》，《历史地理》第十四辑，上海人民出版社1998年版。

南，故蛮夷呼中国为唐”；元人胡三省注《资治通鉴》卷二十二称：“据汉时匈奴谓中国人为秦人，至唐及国朝则谓中国为汉，如汉儿、汉人之类，皆习故而言”；清人徐岳《见闻录》也说：“柬埔寨人呼中国人为唐人，犹西北人呼中国人为汉人也。”

其实还不仅中国的西北方向，以汉称呼中国，这也逐渐推广到其他方向的一些邻邦，如日本就称中国为汉、汉土，日本和朝鲜称中国文字为汉字。而沿袭下来，“汉”也就从域外对中国的一种习惯称谓，演化为中国人数最多民族的族称，直到今天，大多数中国人还自称汉人。

（四）滋润大地、德泽万民：汉演化为汉民族的族称

在古汉语中并没有“民族”一词，而用人、种人、族类、部落、种落等词表示。用民族来表示稳定的人们共同体，是19世纪与20世纪之交从日文中引进的。

众所周知，今天中国人数最多的民族是汉族，然而所谓汉族，并不就是狭义的“炎黄子孙”，著名国学大师柳诒徵曾经概略地指出：

> （汉族）数千年来，其所吸收同化之异族，无虑百数。春秋战国时所谓蛮、夷、戎、狄者无论矣，秦、汉以降，若匈奴，若鲜卑，若羌，若奚，若胡，若突厥，若沙陀，若契丹，若女真，若蒙古，若靺鞨，若高丽，若渤海，若安南，时时有同化于汉族，易其姓名，习其文教，通其婚媾者。外此如月氏、安息、天竺、回纥、

> 唐兀、康里、阿速、钦察、雍古、弗林诸国之人，自汉、魏以至元、明，逐渐混于汉族者，复不知凡几。[①]

可以说，汉族因此成为今天世界上人口最多的民族。而这样的情形，正如李斯《谏逐客书》所言："泰山不让土壤，故能成其大；河海不择细流，故能就其深。"其实这种血统的混杂，对于民族的发展、壮大与进步是有利的因素，本来就毋庸讳言。

从历史的观点来看，汉族的族称有过变化。先秦时期，可称为诸夏（意为许多的夏）或华夏（意为如同花一样美丽的夏）[②]。诸夏或华夏是以夏、商、周人为主体，并融合四周一些小族而渐渐形成的古老民族群体。这一民族群体在以后的发展中，内涵不断丰富。及刘邦建汉，两汉（西汉、东汉）立国400余年，于是魏晋以后尤其是十六国北朝时期，"汉"作为新起的族称（汉人、汉子、汉家、汉民、汉妇人、汉老妪、汉小儿一类），逐渐取代了传统的诸夏、华夏族称，并一直沿用到了今天而不改。[③]从某种意义上说，汉族的前身即是诸夏、华夏，诸夏、华夏的发展即是汉族，两者没有质的区别，只有规模大小的不同。

刘邦始建、刘秀重建、刘备再建的汉国号，历史影响可谓广泛、深远；而由汉国号演化为此后直至现今中国人口最多民族的汉族称，无疑又是其中最具有现实意义者。

---

① 柳诒徵：《中国文化史》"绪论"，中国大百科全书出版社1998年版。

② 胡阿祥：《伟哉斯名——"中国"古今称谓研究》第五章第一节，湖北教育出版社2000年版。

③ 需要指出的是，在非汉民族统治的时期或地区，如十六国北朝、辽金元、清，"汉"或者与"汉"相关联的称呼，往往具有贬义。及至1912年中华民国建立，提倡"合汉、满、蒙、回、藏诸族为一人"（《中华民国临时大总统宣言书》），"汉族"作为汉人共同体的族称，才正式出现在史册上。

《汉书·沟洫志》赞曰：“中国川原以百数，莫著于四渎，而河为宗。”宗者，尊也，古代以天子为大宗，诸侯朝见天子，称作朝宗。

泱泱中国，自古至今，众多的国号如同百川竞流；浩浩大汉，源远流长，流域深广，又不啻百川朝宗之黄河。

如果说“母亲河”黄河承载着中华民族的历史与文化，那么孕育“汉族”名称的汉国号，则可谓凝聚着中国人数最多民族汉族的历史与文化的精华。

对于这样的汉国号，作为汉人，作为中国人，岂可不知，怎能不解？

▪ 有关“中华民国”国号的“一重公案”

一

1936年10月，鲁迅在临终前，写了一篇文章《关于太炎先生二三事》，文中说：“至于今，惟我们的‘中华民国’之称，尚系发源于先生的《中华民国解》（最先亦见《民报》），为巨大的纪念而已，然而知道这一重公案者，恐怕也已经不多了。”这段话的意思非常明白，即“中华民国”国号首创于章炳麟（号太炎）1907年7月发表于《民报》的《中华民国解》。那么，何谓“公案”呢？1918年，孙文①在《建国方略》中写道：“予自乙酉中法战败之年，始决倾覆清廷，创建民国之志……及乙巳之秋，集合全国之英俊而成立革命同盟会于东京之日，吾始信革命大业可及身而成矣。于是乃敢定立中华民国之名称，而公布于党员，使之各回本省，鼓吹革命主义，而传布中华民国之思想焉。”按“乙巳”为1905年，则

---

① 今人习称的“孙中山”，缘于“中山樵”，而“中山樵”只是孙文流亡日本时的化名，“中山”且为日本姓氏。故从“名从其主”的原则出发，当称“孙文”。又据笔者同事陈蕴茜教授提供的线索，在1903年黄中黄（章士钊）编译的《大革命家孙逸仙》中，是因一时笔误，错将真名“孙文”与化名“中山樵”的两个姓连缀成文，写成了“孙中山”；而面对友人王侃叔“姓氏重叠，冠履倒错，子何不通乃尔”的指责，章士钊更是无言以对，只得认错。详见白吉庵：《章士钊传》“陆师学堂闹学潮”，作家出版社2004年版。

1907年章炳麟发表《中华民国解》之前，孙文已经“定立中华民国之名称”；又1923年10月，孙文《在广州全国青年联合会的演说》中更直接说道：“中华民国这个名词，是兄弟从前创称的。”

如此，“中华民国”国号的创称者，到底是章炳麟还是孙文，就无疑成了大麻烦，因为这里涉及的章炳麟、孙文、鲁迅，都是极其重要的历史伟人！以下就此稍作讨论。

二

1912年1月1日，随着孙文在南京就任临时大总统职，“中华民国”成立，1912年为中华民国元年；至1949年4月23日中国人民解放军占领中华民国首都南京、12月8日中华民国“中央政府”迁往台湾省，中华民国凡38年。此后台湾省的“中华民国”，其性质已是中国独特的地方政权。而以1949年9月21日至9月30日召开的中国人民政治协商会议第一届全体会议为标志，“中华人民共和国”成为中国唯一的合法政府。

1912年至1949年凡38年的中华民国，历史错综复杂。举其一端而言，这38年间号称“中华民国”的政权究竟有多少，便是个不容易回答的问题。孙文领导的南京临时政府（中华民国临时中央政府）是第一个中华民国政府；接下来有袁世凯的中华民国北京政府，云南护国军政府，孙文广东护法政府、非常大总统府、大元帅大本营政府，广东-武汉国民政府，皖系军阀段祺瑞、黎元洪、徐世昌政府，直系军阀冯国璋、曹锟政府，奉系军阀张作霖陆海空军大元帅政府，蒋中正[①]南京-重庆-南京政府，阎锡山、冯玉祥北平国民政府，汪兆铭[②]、胡汉民广东国民政府，汪兆铭“还都”南京的（伪）国民政府……。这些政权，无例外地都叫“中华民国”。它们彼此对立，又都宣称自己为“合法”，或者以全国中央政府自居；它们彼落此起，纷纷扬扬，令人眼花缭乱。但是无论如何，首号“中华民国”的政权，是伟大的革命先行者、临时大总统孙文领导与主持的“中华民国”政权。尽管这一政权昙花一现，只存在了短短的三个月（4月1日，孙文正式解职，由袁世凯继任；次日，参议员议决，临时政府迁往北京），但其意义却非常巨大、久远：它推翻了大清统治，结束了2000多年来的君主专制制度，建立了崭新的、追求“真共和”与“三民主义”的资产阶级民主共和国。“中华民国”国号之由来，也正在于孙文为之奋斗终身的“真共和”与“三民主义”；那些形形色色的“中华民国”政权，“推尊”孙文为“国父”，也正显示了孙文与“中华民国”极深的渊源关系。所谓栋梁连云，不能缺少正殿，万山磅礴，其中必有主峰，在中华民国的创立过程中，孙文正是这种意义上的正殿与主峰。

孙文，字逸仙，别号中山（因在日本鼓吹革命，曾化名“中山樵”），广东香山（今广东中山市）人。早在1885年（中法战争大清失败之年），孙文即“始决倾覆清廷，创建民国之志”。1894年11月，孙文在檀香山（夏威夷首府，1898年为美国并吞）成立了

① 蒋中正，字介石。按在中国传统文化中，称“名”是不褒不贬的，而称“字”是表示尊敬的意思，故在一般的情形下，当称“蒋中正”。

② 汪兆铭，字季新，笔名精卫。精卫取义于“精卫填海”的神话，自喻其推翻清政府的坚定志向。及其堕落为汉奸，而我们仍以充满革命色彩的“汪精卫”相称，就极为不妥了。

第一个资产阶级的革命团体“兴中会”。兴中会章程宣布“是会之设，专为振兴中华、维持国体起见”，而盟书为：“联盟人某省某县人某某，驱除鞑虏，恢复中国，创立合众政府。倘有贰心，神明鉴察。”虽然，排满灭清的“驱除鞑虏，恢复中国”，从历史上不难寻出它的前辈，如元末朱元璋1367年北伐檄文中提出的“驱逐胡虏，恢复中华”口号，清初的“反清复明”，但“创立合众政府”则是完全资产阶级的革命语言，它代表了孙文等人在中国创立美国联邦式的资产阶级民主共和国的坚定政治理想。

决定性的进展来自1903年。在“扶清灭洋”的义和团运动失败、拥帝“勤王”的自立军遭到镇压、“八国联军”大举侵华（以上为1900年事）、屈辱的《辛丑条约》订立（1901）的背景下，沦为帝国主义侵华治华工具的大清政府，已经无可救药、无力回天，排满革命、民主共和，于是更加广泛传播、声势激荡。1903年5月，邹容著《革命军》出版，书中大声疾呼：中国必须以革命手段推翻满清卖国政府，建立“定名为‘中华共和国’的国家”；在全书的末尾，邹容高喊“中华共和国万岁”，“中华共和国四万万同胞的自由万岁”；与《革命军》合刊的章炳麟《驳康有为论革命书》，斥责大清光绪皇帝“载湉小丑，未辨菽麦”，提倡“合众共和”，“以合众共和结人心者，事成之后，必为民主”；又1903年陈天华著《警世钟》，以通俗的文字、唱词的形式，写出了深重的民族危机与彻骨的亡国沉痛，署为“黄帝子孙之多数人”撰述、“黄帝子孙之一个人”编辑的《黄帝魂》，仇满反清。如此等等的口号与宣传，使得排满革命、民主共和，“深入于四万万国民之脑髓中”。

也是在1903年，孙文发展了他的革命纲领，并且加以定型。这年秋、冬，孙文在日本秘密组织军事学校，再至檀香山改组兴中会，所用誓词皆为“驱除鞑虏，恢复中华，创立民国，平均地权”。1904年8月，孙文在美国写成英文稿《中国问题之真解决》，文中最早出现了英文的National Republic of China（中华民国），称只有“把过时的满清君主政体改变为‘中华民国’”，才能真正解决中国问题。1905年8月20日，在孙文的倡导下，以兴中会和华兴会（1904年2月在长沙建立，政纲为“驱除鞑虏，复兴中华”）为基础，联络光复会（1904年冬成立于上海，誓词为“光复汉族，还我河山，以身许国，功成身退”），在日本东京赤坂区霞关成立了中国同盟会——中国资产阶级的革命政党，全国性的革命组织。中国同盟会确定宗旨为以上十六字誓词。11月，同盟会创办机关刊物《民报》。在《民报》“发刊词”中，孙文把十六字宗旨进一步阐发为民族、民权、民生三大主义。“驱除鞑虏，恢复中华”是为民族主义，即以革命的手段推翻已成帝国主义鹰犬的清政府，建立民族独立的中国；“创立民国”是为民权主义，即铲除专制制度，建立资产阶级民主共和国；“平均地权”是为民生主义，即由解决土地问题，进而彻底解决社会问题。又1906年秋冬，同盟会《军政府宣言》指出：“中国者，中国人之中国。中国之政治，中国人任之。驱除鞑虏之后，光复我民族的国家。敢有为石敬瑭、吴三桂之所为者，天下共击之！”此即“恢复中华”。又“今者由平民革命以建国民政府。凡为国民皆平等以有参政权。大总统由国民共举。议会以国民共举之议员构成之。制定中华民国宪法，人人共守。敢有帝制自为者，天下共击之！”此即“创立民国”。这样，“中华民国”的性质、建立方法以及国号，是时已经明确。

中国同盟会的成立、十六字宗旨以及中华民国国号的确定和同盟会总理孙文有关“三民主义”的阐述，使资产阶级革命派有了明确的奋斗目标，极大地推动了资产阶级民主革命高潮的到来。

其实，此革命成功后“为人民而设的”“民有、民治、民享”的“中华民国”，在革命尚未成功时已经深入人心。1906年12月2日，孙文在《民报》创刊一周年纪念会上的演讲，正式用汉语宣称“中华民国”，并且反复陈述“将来中华民国的宪法”；“有学问的革命家”、一代国学大师、《民报》主编、浙江余杭人章炳麟的演讲，亦称“这革命大事，不怕不成；中华民国，不怕不立”。又1907年7月5日，《民报》第15号发表章炳麟所撰长文《中华民国解》。文中写道：

> 中国之名，别于四裔而为言……就汉土言汉土，则中国之名以先汉郡县为界……诸华之名，因其民族初至之地而为言……神灵之胄自西方来，以雍梁二州为根本……民族奥区，斯为根极……华本国名，非种族之号……正言种族，宜就夏称……夏本族名，非邦国之号，是故得言诸夏……下逮刘季，抚有九共，与匈奴、西域相却倚，声教远暨，复受汉族之称……汉家建国，自受封汉中始，于夏水则为同地，于华阳则为同州，用为通称，适与本名符会。是故华云、夏云、汉云，随举一名，互摄三义。建汉名以为族，而邦国之义斯在。建华名以为国，而种族之义亦在。此中华民国之所以谥。

章炳麟的这篇《中华民国解》，引经据典、饱含激情、大气磅礴，流播广泛、士林传诵；而“中华民国”，既由此而为中外知晓，也当然地成为“革命果成”后取用的、有别于以往从“夏”到“大清”之历代国号的全新国号。

当然，“中华民国”真正成为现实，仅靠口号、宣传、宗旨、政纲、主义等，是无法实现的。推翻帝制、创立共和，在清末外患纷乘、内政腐败的形势下，必须通过革命暴力。自1906年至1911年，资产阶级革命派联合会党和新军，前仆后继，矢志不渝，发动了十多次悲壮惨烈的武装反清起义。这些起义，虽然最终都归于失败，但也沉重打击了大清的统治，为“中华民国”的真正到来，创造了条件。

1911年10月10日（这天后来被定为中华民国国庆日），武昌新军（新军，清末编练的新式陆军）士兵中的革命党人再次起义，一夜之间占领了武昌城。次日晚及12日凌晨，驻汉阳、汉口的新军也先后起义，于是武汉三镇全部光复。又10月11日，湖北军政府成立。湖北军政府一成立，立即宣布“称中国为中华民国”，主权属于人民，废除宣统年号，发布申讨清政府的文告。10月12日，起义的革命党人电请奉为领袖而当时尚在美国的孙文回国，以主持大计。

武昌首义，分散在各地的同盟会会员以及与同盟会有联系的各地革命组织纷起响应，于是形成了全国规模的辛亥革命（宣统三年为辛亥年）。至11月9日，已有湖北、湖南、陕西、江西、山西、云南、浙江、江苏、贵州、安徽、广西、福建、广东十三省宣布独立，大清的统治由此分崩离析。12月25日，孙文抵达上海。12月29日，十七省代表会议在南京丁家桥江苏谘议局召开，选举孙文为中华民国临时大总统。1912年1月1日，孙文抵达南京，并于当晚10时在两江总督署宣誓就任，定立国号为“中华民国”。①

中华民国元年2月12日，清帝溥仪奉隆裕皇太后懿旨，下诏辞位，大清正式退出历史舞台。3月11日，中华民国临时大总统孙文公布具有宪法性质的《中华民国临时约法》。《约法》第一章《总纲》规定：“中华民国，由中华人民组织之”；“中华民国之主权，属于国民全体”；“中华民国领土，为二十二行省、内外蒙古、西藏、青海”；“中华民国以参议院、临时大总统、国务员、法院，行使其统治权”。这从法律上对“中华民国”进行了诠释。而“中华民国”国号所具有的特殊意义，在这里也可举一例反证用以说明。同盟会会员、留日学生王拱璧编《东游挥汗录》（1919年自刊）曾说：“犹忆当民国肇造之初，倭人闻我将以‘中华民国’名我国，即由著名浪人某固请我民党领袖，易以‘大汉’，希冀离我五族。”“五族”者，汉、满、蒙、回、藏。《中华民国临时大总统宣言书》云“国家之本，在于人民。合汉、满、蒙、回、藏诸地为一国，即合汉、满、蒙、回、藏诸族为一人”，这就是“中华民国”。“中华民国”国号所具有的民族凝聚力，由此可见。

---

①《建国方略》之《孙文学说》第八章：“予于基督降生一千九百十二年正月一日就职。乃申令颁布定国号为中华民国，改元为中华民国元年，采用阳历。于是予三十年如一日之恢复中华、创立民国之志，于斯竟成。”

三

据上所述史实，我们可以知道："中华民国"国号的提出者是孙文，章炳麟的《中华民国解》则对之进行了解释与分析。换言之，"中华民国"国号的"创称"者是孙文，具有重要的宣传、光大之功，而意在从学术上奠定新国家的历史、地理、民族与文化根据者，则是章炳麟。然而有趣的是，对于"这一重公案"，连曾经是光复会会员的当时之人鲁迅，也都不甚清楚基本的史实。或者，浙江绍兴人鲁迅《关于太炎先生二三事》文中"惟我们的'中华民国'之称，尚系发源于先生的《中华民国解》"的说法，是出于对其留学东京时曾经师事的浙江余杭人章炳麟的特别表彰？

又有值得指出者，笔力万钧的章炳麟《中华民国解》一文，对于国体或者政体意义上的"民国"，并无片言只语的阐述；而所解释的"中华"，在特殊的排满革命的背景下，也影响到了其准确性。按就"中华民国"国号论，"国"是通名，"民"是通名的修饰成分，表示国家性质，而"中华"为专名。"中华"专名的由来与含义演变，这里不作详细讨论。[①]概言之，回溯历史，"中华"概念经过了复杂的变迁。"中华"一词起源于公元3世纪的魏晋时期，最早用在天文与地理方面，是先秦时期就已出现的"中国"与"华夏"两词的合称，把"中华"比喻为一条大河，"中国"与"华夏"便是这条大河上游的两个源头。而无论是"中国""华夏"还是

---

① 详见胡阿祥:《伟哉斯名——"中国"古今称谓研究》第五章,湖北教育出版社2000年版。

“中华”，都具有地理中心、文化传统、汉族主体等多重含义，其中文化又是最重要的，非汉民族只要接受了汉族的传统文化，也就成了“中华”的一分子。文化是不断进步的，于是“中华”的成员不断增加，“中华”的地域不断扩大；“中华”代表的是“文章光华”“衣冠礼乐”“火食粒食”的中原农耕文化，于是入主中原的游牧民族、狩猎民族，总要走上汉化的道路，从而完成军事上的征服者到文化上的被征服者的演变历程。可以认为，文化意义上的“中华”，好像一只容器，有容乃大；好像一块磁铁，吸附周边。进入近代以来，“中华”又发展出了新的含义。现在有政治意义上的“中华”，比如我们说中华人民共和国是中国唯一的合法政府；有民族意义上的“中华”，比如我们说的中华民族，是指现在中国领土上具有民族认同的14亿人民，它所包括的56个民族单位是多元，中华民族是一体，即所谓多元一体的中华民族。中华民族既是一体的，则有着共同的国家意识、政治追求、经济利益；中华民族又是多元的，各民族地位平等，各民族文化也都值得尊重。尤其需要强调的是，随着中华民族含义的确立，与5000多年文明史紧密结合的“中华”名号，也就成了充分体现中国各民族共同的精神文化的伟大名号；而“中华民国”以及“中华人民共和国”国号，也就具备了全新的含义。它既区别于以往中国“天下社稷”一家一姓的传统国号，又表明了国家的主权属于中国各民族，属于中华民族。作为国号组成部分的“中华”，其大意、美意、深意正在于此！

具体到“中华民国”国号，虽然民国当时，在一些假共和、假三民主义的所谓“中华民国”的糟蹋下，很快就名不副实了，但绝无疑义的是，“民国”的理念已经深入人心。若1915年北洋军阀袁世凯之恢复帝制、称“中华帝国”皇帝、以1916年为“洪宪”元年，若1917年北洋军阀张勋之拥立溥仪复辟、改中华民国六年为大清宣统九年，都转瞬败灭，就在于他们的招牌上去掉了“民国”。“大清”已不可能再取代“中华”，“民国”已不可能再回到“帝国”。这是历史的进步，人民的选择，也是孙文创称的“中华民国”国号之政治意义所在！

▪ “中华人民共和国”国号的成立过程

以语词结构言，“中华人民共和国”国号中的“中华”，是专名，相当于姓名中的名，这是我们国家独有的；“国”是通名，相当于姓名中的姓，这是世界上各个国家共有的；而“人民共和”是“国”的修饰成分，说明了我们国家的性质，它不是王国，不是联邦共和国，也不是合众国，它是人民共和国。再言专名含义。“中华人民共和国”国号中的“中华”，指的是中华民族、中国人民，这是毋庸置疑的；但是如果追根溯源，则“中华”来自“中国”+“华夏”。“中国”这个称呼，至少已有3000多年的历史。最初，“中”字是指旗帜，首领要发布命令了，就在高处竖起一面大旗，人们从四面八方赶过来，围绕在旗帜的周围，接受命令；然后“中”就演变出相对于四方的中央、相对于左右的中间的意思。“国”（國）最初的写法是“或”，是指一个人扛着戈这种武器，保卫城池与土地。最早的“中国”指今天的洛阳一带，“中国”就是中间的城池与土地的意思。但在1912年“中华民国”成立并以“中国”作为正式简称之前，中国古代并没有“中国”这个国号，那时的国号叫夏、商、周，叫隋、唐、宋，叫大元、大明、大清，而一直也在使用着的“中国”的称呼，或者是多变的地理概念，或者是模糊的文化概念，又或者是复杂的民族概念。再说“华夏”。

“华夏”就是像花一样美丽的、文化繁荣灿烂的“夏”，华就是花；而“夏”是4000多年前出现的中国历史上第一个世袭制国家的国号，这个国号来源于一种昆虫，即蝉，就是我们习称的知了，那个夏天里不停地叫着的知了。

由“中华人民共和国”国号的语词结构特别是专名含义，不难感知国号话题的魅力。那么具体到“中华人民共和国”国号的成立过程，又是怎样的呢？以下略作叙述，或可作为前文《有关“中华民国”国号的“一重公案”》之续篇。

一、从“中华苏维埃共和国”到“中华民主共和国”

“中华人民共和国”神圣国号之昭告全世界，是在1949年10月1日。是日下午三时，首都北京30万军民齐集天安门广场，举行隆重的开国大典。中华人民共和国中央人民政府主席毛泽东，宣读了《中华人民共和国中央人民政府公告》，54门礼炮齐鸣28响，地动山摇！

28响礼炮，代表了中国共产党从1921年横空出世到1949年辉煌建立新中国的28年征程。28年的岁月里，中国共产党领导中国人民，以血肉之躯铺就了人民共和国诞生的道路，以钢铁意志铸成了人民共和国坚强的国基！

但是，中国共产党人建立的第一个国号，其实并非“中华人民共和国”，而是“中华苏维埃共和国”。

先是1927年8月1日南昌起义，中国共产党开始独立地领导革命战争和创立革命军队。同年9月9日，毛泽东领导的秋收起义爆发；10月27日，部队到达井冈山的中心茨坪，由此开创了工农武装割据的局面。发展至1931年，工农武装割据的革命根据地，已有中央（闽赣）、川陕、鄂豫皖、洪湖等十多块，并普遍建立了红色政权——工农民主政府。1931年11月7日至20日，中国共产党人在江西瑞金召开了第一次全国工农兵代表大会（又称“中华苏维埃全国代表大会”），到会代表600多人。大会通过了《中华苏维埃共和国宪法大纲》，成立了中华苏维埃共和国临时中央政府（又称“中央工农民主政府”），选举了由64人组成的中央执行委员会。11月27日，中央执委会举行第一次会议，推选毛泽东为中华苏维埃共和国临时中央政府主席。

“中华苏维埃共和国”国号，明显地受到了苏联的影响。1917年11月7日（俄历10月25日），伟大的俄国十月社会主义革命爆发；中国共产党人的第一次全国工农兵代表大会，于1931年俄国十月革命胜利纪念日召开。俄国十月革命胜利后，1922年底组成了苏维埃社会主义共和国联盟（简称“苏联”）；中国共产党人的第一个国号——中华苏维埃共和国，显示了中国共产党以苏联为榜样、建立社会主义共和国的奋斗目标。苏联权

图1–6 “中华苏维埃共和国中央执行委员会”印章

力机关的名称是苏维埃（俄文совет的音译，意即会议或代表会议），中华苏维埃共和国的最高权力机关为全国工农兵代表大会。如此等等，中华苏维埃共和国从形式到内容，可谓都受到了苏联模式广泛而深刻的影响。

中华苏维埃共和国存在于第二次国内革命战争时期（1937年9月22日，正式宣布取消“中华苏维埃共和国”。从1931年11月7日至此，“中华苏维埃共和国”历时5年零10个月）。1934年10月长征（中国工农红军主力从长江南北各根据地向陕北根据地进行的战略大转移）以前，以瑞金为首都。又第二次国内革命战争（1927—1937）后期，日本在占领中国东北后逐步侵入华北，民族危机空前严重。1936年8月25日，中共中央以民族大义为重，直接致书中华民国国民党中央，呼吁“集中国力，一致对外”，提议国共各派代表谈判，以实现两党抗日的民主合作，恢复孙文的三大政策（指1923年底孙文确定的联俄、联共、扶助农工的三大政策），实行新三民主义，结成全民族的统一战线，共同建立“中华民主共和国”。及12月25日，随着西安事变（12月12日，东北军张学良、十七路军杨虎城在离西安50里的临潼华清池扣留蒋中正，逼蒋答应“停止内战，一致抗日”）的最终和平解决，全国结束内战、一致抗日的新阶段开始。1937年2月10日，中共中央致电2月15日召开的国民党五届三中全会，提出为实现国共两党合作抗日的五项要求和四项保证；四项保证之一是：工农民主政府改名为中华民国特区政府，红军改名为国民革命军，直接受南京中央政府与军事委员会之指导。2月21日，国民党五届三中全会通过了接受中国共产党提议的决议案。至此，抗日民族统一战线初步形成。

1937年至1945年的全面抗日战争时期，中国共产党领导的抗日民主政权，在国民党掌握全国政权的情况下，具有合法性质。其中为首的“中华民国特区政府”，是中共中央所在的陕甘宁边区政府（1937年9月6日，中国共产党将中华苏维埃中央临时政府驻西北办事处正式更名改制为“陕甘宁边区政府”；11月10日至次年1月，又改称“陕甘宁特区政府”。陕甘宁边区政府结束于1950年1月），首府延安（1949年6月迁西安）；其他抗日根据地的政权，和陕甘宁边区政府一样，也属于中华民国地方政权的一部分（虽然国民党诬称其中的有些政权为所谓“奸区”）。

抗日战争时期，毛泽东曾经多次阐述将来所要建立的“中华民主共和国”的含义。1937年10月25日，毛泽东在和英国记者贝特兰（J.Bertram）的谈话中，解释中国共产党1936年8月提出的“民主共和国”口号，政治上、组织上的含义包括以下三点：“（一）不是一个阶级的国家和政府，而是排除汉奸卖国贼在外的一切抗日阶级互相联盟的国家和政府，其中必须包括工人、农民及其他小资产阶级在内。（二）政府的组织形式是民主集中制，它是民主的，又是集中的，将民主和集中两个似乎相冲突的东西，在一定形式上统一起来。（三）政府给予人民以全部必需的政治自由，特别是组织、训练和武装自卫的自由。”1939年12月，毛泽东在《中国革命和中国共产党》文中指出：“中国现阶段的革命所要造成的民主共和国，一定要是一个工人、农民和其他小资产阶级在其中占一定地位起一定作用的民主共和国。换言之，即是一个工人、农民、城市小资产阶级和其他一切反帝反封建分子的革命联盟的民主共和国。这种共和国的彻底完成，只有在无产阶级领导之下才有可能。”又1940年

1月，毛泽东发表了著名的《新民主主义论》，论述“现在所要建立的中华民主共和国，只能是在无产阶级领导下的一切反帝反封建的人们联合专政的民主共和国，这就是新民主主义的共和国，也就是真正革命的三大政策的新三民主义共和国。这种新民主主义共和国，一方面和旧形式的、欧美式的、资产阶级专政的、资本主义的共和国相区别，那是旧民主主义的共和国，那种共和国已经过时了；另一方面，也和苏联式的、无产阶级专政的、社会主义的共和国相区别……新民主主义的政治、新民主主义的经济和新民主主义的文化相结合，这就是新民主主义共和国，这就是名副其实的中华民国，这就是我们要造成的新中国”。

二、从“中华人民民主共和国”到“中华人民共和国”

如上所述的“新中国”，在抗日战争胜利后，由于种种原因，并没有能够出现。1946年6月底7月初，以蒋中正为首的南京国民政府悍然发动全面内战，中国共产党人奋起迎击，中国人民解放战争全面打响。解放战争的进展极为迅速。1947年7月，中国人民解放军已由战略防御转入战略进攻，而中国共产党人要建立的“新中国”，也在筹划之中，只是这个“新中国”的国号，却有着“中华人民共和国”和“中华人民民主共和国”的不同表述。

先是1948年1月18日，毛泽东在陕北米脂县杨家沟为中共中央起草的《关于目前党的政策中的几个重要问题》的党内指示，第一次提出了“人民大众组成自己的国家（中华人民共和国）并建立代表国家的政府（中华人民共和国的中央政府）”的奋斗目标。而及1948年春，筹建全国人民政权的条件已经具备。4月1日，毛泽东《在晋绥干部会议上的讲话》讲道：“由这个人民大众所建立的国家及政府，就是中华人民民主共和国及代表各民主阶级联合专政的民主联合政府。”4月30日，中共中央《纪念“五一”劳动节口号》第五条为：“各民主党派，各人民团体及社会贤达，迅速召开政治协商会议，讨论并实现召集人民代表大会，成立民主联合政府。”这一口号引起了广泛的回响。7月29日，中共中央《致解放区工人代表大会祝词》又讲道：“建立独立自由强健和统一的中华人民民主共和国。”10月10日，毛泽东起草的《中共中央关于九月会议的通知》讲道：“召集政治协商会议的口号，团结了国民党区域一切民主党派、人民团体和无党派人士于我党周围。现在，我们正在组织国民党区域的这些党派和团体的代表人物来解放区，准备在一九四九年召集中国一切民主党派、人民团体和无党派民主人士的代表们开会，成立中华人民共和国临时中央政府。”1948年12月30日，毛泽东为新华社写的1949年新年献词《将革命进行到底》明确宣布：“一九四九年将要召集没有反动分子参加的以完成人民革命任务为目标的政治协商会议，宣告中华人民共和国的成立，并组成共和国的中央政府。这个政府将是一个在中国共产党领导之下的、有各民主党派各人民团体的适当的代表人物参加的民主联合政府。”

1949年，这样的政治协商会议如期召开；而“中华人民共和国”作为新中国的正式国号得以确定下来，则经过了新政治协商会议筹备会、中国人民政治协商会议第一届全体会议的充分讨论。

先是6月15日，毛泽东在新政协筹备会第一次全体会议上的讲话，呼出了“中华人民民主共和国万岁”的口号；6月16日，新政协筹备会第一次全体会议通过的《新政治协商会议筹备会组织条例》第三条第五款为：“提出建立中华人民民主共和国政府之方案”；6月19日，新政协筹备会第四小组讨论时，清华大学教授张奚若[①]对“中华人民民主共和国”国号提出质疑。张奚若说：有几位老先生嫌“中华人民民主共和国”国名太长，说应该去掉“民主”二字。我看叫“中华人民共和国”好。有“人民”就可以不要“民主”二字，焉有“人民”而不“民主”哉？且“民主”一词Democracy来自希腊字，原意与“人民”相同。去掉“民主”二字，从下面的解释也是很容易明白的：是共和而非专制，是民主而非君主，是人民而非布尔乔亚（Bourgeoisie，即“资产阶级”）的国家。

由张奚若的质疑，第四小组又提出了有关国号的一些意见。民主建国会常务理事黄炎培、复旦大学教授张志让认为：“民主”和“共和”无并列之必要。汉语使用的“共和国”一词，纯系翻译西文列坡勃立克（Republic），这个词与“共和”二字在我国经典上的原意并无联系，也并非不可译为“民主国”，因为西文的德谟克拉西（Democracy）与列坡勃立克，字面含义原无根本区别，不过前者指民主的政治体制，后者指民主的国家。黄炎培、张志让以此认为：“我国国名似可将原拟中华人民民主共和国，改为中华人民民主国，简称中华民国或中华民主国。将来进入社会主义阶段，即可

① 张奚若，1889年出生，陕西大荔县朝邑镇人。早年加入同盟会，参加过辛亥革命，在美国哥伦比亚大学获政治学硕士学位。中华人民共和国建立后，历任中央人民政府委员、政务院政法委员会副主任、教育部部长、对外文化联络委员会主任、中国人民外交学会会长等职。1973年去世，享年84岁。

改称中华社会主义民主国。”

新中国的国号最后采用了“中华人民共和国”。对此，中国共产党中央政治局委员、中国人民革命军事委员会副主席周恩来1949年9月7日向新政协代表所作报告的解释是：“民主”与“共和”有共同的意思，无须重复。在国体上是用共和，在性质上则用民主。作为国家来用，还是“共和”两字比较好。本来中国的原名是“中华民国”，有共和的意思，但不完全，可以双关地解释，而且很费解，不如把旧民主主义和新民主主义区别开来。因为在辛亥革命时期，十月革命尚未成功，那时只可能是旧民主主义。而今天是由不完备的旧民主主义进步到完备的新民主主义，为了要合乎国家的本质，我们的国名应该是“中华人民共和国”。又9月22日，中国共产党中央政治局委员董必武在中国人民政治协商会议第一届全体会议（简称“政协一届全会”）上《关于草拟中华人民共和国中央人民政府组织法的经过及其基本内容的报告》指出：本来过去写文章或演讲，许多人都用“中华人民民主共和国”。黄炎培、张志让两先生主张用“中华人民民主国”，张奚若先生以为不如用“中华人民共和国”。我们现在采用了最后这个名称，因为“共和国”说明了我们的国体，“人民”二字在今天新民主主义的中国，是指工、农、小资产阶级和民族资产阶级四个阶级的人，它有确定的解释，这已经把人民民主专政的意思表达出来了，不必再把“民主”二字重复一次。

1949年9月27日，政协一届全会通过四个决议案：“一、全体一致通过：中华人民共和国的国都定于北平。自即日起，改名北平为北京。二、全体一致通过：中华人民共和国的纪年采用公元。今年为一九四九年。三、全体一致通过：在中华人民共和国的国歌未正式制定前，以义勇军进行曲为国歌。四、全体一致通过：中华人民共和国的国旗为红地五星旗，象征中国革命人民大团结。”

1949年10月1日，毛泽东在开国大典上宣读《中华人民共和国中央人民政府成立公告》，“向各国政府宣布，本政府为代表中华人民共和国全国人民的唯一合法政府”；同日，《人民日报》发表社论《中华人民共和国万岁》，其中写道：“前程无限光辉的中华人民共和国已经诞生，四万万七千五百万中国人民开始自己当权管理国家，我们这个古老的东方民族揭开了历史的新的巨册。”

三、关于“中华人民共和国”是否“简称中华民国”的问题

又有需要说明者，即在新政协筹备会上，曾有过中华人民共和国可以“简称中华民国”的意见，而9月21日开幕的政协一届全会的文件中，“中华人民共和国”的后面，也或带有“简称中华民国”的括注。后来经过讨论乃至争论，“简称中华民国”被否决。

先是政协代表提案第四案提议统一国名为“中华人民共和国”，把“简称中华民国”在政协文件中一律予以取消。1949年9月26日，受政协一届全会主席团常委会的委托，周恩来在东交民巷六国饭店举行午宴，邀请了与会的20多位辛亥革命时期的老前辈，商谈此一重要问题。

首先发言的是曾加入过中国同盟会、参加过辛亥革命的民主建国会常务理事黄炎培。他认为由于老百姓受的是落后的教育，感情上习惯用“中华民国”，一旦改掉，会引起不必要的反感，所以留

个简称，是非常必要的。政协会议三年一届，三年以后，再去掉这一简称，并无不可。

接着发言的是中国国民党革命委员会中央常务委员何香凝。她说，“中华民国”是孙中山先生革命的一个成果，是许多烈士用鲜血换来的，如果能照旧用它，也是好的。如果大家不赞成，我也不坚持己见。

第三位发言者是辛亥革命后归隐了38年、生平不写中华民国国号的前清进士周致祥。他反对简称“中华民国”，认为这是一个祸国殃民的、群众对它没有好感的名称，20多年来已被蒋介石弄得不堪言状了，主张就用“中华人民共和国”，表示两次革命的性质各不相同。

周致祥的发言得到了美洲华侨民主人士司徒美堂的赞赏。司徒美堂语音响亮、情绪激动地说：我没有什么学问，我是参加辛亥革命的人，我尊重孙中山先生，但对于“中华民国”这四个字，则绝对没有好感，理由是“中华民国”与“民”无涉，22年来更给蒋介石与CC派弄得天怒人怨。我们试问，共产党所领导的这次革命是不是跟辛亥革命不同？如果大家都认为不同，那么我们的国号应该叫“中华人民共和国”，抛掉又臭又坏的“中华民国”的烂招牌。国号应该是极其庄严的，既然改就得改好，为什么要三年以后才改？语曰“名不正则言不顺，言不顺则令不行”，仍然叫“中华民国”，何以昭告天下百姓？我们好像偷偷摸摸似的，革命胜利了，连国号也不敢改。我坚决反对什么简称，我坚决主张光明正大地用“中华人民共和国”。

司徒美堂的发言赢来了热烈的掌声。经济学家马寅初、教育学家车向忱、中国民主同盟中央常务委员兼主席张澜、商务印书馆董事陈叔通、南洋华侨民主人士陈嘉庚，也都发表了去掉“中华民国”简称的意见；中国民主同盟负责中央常务委员、法律学家沈钧儒还从法律的角度指出新旧国号不能并容的原因，他说：堂堂的政协会议文件里，“中华人民共和国”之下加上“简称中华民国”的括弧，是法律上的一个大漏洞，万万不可如此。遍观世界各国的国号，只有字母的缩写，而没有载之于立国文件上的其他简称。如果一定写上，那么将来在行文上，包括用国家名义与别国订约，都有诸多不便，所以，我也主张不用“中华民国”简称。

经过这样的讨论乃至争论，政协一届全会的大会文件，便去掉了“中华民国”简称，“中华人民共和国”成为新中国庄严神圣而又唯一的正式国号。

■ China：失位的“震旦”与变味的“支那”

笔者曾经撰文并且宣讲，考证与说明了后来拥有虎狼之师的诸侯大国秦国、取代周朝的统一皇朝秦朝，最初只是个位卑地狭的附庸小国，而这个附庸小国的国号“秦”、也是中国称为China的源头“秦”字，最初竟然是种看似不值一提的牧草。这种牧草现在的正式名称为猫尾谷，别名梯牧草。秦人的祖先非子正是靠着种“秦”养马，得到周孝王的赏识，获得了周孝王的分封，约当公元前891年至前886年，在汧渭之间（今陕西宝鸡市东千河、渭水交会处）建起了附庸小国，并为纪念这立国的根本，径以“秦”为国号。而非常有趣的历史事实又是：作为Chinese的“中国人”亦即“秦人”，起码就其中的华夏或汉族来说，正是以“五谷”（稻、黍、稷、麦、菽）为主食的。换言之，秦人Chinese本来就是吃“草”的民族，这又与“秦”本为“禾名”协调一致，名实相副！①

同样有趣的是，除了现在社会上通用的意译“中国”、学术研究上使用的音译“秦”以外，在汉文典籍里，China还有许多其他译法。这并不奇怪，各有各的译法而已。学者们又进一步考证指

---

① 胡阿祥:《嬴秦国号考说——兼说秦置秣陵无贬义》,《学海》2003年第2期;胡阿祥:《正名中国:胡阿祥说国号》第五讲,中华书局2013年版。

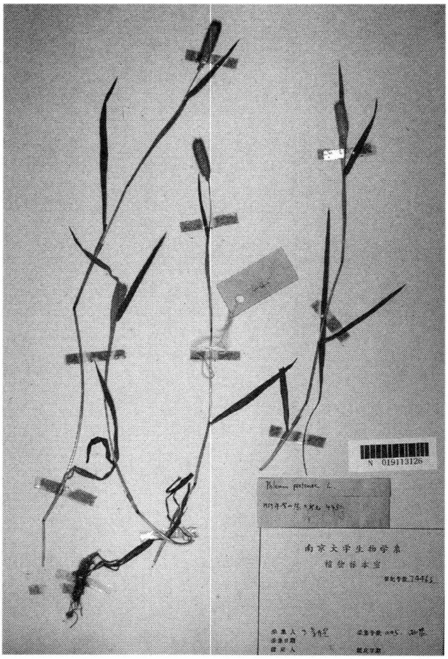

图1-7 禾本科优质牧草猫尾谷标本（南京大学生物学系植物标本室藏）

出：从汉译佛典及中国僧人自己撰写的佛教著作来看，西晋至梁朝近三个世纪的时间里，Cina的译名基本固定为真丹；梁朝以后震旦使用渐多，逐渐取代真丹；隋唐时期偶用真丹；而从唐朝开始，脂那、至那、支那广泛使用；唐朝以后，又以震旦用得最多。①到了近代，日本人多用支那，中国人则喜欢用震旦②。简而言之，在China的各种汉字译名中，实以支那与震旦最为常见。

这里需要展开讨论的是，本来就是简单地源于“秦”的Cina、Chin、China、Cinisthana、Chinasthana等，当回译为支那、震旦等称谓后，其含义在中国文人的解说里，竟也有了颇富意味的发展。

① 李雪涛：《从佛典看“支那”（Cina）译名的变化》，《地名知识》1993年第3期。

② 如笔者的母校复旦大学，校名既取自《尚书大传》之“日月光华，旦复旦兮”，也有恢复“震旦学院”之意。1903年马相伯创办震旦学院，1905年马相伯为反抗法国教会势力对震旦学院的控制，另创复旦公学。

一、“东方属震，是日出之方”

为什么中国人喜欢用震旦呢？关键在于，在汉语的语境中，真丹、脂那、至那等说不出多少意思，支那甚至可以理解出不好的字面意思；而相对言之，震旦的优势就非常明显了，因为震旦有许多意思可以附会或解释。

首先，八卦中的震卦。在华夏传统文化的八卦中，震的卦象☳称为“震仰盂”，即下面一条阳爻、上面两条阴爻。如所周知，《易经》反映的是人类的思维模式，哪个爻少，哪个爻就贵重，所谓“物以稀为贵”。以此为出发点，可解震卦的象征意义。震卦三爻，只有一条阳爻，阳爻比较贵重，所以震卦属于“阳性爻”，属于男性；震卦底下的初爻是阳爻，这又代表家中的第一个男孩，就是长子。哪种动物最像长子？我们常说“望子成龙”，因此震卦又对应了龙。龙也代表青色，五色配五方，东方色青，所以东方又称“震方”。长子诞生了，将来是要继承家长位置的，这在家族中当然是具有轰动效果的大事，于是震卦又对应到了自然现象中的雷。打雷是震动，春雷乍响，万物重新焕发了生机，所以《易经·说卦》里说：“万物

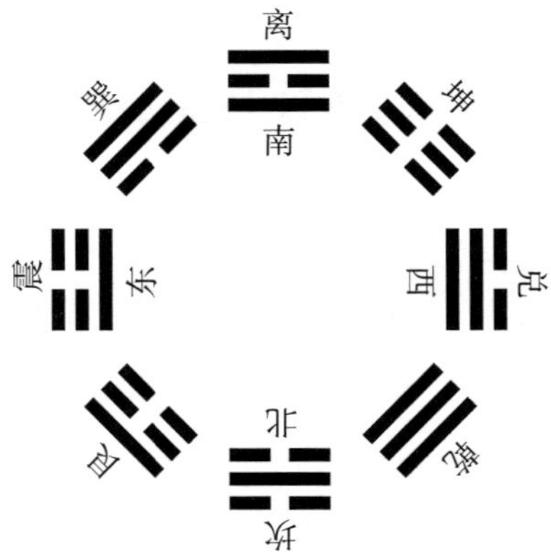

图 1-8　后天八卦方位图

出乎震。震，东方也。”[①]

其次，古文字中的“旦”字。这个比较简单，“旦”字上面是个“日”，就是太阳，下面的一横代表大地，所以“旦”是日出地平线的象形字，意为天明、早晨、明亮。

最后，震旦名称的含义。把代表东方的“震”与代表日出的“旦”组合在一起，就是“震旦”的含义，所以西晋释法炬、释法立译《楼炭经》云：“葱河以东，名为震旦，以日初出，耀于东隅，故得名也。”[②]唐释慧琳法师说：“东方属震，是日出之方，故云震旦。”[③]直白些说，“震旦”就是东方日出处的国家。

这里需要稍加展开讨论的是，追根寻源，现在的中国人喜欢使用的“震旦”名称，其实含义仍然欠佳。“中国”之所以称“中国”，是因为中国人自认为我们的国土位居“天下之中”。如此，问题也就出来了：为什么“震旦”这个名称是“东方之国”而非“中央之国”的意思呢？

原来，“中国”这个名号本非我国的专利，世界上许多国家或民族都曾视自己为天下之中，如古代印度、希腊、罗马、阿拉伯人著书绘图，都以他们的本土为世界的中心；清朝启蒙思想家魏源也在《海国图志》卷七十四中指出：“释氏皆以印度为中国，他方为边地……天主教则以如德亚为中国，而回教以天方国为中国。”这里的“印度”、“如德亚”（犹太）、“天方国”（阿拉伯），就分别是佛教、天主教、伊斯兰教的发源地。再具体到佛教，既然以印度为

---

① 参考傅佩荣:《易经与人生》第三讲，东方出版社2012年版。

② 葱河即葱岭河，在今新疆境内，有南、北两河，南为叶尔羌河，北为喀什噶尔河。

③〔宋〕释法云:《翻译名义集》卷七《诸国第二十八》引，江苏广陵古籍刻印社1990年版。

“中国”[1]，那么站在印度的立场上看我们的“中国”，“中国”就是东方的国家了，等到佛教传入我们中国以后，这样的观念也随之传入，所以汉译佛经中把梵文的Cina、Cinisthana等翻译为“震旦”或意译为“东土”“东国”。如明朝著名神魔小说《西游记》中的主角唐僧，总是自我介绍“贫僧是东土大唐和尚，去往西天取经”[2]。唐僧玄奘的《大唐西域记》卷十二记载：“昔者，此国未知桑蚕，闻东国有之，命使以求”，“此国”谓瞿萨旦那国，位于今新疆和田市一带。又南朝梁释慧皎《高僧传》卷二《晋长安鸠摩罗什》：“什母（在龟兹）辞往天竺……临去谓什曰：‘方等深教，应大阐真丹，传之东土，唯尔之力。但于自身无利，其可如何。’”卷六《晋彭城郡释道融》：“师子国有一婆罗门……闻什在关大行佛法，乃谓其徒曰：‘宁可使释氏之风独传震旦，而吾等正化不洽东国？’遂乘驼负书来入长安。”又日本卧云山人释周凤（1391—1473）所编外交文书集《善邻国宝记·序》：“日本与震旦相通，盖始于垂仁天皇之代乎？其通书信则推古朝圣德太子自制隋国答书焉。”要之，这些音译的“震旦”与相关的意译的“东土”“东国”一类称谓，都属于我们“中国”的他称；[3]而这些他称的来源，又在于佛教以印度为“中国”，于是我们的“中国”就失去了本来自认的“天下之中”

---

① 从宏大的佛教世界看，印度是“中国”，而从印度看，又有具体的印度之“中国”。如《法显传》“乌苌国”云“中天竺所谓中国”，即古印度佛教徒称恒河中游一带的中印度为“中国”。

②《西游记》第八回：“菩萨不敢久停，曰：‘今领如来法旨，上东土寻取经人去。’”此“东土”之“取经人”，就是唐僧唐三藏。

③ 到了近现代，中国的文人学者也或借用“东土”一类称谓指称中国。如清末马建忠《上李伯相言出洋工课书》：“巴黎新闻纸传扬殆遍，谓日本、波斯、土耳基人负笈巴黎者，固有考取格治秀才及律例举人，而东土之人独未有考取文词秀才者，有之则自忠始也。”马建忠：《适可斋记言》卷二，中华书局1960年版。

的位置，变成了印度、斯里兰卡（古师子国）等国与西域、中亚等地人眼中的东方日出处之国即“震旦”了。换言之，虽然“震旦”从字面义看颇为义正音响、辉煌明亮，但其实内里蕴藏的含义，起码相对于“中国”名号来说，仍然带有不易觉察的贬抑意味。

二、近现代中日之间有关“支那”之争

解释了“震旦”这个“他称＋自称”的前因后果，接下来再说“支那”这个中国的“他称＋自称”。

关于“支那”的字面含义，唐宋学者已开解释之端。如唐释慧苑《华严经音义》卷三：“支那……此翻为思惟，以其国人多所思虑，多所计作，故以为名。即今此汉国是也”；宋释法云《翻译名义集》卷七《诸国第二十八》：“（脂那）一云支那，此云文物国，即赞美此方是衣冠文物之地也。”按这类解说，本诸“中国有文章光华礼义之大”的古义，至为明显，但毕竟有些牵强，如唐释义净《南海寄归内法传》卷三《师资之道》即云：“且如西国名大唐为支那者，直是其名，更无别义。”

此“直是其名，更无别义”的“支那”，随着“震旦”的广泛流传，唐朝以后在汉译佛典及中国僧人所撰的佛教著作中已经较少使用。但当历史演进到近现代以来，日本人喜欢用支那称呼中国（起先依China读音为チヤイナ，后读シナ，即xina），而在中国人看来，“支那”一名的音义绝对不好，于是引发出中日之间一场充

满火药味的国号之争。[1]

本来，古代日本称中国为Morokoshi（モロコシ）、Kara（カラ），稍后一些又称Toh（タゥ），这都是日本人对汉字“唐”的读音；有时也称中国为汉土。汉、唐的称呼，自然来源于中国具有代表性的国号。进入18世纪之后，日本开始称中国为支那或简称支国。据说改变称呼的原因或理由很多：一则，支那是印度梵文Cina的音译，汉译本来就可以作支那，古代日本又是佛教国家；二则，近代以来，日本深受西方文化的影响，支那是西方语言China的音译，China又在西方沿用已久；三则，中国自古以来朝代多变，作为历史通称与地理名词来说，除了用支那称中国外，没有其他更加合适的名词可用，况且日本也有一带地方称“中国”[2]，如果用“中国”这个名词，就容易混淆；四则，日本某些政要以为：“皇室之尊严，非但在国内当绝对保持，即在国外，亦无二致。今中国妄自尊大，僭称中华，而我亦以中华呼之。渎吾尊严，莫此为甚，亟应改称支那以正其名。”[3]而迄至现代，某些日本学者还认为：“中国这个词的背景在于蔑视外国，把外国视为夷狄戎蛮，自高自大……日本应予以拒否。”[4]

---

① 参阅实藤惠秀:《对中国的称谓——中日关系史中的微妙问题》,《社会科学战线》1979年第1期；李长声:《中国乎支那乎》,《读书》1994年第11期。

② 按这是日本一个传统的地域名称,范围包括现在的冈山、广岛、山口、岛根、鸟取五县。实藤惠秀著,谭汝谦、林启彦译《中国人留学日本史》(生活·读书·新知三联书店1983年版)第二章:“日本国内的‘中国’是甚么意思呢? 原来古代官吏往来于京都与九州岛太宰府之间,‘中途之国’的中国地方是必经之路,‘中国’由是得名。现在,太宰府已经废除,京都也不再是首都,‘中途’的意义也失去了。”

③ 日本上议院议员三上参次之演说,《申报》1926年5月17日,转引自陈登原《国史旧闻》卷之第拾[一〇八],中华书局2000年版。

④ 英语学教授渡部升一语,转引自李长声《中国乎支那乎》。

考近现代的日本使用支那以称中国的时间，实藤惠秀在《对中国的称谓——中日关系史中的微妙问题》文中曾有形象的比喻：18世纪初期播种，19世纪初期生根，19世纪中后期出土，19世纪末长叶，20世纪初中叶枝繁叶茂，20世纪中叶后叶落知秋，20世纪60年代后渐渐衰老以至死亡。而在上述250多年的时间里，1713年、1895年、1946年、1969年可以说是四个重要年份。1713年：新井白石所编世界地理书《采览异言》，根据China的读音，用片假名チイナ表示中国，并附以“支那”两个小号字，从此，日本地图上多改“汉土”为“支那”以表示中国；[①]1895年：即中日甲午战争爆发的次年，由于对中国战争的胜利，日本对中国的态度由敬畏转为轻蔑[②]，对中国的称呼也普遍地由Morokoshi、Kara变成支那；1946年：同盟国中的中国代表团对二战的败者日本下达命令，不许再用支那称呼中国；1969年：该年出版的《角川国语辞典》中支那的注解是“中国之旧称”。

至于中国人对日本使用支那以称中国的嫌恶感，萌生并普及于民国前期（1912—1927），又随着日本对中国的侵略与凌辱而日益加强。本来，按照唐宋学者的前述解释，支那并无什么贬义，甚至可以认为是个美名，故为中国帝王所乐闻。如《宋史·天竺传》载：“太平兴国七年，益州僧光远至自天竺，以其王没徙曩表来上，上令天竺僧施护译云：‘近闻支那国内有大明王，至圣至明……伏

① 按日本古代佛教典籍中也用“支那”，但和一般人民不相干，而且是作为美称使用的。

② 古代日本人之视中国，犹如近代中国人之视西洋。日本知识分子热烈向往中国文化，具有相当浓厚的崇拜中国思想。日本民间将洋货店称为唐货店，将进口高级舶来品称为唐物。日本人称中国为唐，为汉土，也带有尊敬的意思。

愿支那皇帝福慧圆满，寿命延长。’”而直到清末，在日本的中国留学生也不讨厌支那，他们宁可用支那而不愿用清国。留学生对日本人称他们为Chankoro（チヤンコロ，清国奴）大为反感，因为在狭隘的民族主义情绪影响下，他们中的不少人认为，清国意味着异族统治中国，所以嫌恶清这个称号。如1902年章太炎、冯自由等人曾在东京发起“支那亡国二百四十二年纪念会”，1905年黄兴等人创办的杂志名为《二十世纪之支那》，梁启超也曾用笔名“支那少年”。在当时，支那（China）是否定“清国”的、具有革命意义的名词，又是追求文明应世者喜用的时髦的新名词。但到日本大正时代（1912—1926）及其以后，情况却发生了质的变化，亲有体验的实藤惠秀说：“民国时代的留日学生憎厌日本人开口支那、闭口支那的程度，已达到忍无可忍的地步。”如郭沫若感到日本人说支那人，“比欧洲人称犹太人还要下作”；①郁达夫在其《自传》中回忆道：

> 支那或支那人的这一个名词，在东邻的日本民族，尤其是妙年少女的口里被说出的时候，听取者的脑里心里，会起怎么样的一种被侮辱，绝望，悲愤，隐痛的混合作用，是没有到过日本的中国同胞，绝对地想象不出来的。

另外，中国政府方面对于“支那”称谓的态度也很明确。如1930年5月6日，中华民国中央政治会议作出决议：

---

① 郭沫若:《关于日本人对于中国人的态度》,《宇宙风》1936年9月号。

> 中国政府中央政治会议鉴于日本政府及其人民以“支那”一词称呼中国，而日本政府致中国政府的正式公文，亦称中国为“大支那共和国”，认为“支那”一词意义极不明显，与现在之中国毫无关系，故敦促外交部须从速要求日本政府，今后称呼“中国”，英文须写National Republic of China，中文须写大中华民国。倘若日方公文使用“支那”之类的文字，中国外交部可断然拒绝接受。

由于这样态度强硬的严正决议，从1930年11月开始，日本政府的对华公文大多改“支那”“支那国”“支那共和国”等为“中华民国”。[①]但在日本其他公私文件以及日本社会上，仍然普遍沿用着“支那”称谓。

为什么中国人、中华民国政府都深恶痛绝日本的“支那”称谓呢？甚至亲日的汪伪政权也不接受“支那”称谓？“问题的症结在于日本人使用Shina这名词时带着的心理和态度”，即轻侮的心理，藐视的态度，使得支那“不知不觉地带上了使人讨厌的气味”，“引起中国人的愤怒和反感”。如郭沫若在其自传体小说《行路难》中，就提及日本人说“支”字的时候，“故意要把鼻头皱起来”，而说

---

① 据单冠初《民国时期日本称谓中国国号之演化及用心考论》(《史学月刊》2002年第3期)的引述，1932年底，日本外务省在《关于改称支那国为中华民国之件》中提出：“鉴于支那名称系满洲国独立前总称中华民国疆域的地理性名称，故在称呼支那国时，有可能产生该称呼也包括满洲国之误解。尤因满洲国的独立，以往之支那国已分为两个国家。满洲国和中华民国已成全然不同的存在。我们因此认为，如将支那国改称中华民国，将有助于防止出现上述误解。”——如此，日本政府对华公文之沿用“中华民国”之称，竟也包藏着分裂中国的野心。

“那”字的时候，“要把鼻音拉作一个长顿”，这是典型的鄙睨神情，怀有“极端的恶意”。当然在特有兴趣于文字的音形义、特别注重名称字号的中国人看来，“支那”也确实可以理解出许多不好的意思。1915年，彭文祖所作《盲人瞎马之新名词》即抨击支那道：

> 此二汉字在吾国为不伦不类、非驴非马也……吾新建之中华二字国名，日人日报攻击吾为自尊自大鄙夷他国所起，竟否认吾之存在，绝口不道，偏呼吾曰支那，矢口不移。

又1919年王拱璧编《东游挥汗录》所收“留日同人浮生君”所撰《日本外交之概略——对支根本政策》文中说：“盖倭人自战胜前清以后，即称我为‘支那’，垂为国民教育……每逢形容不正当之行为，则必曰‘支那式’借以取笑。此种教育，早已灌输其国人之脑海。迨至今日，虽三尺童子，一见华人，亦出其一种丑态曰：‘支那人’‘支那人’，恍若以支那二字代表华人之万恶也者。”王拱璧尤其厌恶日本人对于“支那”二字的读音，说怎么听都觉得恶意丛生：

> “支那”二字在倭文中果有何等意义乎?“支那”倭音西那（シナ）有将死之意，有物件（俗称东西）之义，又与ヒナ音相近，ヒナ释义为维泥木偶也。既不遵印度原音，又不译印度原义。

又有人说：支那的“支”意味支付或支解，“那”意味夺取或那里，即东西被人夺了去，或支解那里；日本又称中国为支国，如此则相对于日本，支国就成旁支附庸了。日本的一些汉学家则调侃道：中国人之讨厌支那，“是因为支是支店的支，而日本的本却是本店的本。让日本当本店，那是不行的；至于那，又和性有关”。而针对日本之顽固地称呼“支那”，中国也曾有人把日本Japan音译为“假扮”，以示针锋相对的讥讽。如“浮生君”《日本外交之概略——对支根本政策》：“迨至前清道咸之间，西风东渐，欧美诸国，初疑倭属中华之一部，继乃知其为一岛国，呼之曰‘假扮’（Japan）”；又王拱璧1919年7月20日之“附言”曰：“‘假扮’立国大计，已有确定不拔之‘对支根本政策’。”

“中国”与“日本”的国号之争，争吵到最后，竟然成了“支那”与“假扮”，这在国号心理上，可谓是一个典型例证。按国号的得名虽有多种情形，如方位得名（南斯拉夫Jugoslavija，南部斯拉夫人）、形状得名（新加坡Singapore，狮子城）、特征得名（荷兰即尼德兰Nederland，低地）、人物得名（玻利维亚Bolivia，以玻利瓦尔之名命名）、民族得名（老挝Laos，寮族的国土）、物产得名（塞浦路斯Cyprus，铜）、观念得名（泰国Thailand，自由之国）、宗教得名（巴基斯坦Pakistan，清真之国）等等，但无论因何得名，国号含义或则中性，或为美称。如日本，是著名的“日出处之国”；《朝鲜之歌》唱道：“早晨的太阳光芒万道多鲜艳，我们的国家因此起名叫朝鲜。”可以认为，取美名本是国号自称也包括一些他称的一条基本原则。只是当国与国之间的关系不正常时，人们也往往喜欢在国号上做手脚——这本没有什么意思，但确实存在这种情况。

如日本德川时代，把俄罗斯（Russia）写作鲁西亚；到了明治时代，俄国政府提出抗议，因为鲁是鲁钝的意思，于是日本政府改鲁为露；又美日太平洋战争爆发后，“美国”在日本通作“米国”，因为“米”是可以被吃掉的。文明开化的近现代尚且如此，古代就更不必说了。至于中国，自古以来，无论名号还是国号，大多具有美义，乃至表现出一种很强烈的优越感——有些外国人对此就不乐意了。即以“中国”这个名号而言，你是“中国”，那他又是什么呢？斋藤正谦（1797—1865）的《拙堂文话》卷七即说：“我邦神圣继统，别成一天下。其曰‘中国’，谓我邦中土也；其曰‘蕃夷’，谓边鄙及外国也……近人稍知‘倭奴’‘大东’等之非，改曰‘皇和’。”如此看来，好名字哪个国家都要；而当别国的好名字妨碍到自己国家时，那就对不起了！域外对“中国”“中华”等名号往往不用，而另起名称来称呼中国，尽管原因十分复杂，但上述的国号心理，自然也是其中的重要缘由之一。

话说到这里，似乎扯得远了些。回到本题上，支那这个词谈不上是坏是好，它只是Cina、China等的一种译法，其字面含义本来没有多少文章可做。没有听说过中国人对西方人称中国为China有过什么非难与不满[①]，而所以嫌恶日本人口中的支那，那是由于旧时代的日本人对中国人的轻蔑。好在时至今日，“支那”这个名词已在日本语中成为“旧词”，而归根结底，实是因为新中国日益强大。强大的新中国，使得日本不得不改变对中国的看法。正如实藤

① 按法文中的Chinoiserie除了指称中国的东西外，原有蠢人、不可理解的事物的意思，英、美的Chinaman指“中国佬”，皆有歧视意味。

惠秀所说："时代改变了，意识也随之改变；意识一改，言语当然也不得不跟着改。"——"支那"在日本语中成为"旧词"[①]，正可作如是解！

① 需要指出的是，在日本当今的日常生活中，"支那"其实尚未成为"废词"。所以如此，除了一些老人旧习难改外，应与1946年6月日本外务省发布的《关于避免支那之称呼之事》文件相关。该文件称："往昔通常用'支那'二字作中华民国之国名，今后应改用中国等称号。查'支那'之称素为中华民国所极度厌恶者。鉴于战后该国代表曾多次正式及非正式要求停止使用该词，故今后不必细问根由，一律不得使用该国所憎恶之名称。总之，不用'支那'二字即可，故示例如下。中华民国、中国、民国，中华民国人、中国人、民国人、华人，日华、美华、中苏、英华等，均无妨使用。唯历史性、地理性又或学术性叙述之场合可不据上。如'东支那海''日支事变'等乃视为不得已而用之。"按此文件中的"不必细问根由"，向日本民众表达了一种很不情愿的感觉，而所谓"不得已而用之"，又为继续使用"支那"称谓提供了可以辩解的空间。

▪ Serice：神秘的丝国

一、名副其实的丝国

Serice，汉译一般写作赛里斯，作为欧洲人对我们中国的称谓，其来源虽然也有蚕说、绮说、锦说、疏勒说、蜀国说等多种说法，但丝说占有明显的优势。而且我们可以看出，所谓蚕说，丝是蚕吐出来的；所谓绮说，绮是暗花丝织品；所谓锦说，锦是多彩丝织品；所谓疏勒说，疏勒即今新疆喀什市一带，古代本是丝绸的集中地和中转站；所谓蜀国说，蜀国指位于今天四川的古代蜀国，“蜀”本来就是桑中蚕的象形字，比如金文的蜀字，蚕茧、蚕宝宝、桑叶俱全，蜀国开国的蚕丛，也因驯化野蚕、教民蚕桑而得名。换言之，关于Serice来源的各种说法，其实存在着重要的共同点，即都与丝有关。而按照学术界的普遍观点，Serice这个中国的他称，意思就是丝国。

不仅如此，学者们还注意到，纵览世界多种语言，可以发现其“丝”字的首个音节都与汉语的“丝”字读音近似，如古希腊文ser，古斯拉夫语sělk，蒙古语sirgek，英语silk，法语seric，俄语sǒlk，意大利语serica，阿拉伯语sarak，朝鲜语sir。也就是说，这些语言中的“丝”字，都与汉语的“丝”字有关。

域外既把中国称为“丝国”，又把丝这种东西读作汉语的“丝”音，这可谓形象反映了中国的丝与丝绸对于世界文明的广泛影响。那么，中国凭什么被称为“丝国”呢？

首先，中国本是世界上唯一饲养家蚕和织造丝帛的国家。衣、食、住、行乃人类的基本生活需求，当然世界各地都有纺织业。有趣的是，四种最为主要与普遍的纺织纤维材料，恰好对应着四大文明古国的特质，即古埃及对应亚麻，古印度对应棉花，古巴比伦对应羊毛，而古中国对应蚕丝。中国是世界上最早养蚕织丝的国家。就考古发现看，1977年在浙江河姆渡出土了距今约7000年的蚕形刻纹牙雕盅，20世纪80年代在河南荥阳青台村出土了距今5500年左右的丝织物残片，1958年在浙江湖州钱山漾出土了距今约4000年的绢片、丝带与丝绳。我们知道，西方养蚕织丝的序幕大体开启于公元6世纪中叶，而这上距中国可考的养蚕织丝史，已经晚了5000多年！①

其次，中国很早就生产出了最好的丝织品。以1972年长沙马王堆汉墓出土的一件素纱禅衣为例，衣长128厘米，通袖长190厘米，由上衣和下裳两部分构成，面料为素纱，缘为几何纹绒圈锦。素纱丝缕极细，共用料约2.6平方米，重仅49克，是世界上所见最轻的素纱禅衣，真可谓“薄如蝉翼”“轻若烟雾”，充分体现了西汉丝织业的工艺水平。湖南省博物馆曾经委托南京云锦研究所复制这件素纱禅衣，但复制出来的第一件素纱禅衣重量超过80克，原因在于现在的蚕宝宝比西汉的蚕宝宝要肥胖许多，吐出来的丝也要粗

① 或以为河姆渡考古所见蚕形图案，属于野生蚕种。但正如昆虫学家周尧教授在《中国昆虫学史》（天则出版社1988年版）中所指出的，野蚕的驯化时间不少于一两千年，即先民们开始利用与驯化野蚕的时间距今六七千年，这正与河姆渡文化时期相当。

图1-9　长沙马王堆汉墓出土素纱禅衣

重不少。于是专家们着手研究特殊的养蚕饲料，以求控制蚕宝宝的个头，再采用这些小巧苗条的蚕宝宝吐出的丝进行复制，终于织成一件49.5克的仿真素纱禅衣，而这一过程，竟然耗费了专家们与工匠们13年的心血！

最后，中国拥有丰富多彩的蚕桑文化与至关重要的丝绸经济。蚕是变化最为神奇的一种生物。蚕的一生要经过卵、幼虫（蚕）、蛹、成虫（蛾）四个阶段。在中国古人看来，卵是生命的源头；卵孵化成幼虫就如生命的诞生，幼虫的四眠四起则如人生的几个阶段；蛹可以看成是原生命的死，古人随葬木俑、泥俑，原意应该就与蚕蛹有关；至于蚕蛹的化蛾飞翔，则象征着人的灵魂自由升天，或者身体的羽化成仙，以此，人们习惯使用丝织物包裹尸体，这等于把逝者做成了一个人为的茧子，所以“作茧自缚”有助于逝者的灵魂升天或身体羽化。简而言之，蚕使中国古人联想到了重大的哲学命题：生死与重生。随之，蚕赖以为生的桑，同样十分神圣，比如在中国古代，就有男女幽会于桑林、祭神求子的风俗。至于丝绸经济在男耕女织的中国古代社会中的地位，更是非常重要，比如中国古代的土地、赋税、货币制度中，有过专门的桑田、绢税、丝绸货币；古时人家常在房前屋后栽种桑树、梓树，用于养蚕与制作器具，所以“桑梓”成了“故乡”的代名词；丝绸不仅供应内需，而且大量出口世界各地。

归纳一下，既然养蚕织丝以我们中国最早、最好而且长期唯一，中国又拥有丰富的蚕桑文化与重要的丝绸经济，那么称中国为“丝国”就可谓名副其实了。然而问题的复杂之处又在于，“丝国”并不是我们自吹自擂的自称，而是外国人对我们中国的他称，这又是为什么呢？我们不妨先从中国植桑、养蚕、缫丝的秘密传播到边疆与域外的有趣故事说起。

二、三种版本，一样史实

因为上面说到的最早、最好而且唯一，加上桑树的原产地也在中国，所以很自然地导致了古代中国政府既严禁桑蚕种子出口，植桑、养蚕、缫丝技术也是严格对外保密。但毕竟防不胜防，种子还是流失了，技术也还是泄密了，至于有关的过程，笔者见到了三种版本的不同记载。

第一种版本，见于公元6世纪中叶希腊历史学家柏罗科劈斯（Procopius）的记载，说有几位印度僧人抵达君士坦丁堡（今土耳其伊斯坦布尔），觐见东罗马帝国皇帝查士丁尼（Justinian，526—565年在位），先给皇帝普及了一番丝的常识，所谓“产丝者乃一种虫也。丝自口中天然吐出，不须人力。欲由其国取虫至罗马断不可能，然有法可孵化之也。一虫所产之卵，不可胜数。卵生后多时，尚可掩以粪生温，使之孵化也”①；又说他们曾经住在赛林达（Serinda，学者考证即中国西域），学习过养蚕缫丝技术，还把蚕种秘密带回了印度，只要皇帝肯付巨额的报酬，他们可以把蚕种取来，这样东罗马帝国就不必再从波斯或其他国家那里花费巨资购买丝货了。皇帝答应了他们的条件。于是这几位僧人回到印度，取来蚕种，并教会了罗马人养蚕缫丝的方法。

第二种版本，见于公元7世纪初东罗马历史学家梯俄方内斯（Theophanes）的记载，说东罗马帝国查士丁尼皇帝在位时，有位曾经居住在赛里斯国的波斯人，把几个蚕茧密藏在竹制的手杖里，并且成功地蒙混出关，来到了君士坦丁堡，然后传授了罗马人养蚕取丝之法。

第三种版本，见于公元7世纪中叶唐僧玄奘的《大唐西域记》，其书卷十二记载：在现在中国新疆和田地区一带，古代有个瞿萨旦那国。瞿国国王听说东国有桑蚕，就派遣使者前往求取，但是东国

---

① 张星烺编注，朱杰勤校订：《中西交通史料汇编》第一册第二章，中华书局2003年版。按本篇所引域外史料大多依据该书，以下不再一一加注。

国君“秘而不赐，严敕关防，无令桑蚕种出也”。于是，瞿国国王想了一个巧妙的主意，即用谦卑的言辞和厚重的礼物向东国求婚，东国国君也久有“怀远之志”，这就答应了下来。到了迎娶公主的时候，瞿国专使奉国王之计对公主说：“我国素无丝绵，桑蚕之种，可以持来，自为裳服。”公主想想也有道理，就偷偷准备了一些桑蚕种子，藏在自戴的帽子里层。等到出关的时候，关防官兵到处都搜遍了，唯独公主的帽子无人敢搜，这样桑树与家蚕的种子就被带到了瞿国，留在王城东南五六里路一个叫鹿射的地方。“阳春告始，乃植其桑，蚕月既临，复事采养”，不出几年，这里就桑树成荫、蚕宝遍地了。瞿国王妃也就是东国公主还刻石颁布了保护桑蚕的戒令，并在鹿射建立寺院，供奉蚕神。这里的蚕神，也许就是传说中教民育蚕治茧的黄帝元妃嫘祖吧。玄奘取经时，曾经参谒过鹿射寺，还看到了几株最早的枯老桑树。

图1–10 东国公主巧带桑蚕之种画板

值得一提的是，1900年，在今和田地区策勒县唐代丹丹乌里克建筑遗址中，匈牙利籍英国考古学家斯坦因（M.A.Stein）发现过一块古代画板。画板上面画了四个人，中间是位头戴高冕、身着盛装的贵妇，右侧的人拿着一架纺车，左侧的地上放着一只盛满蚕茧的篮子，左侧的侍女手指贵妇的高冕，好像在说这些蚕茧、纺车的秘密就在那帽子里面。原来，这块画板画的竟然就是玄奘所记东国公主巧带桑蚕种子进入西域的故事。

以上，我们介绍了三种不同版本的赛里斯国或者东国桑蚕种子外传的记载，外传的时间，大约在公元5世纪早期传入西域，在6世纪中叶前后传入东罗马帝国；“走私闯关”的主角，分别是印度僧人、波斯人以及东国和亲公主；走私物品到达的地点，分别是今天土耳其的伊斯坦布尔、中国的新疆和田；至于桑蚕种子外传的结果，则是伊斯坦布尔逐渐发展成为欧洲的蚕丝业中心、和田逐渐发展成为新疆的蚕丝业中心。

值得强调的是，以上三种版本的记载尽管存在诸多的不同，所印证的史实却是一样的，那就是在直接或者间接地传播到域外之前，桑树、家蚕以及养蚕缫丝技术本是中国独有的，因为这些记载中的赛里斯，本是西方语文中对我们"中国"的他称，而"东国"本是印度以及佛教文献中对我们"中国"的称谓。另外，通过上面这三个有趣的故事，我们还能感到，域外甚至中国的西域边疆关于养蚕缫丝的知识，本来近乎空白，比如连东罗马皇帝查士丁尼都闹不清楚丝是怎么生产出来的、怎么还有蚕这种虫子，在他眼里，蚕、丝一定都是超级神秘的东西吧；我们也能感到，丝货在域外本是异常贵重的商品，所以查士丁尼皇帝才答应了印度僧人取来蚕种、给予重赏的请求，因为如此一来，就可以在本国生产而不必高价进口了。其实，正是因为古代中国丝的神秘与丝绸的贵重，所以边疆与域外才会想方设法、处心积虑地孜孜以求，也才有了我们中国的又一个域外他称Serice。

说到这里，新的问题又出现了：为什么在外国人的眼里，丝是如此神秘？为什么到了域外，丝绸是如此贵重？其中的关键，在于中国方面技术的保密与中外之间贸易的艰难，这又是相互联系的两个方面。

三、技术的保密与贸易的艰难

先说技术的保密。出于可以理解的获取利润与控制贸易的目的，古代中国政府对与桑、蚕、丝、织有关的技术是严格对外保密的。的确，植桑、养蚕、缫丝、丝织都是技术活。如植桑，西周时代人们已经撒子播种，繁殖桑树，并且培育出了低矮的“地桑”。这种地桑，便于采摘与管理，同时枝嫩叶肥，适宜养蚕。又最迟到公元5世纪时，利用枝条来繁殖桑树的压条法已经发明，与播种法相比，压条法可以缩短生长时间。如养蚕，在6世纪技术外传之前，中国已经形成了选育蚕种、孵化蚕卵、整治蚕室、控制温度等整套的成熟技术，比如利用低温孵化技术，一年内可以连续孵化几代，于是不仅有春蚕，还有了夏蚕与秋蚕，从而提高了蚕丝产量。如缫丝，商代已经有了热釜缫丝技术，西汉已经出现了采用踏杆传动绕丝框、可由一人完成操作的脚踏缫车，大幅度地增加了缫丝的产量。如丝织，西汉时出现了花楼式束综提花机，高坐在花楼上的挽花工唱着按照花纹组织程序编成的口诀，双手提拉花束线综，下面的织工协同动作，两人一来一往配合，就能织出飞禽走兽、人物花卉等复杂图案。显然，这些复杂烦琐、成龙配套的技术，如果没有专人教导与培训，“老外们”还真不容易学会，更别说可以自己琢磨出来了。

再说贸易的艰难，这可以从三个方面来理解。

首先，丝绸输入地的需求量大。

表现最为突出的是古罗马，包括罗马共和国（前509—前27）与罗马帝国（前27—公元395年）。先是罗马人最初见识丝织品，竟然缘于一次刻骨铭心的惨败战役。前53年，罗马执政官克拉苏率领7个军团约4万人杀向东方，在今天西亚的沙漠深处，这支大军陷入了安息人的重重包围之中。决战的那天，时当正午，安息人突然展开了丝绸制成的猎猎有声、阳光之下令人眼花缭乱的彩色军旗，拼命挥舞，由于这些军旗耀眼刺目，罗马军队还以为是什么新式武器呢，结果顷刻之间惊慌失措、心理瓦解，再加上罗马军队本来就已疲惫不堪，所以他们很快崩溃了，2万多人阵亡，1万多人被俘，克拉苏被杀，安息人大获全胜，这就是著名的卡尔莱战役。而在这之后，罗马人很快熟悉了丝绸，并以使用丝绸为时髦。丝绸制品在罗马社会的流行可谓相当迅速，以至于公元14年罗马元老院明令禁止男性公民穿着丝绸服装，并对妇人的使用也作出了种种限制，原因在于这种丝绸衣料过于昂贵，大量消耗了国库中的黄金储备，而且有些丝绸服装太过通透，穿上以后，“犹如裸体一般”，有伤社会风化。然而尽管如此，习惯挥霍无度、乐于展示人体美的罗马男女，对于丝绸的追求仍然有增无减。罗马人后来又得知，这种漂亮的织物来自遥远的东方国家赛里斯。

罗马人为什么这样喜欢丝绸呢？众所周知，蚕丝具有强韧、高弹性、纤细、光滑、柔软、强光泽、耐酸、易于染色等许多特点。这些特点又使丝绸成为富有光泽、质地轻盈、坚韧柔软、细致爽滑、色彩鲜艳、纹样斑斓、华丽高雅的名贵织物，既是穿着非常舒适的服装面料，也适合拿来刺绣和作为装饰；在当时的罗马社会，还盛传丝绸服装可以预防皮肤病，能够防虱子、跳蚤、臭虫；如此等等。于是人们对于丝绸这种高档奢侈品，可谓梦寐以求、趋之若鹜。

其次，丝绸输出地与输入地之间的距离遥远。

丝绸是如何从东方的赛里斯来到西方国家比如罗马呢？这就要提及著名的“丝绸之路”了。“丝绸之路”是20世纪以前沟通亚欧非大陆的主要交通路线的统称。自古以来，东西方的经济交流、文化传播乃至政治交往，大多经由这些路线进行或沿这些路线展开，而由于其中影响最大的大宗商品是丝绸，所以名为“丝绸之路”。1877年，曾经7次考察中国的德国地理学家李希霍芬（F.von Richthofen）率先在他出版的《中国——亲身旅行和研究成果》第一卷中，以“丝绸之路”（Seidenstrassen）命名汉代欧亚之间的贸易道路；1910年，德国历史学家赫尔曼（A. Herrmann）在他出版的《中国和叙利亚之间的古代丝绸之路》一书中，引申了李希霍芬的观点；1936年，李希霍芬的学生、瑞典探险家斯文·赫定（Sven Hedin）更以《丝绸之路》（*The Silk Road*）为名，出版了著作。从此，英文译成“Silk Road”、汉语写作“丝绸之路”的这个概念，逐渐为大众接受，并迅速传播开来。

广义来说，“丝绸之路”可以分为三类。第一类是横贯亚欧大陆北方草原地区的道路，又称“草原之路”，它发自中国华北，越过戈壁沙漠而至蒙古高原，再从这里穿过西伯利亚森林地带以南的广阔草原，最后到达咸海、里海以至黑海北岸地区；第二类是经过中亚沙漠地区中点点绿洲的道路，又称“绿洲之路”，它发自中国陕西关中，经过河西走廊，再西行塔里木沙漠北面或南面的通道，穿过帕米尔高原的北部或南部，然后西进中亚、西亚、欧洲乃至北非；第三类道路也称“海上丝路”，它发自中国华南，经东南亚、斯里兰卡、印度而达波斯湾、红海，这条道路又称“陶瓷之路”，因为唐代以后中国的陶瓷制品多经这条海道外销。

当然，在以上三类道路中，最常用的道路，也是狭义的“丝绸之路”，就是上述的“绿洲之路”。“绿洲之路”的历史非常悠久，可能早在公元前6世纪就基本贯通了。作为亚欧大陆的交通大动

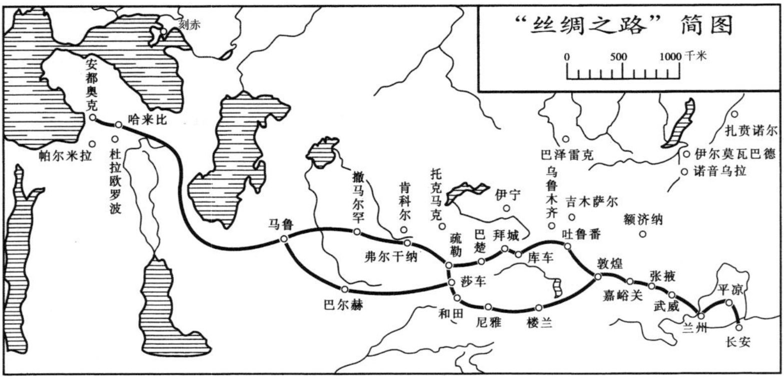

图1-11 "丝绸之路"中的"绿洲之路"简图（郑炳林、高国祥主编：《敦煌莫高窟百年图录》，甘肃人民出版社2008年版）

脉，中国的丝绸正是主要通过"绿洲之路"，穿过戈壁沙漠，越过高山大河，克服重重地理障碍，流向中亚、西亚、欧洲乃至北非的。然而另一方面，以起点陕西关中到终点地中海沿岸国家与城市计算，地理距离实在遥远。比如今天驾车从西安到罗马，不走什么弯路，车程也在15000千米左右；想想在古代马行驼运的时代，这样的距离意味着什么？简直不敢想象！

最后，丝绸贸易的中间环节加价严重。

从亚欧大陆东端的中国到西端的地中海沿岸，丝绸贸易基本不可能直达，这不仅是由于地理距离的遥远，更是由于各路中间商的利益考量。举个例子。《后汉书·西域传》记载：

和帝永元九年，都护班超遣甘英使大秦，抵条支。

> 临大海欲度，而安息西界船人谓英曰：“海水广大，往来者逢善风三月乃得度，若遇迟风，亦有二岁者，故入海人皆赍三岁粮。海中善使人思土恋慕，数有死亡者。”英闻之乃止。

这个故事是说：东汉永元九年（97），甘英奉西域都护班超之命，从龟兹（今新疆库车县）出发，出使大秦也就是罗马帝国。当甘英一行到达安息西界也就是今天波斯湾东岸准备渡海时，却遭到了安息人的欺诈与干扰，不仅备陈渡海的时间漫长，而且渲染海上航行的恐怖，从而使得甘英畏难却步，于是中国古代王朝第一次寻求直接接触罗马帝国的努力宣告失败。那么，当时位于西亚的安息帝国为什么要这样做呢？关键在于汉朝与安息之间存在正式正常的贸易关系，其中的大宗商品又是输入罗马帝国的丝绸，罗马与安息则常常处于敌对状态，于是安息通过垄断贸易，转口加价，能够获取巨额利润，而如果汉朝与罗马之间建立了直接的贸易关系或者商路，势必极大地损害安息的利益。

进而言之，作为中国与罗马之间贸易必经之地的安息是如此，那些横亘在中国与欧洲之间各条“丝绸之路”上的其他国家，比如安息之后的贵霜、贵霜之后的波斯，以及其他的民族、中间商、贩运者，又何尝不是如此呢？于是，通过垄断贸易、层层加码、步步提价、过境抽税，在中国不算特别贵重的丝绸，到了地中海沿岸时，有时就非常贵重了。比如公元前1世纪时，一匹大约25两重的双丝细绢“缣”，在原产地中国的价格约为400到600个铜钱，取居中的500个铜钱算，约合0.25两黄金，而到了罗马市场，价格大约上涨了100倍，竟值25两黄金，即缣与黄金等价。

说到这里，我们应该就能理解了：对于古代欧洲国家比如希腊、罗马来说，一方面如痴如醉地喜欢丝绸，另一方面丝绸又价比黄金；一方面获得了稀有的丝绸，另一方面又不知道丝绸是怎么生产出来的。所谓昂贵的才是追求的，稀有的才是向往的，无知的才是疑惑的；正是在这样的追求、向往与疑惑中，希腊、罗马等欧洲文明古国，既把丝绸的来源地、那遥远的东方国家称为Serice，也就是丝国，又极尽想象或者锲而不舍地探寻着丝与丝国的秘密。

四、树上的羊毛与稷养的虫子

第一位把丝国之名介绍给西方的，是古希腊人克泰夏斯（Ctesias）。公元前5世纪末，克泰夏斯生活在波斯，担任波斯王宫的御医，公元前397年回到希腊，著有《旅行记》《印度记》等书。这些书虽然都早已散佚了，但是后人有所引述。比如古希腊学者斯脱拉波（Strabo，前54—公元24年）在《地理学》中就引述克泰夏斯之言："赛里斯人（Seres）及北印度人，相传身体高大，达十三骨尺云。寿逾二百岁。"骨尺指成人从中指之端到肘的长度，按照本人的身材测算，13骨尺大约等于5米。显然，这样的记载是荒诞不经的。不过，当公元前5世纪末或公元前4世纪初时，赛里斯名称已经在希腊出现，赛里斯的丝绸已经流入希腊，应该是确凿无疑的。我们发现，在这个时期及其前后的希腊雕塑、绘画作品中，人们所穿的衣服往往细薄透明。比如前5世纪帕特农神庙东山墙的"命运三女神"浮雕，透明华丽的丝质罗纱与女神身体的凹凸起伏

图1-12　公元前5世纪古希腊雕塑《命运三女神》

相映成趣。这样的衣料绝非欧洲本土的棉毛织物，只能是中国的丝绸。换言之，早在公元前5世纪时，中国丝绸已经成为希腊上层人物喜爱的服装衣料，当时的希腊人也因此把遥远而陌生的东方古国中国称为丝国。

然而这样的丝国，对于西方来说，真的是充满了神秘的色彩。以古希腊、罗马的典籍为例，有关赛里斯国也就是丝国、中国的记载，真实与虚伪混杂；至于赛里斯得名的丝，尤其充满了有趣的误解与荒诞的猜测。那么这方面的情况究竟怎样呢？

最早关注到东方纺织品来源的，可能是西方的“历史之父”、公元前5世纪古希腊历史学家希罗多德（Herodotus），他在《历史》中说：“印度位于世界上最东部的地方……那里还有一种长在野生的树上的毛，这种毛比羊身上的毛还要美丽，质量还要好。印度人穿的衣服便是从这种树上得来的。”——这大概是赛里斯“树上的羊毛”传说的最初版本。及至后来，类似的记载颇为常见。如前1世纪，罗马诗人维吉尔（Virgil）的《田园诗》再次提到了赛里斯人与树上的羊毛：“赛里斯人从他们那里的树叶上，采集了非常纤细的羊毛”；公元前后的希腊学者斯脱拉波在他的《地理学》中写道：“出于气候酷热的原因，在某些树枝上生长出了羊毛。人们可以利用这种羊毛制成漂亮而纤细的织物。”公元1世纪，罗马博物学家普林尼（G.Plinius）在他的《博物志》中，又写下了一段关于赛里斯国产丝与贸易的著名文字：

> 赛里斯国林中产丝，驰名宇内。丝生于树叶上，取出，湿之以水，理之成丝。后织成锦绣文绮，贩运至罗马。富豪贵族之夫人娇媛，裁成衣服，光辉夺目。由地球东端运至西端，故极其辛苦。赛里斯人举止温厚，然少与人接触，贸易皆待他人之来，而绝不求售也……（罗马）奢侈之风，由来渐矣。至于今代，乃见凿通金山，远赴赛里斯国以取衣料。

看来，到了公元1世纪时，希腊地理学家还认为丝料本是树上的羊毛，罗马博物学家还认为“丝生于树叶上”。其实仔细想想，这种认识也有着真实的影子。自古以来，欧洲人习惯剪取羊毛织成衣物，至于原产印度的棉花，虽然大约1500年前才传入中国，却很早就传入了欧洲——棉花又确实属于植物，所以在德语里面，棉花Baumwolle的直译就是“树羊毛”，Baum是树，Wolle是羊毛；当然还存在另外一种可能性，或许古希腊、罗马的学者把质地轻软的蚕丝看成一种特别的棉花了——蚕丝也确实与植物有关，蚕的饲料就是桑树的叶子。另外，古希腊、罗马长期不知赛里斯国的丝来自蚕，应该也与中间商的封锁消息有关，因为越是说得神乎其神、云遮雾障，才越能加码提价。

随着时间的推移，到了2世纪中叶，西方人对丝的见识显然进步了一些。如希腊历史学家包撒尼雅斯（Pausanias）在《希腊纪事》中说：

> 赛里斯人用织绸缎之丝，则非来自植物，另有他法以制之也。其法如下：其国有虫，希腊人称之为塞儿(Ser)，赛里斯人不称之为塞儿，而别有他名以名之也。虫之大，约两倍于甲虫。他种性质，皆与树下结网蜘蛛相似。蜘蛛八足，该虫亦有八足。赛里斯人冬夏两季，各建专舍，以畜养之。虫所吐之物，类于细丝，缠绕其足。先用稷养之四年，至第五年，则用青芦饲之，盖为此虫最好之食物也。虫之寿仅有五年。虫食青芦过量，血多身裂，乃死。其内即丝也。

虽然包撒尼雅斯的认识较之普林尼已经进了一大步，知道了丝与虫有关，但对一些细节仍然把握不清，甚至多有谬误。比如“虫之寿仅有五年”，“先用稷（谷子，去皮后即小米）养之四年”，“虫食青芦过量，血多身裂”，等等，都可以说是幽默得滑稽。

有意思的是，按照生于公元380年前后的希腊人马赛里努斯

(A.Marcellinus)所著《史记》的记载，一方面当时的西方人对赛里斯国的认识已经相当具体实在了，如说赛里斯国四周有高山环绕，有两条大河贯通，土地广大，气候温和，森林众多，物产丰富；又说赛里斯人平和度日，性情安静，习惯俭朴，喜欢读书，不扰邻国。这些都与古代中国的情况吻合或者相似。但是另一方面，西方人对丝的认识反而有所倒退，所谓赛里斯国“林中有毛。其人勤加灌溉，梳理出之，成精细丝线。半似羊毛纤维，半似黏质之丝。将此纤维纺织成丝，可以制衣”，这又回到“树上的羊毛”的水平了。西方人对中国蚕丝有了明确而真实的认识，还是要等到6世纪中叶东罗马皇帝查士丁尼通过非正常渠道获得了中国的蚕种，并开创了自己的丝织业之后了。

西方有了自己的丝织业，这就意味着中国的养蚕缫丝从此不再神秘。于是我们发现，从6世纪以后，外国人称呼中国为赛里斯的现象越来越少，甚至到了后来，赛里斯国是否就是中国，竟然成了一个新的疑问或者新的命题。比如13世纪中叶，法国路易九世派遣出使蒙古的卢白鲁克（G.Rubrouck）在他的《纪行书》中写道：

> 过此有大契丹国，余意即古代赛里斯国也。盖其地今代仍产丝，品质之佳，世界无匹。其人称丝为赛里克(Seric)。

卢白鲁克既然说“古代赛里斯国”，可见当时的西方已经不称中国为赛里斯国了，赛里斯国的称呼已成为历史。

上面回顾与梳理的这段历史，又会让我们油然生出一种特别的自豪感：正是缘于不可思议的中国蚕丝与神秘精美的中国丝绸，为了标明、强调蚕丝与丝绸的产地，古希腊人称丝为Ser，称生产丝的人（中国人）为Seres，称生产丝的国度（中国）为Serice；[①]古罗马等国对于中国的类似称谓，也都因此而产生。蚕丝与丝绸扮演了中西之间交流的最早原始物证。甚至我们可以认为，一部中外交通史，若从“称谓”的角度立论，前期的主题是探寻丝与丝国的秘密，而后期的主题则是寻找《马可波罗游记》中盛赞的契丹。[②]作为中国的他称，Serice使用的时间，大概起自公元前5世纪，止于公元6世纪。我们甚至可以更大胆地说：在这超过千年的漫长时间里，“丝绸之路”把中国的丝绸和丝这个词以及伟大的丝国——赛里斯称谓，传遍了欧亚非各国！所谓物质文化充当文化传播和彼此了解的先锋，大概可以看作是文化交流的一条规律；赛里斯称谓，又正是这条规律的最好注脚！而时至今日，2013年中国政府倡议的“丝绸之路经济带”和“21世纪海上丝绸之路”即“一带一路”目标，致力于建立包括亚欧非各国在内的政治互信、经济融合、文化包容的利益共同体、命运共同体和责任共同体，这无疑又是古老的“丝绸之路”的现代重生、强盛的“赛里斯”的再度辉煌！

---

① 特别说明：在实际使用中，Seres既是生产丝的人，也有丝的意思；Serice既为生产丝的国度，也可指赛里斯的丝织物；又在汉语语境中，许多人也用Seres表示丝国。

② 参考胡阿祥、彭安玉主编：《中国地理大发现（增订本）》“结语：寻找契丹——世界的‘地理大发现’”，齐鲁书社2019年版。

▪ 龙与狮：中国的动物象征

一、《时局图》与《猛回头》

在中国，也在外国，所谓龙的传人，所谓狮的国度，指的都是我们中国。为了理解这种现象，我们不妨先来看幅清末的《时局图》。

1898年，祖籍广东开平、出生于澳大利亚雪梨（即悉尼）、15岁时随父回到香港的爱国华侨、兴中会会员谢缵泰（1872—1937），在香港的《辅仁文社社刊》上发表了一幅黑白版的《时局图》。由于这幅图具有极佳的宣传警示效果，引起了轰动，于是谢缵泰又进行了改绘，并委托友人带到日本，1899年在日本出版了彩印版。此后，该图以及多种改绘的版本既畅销全国各地，又为许多报刊所转载，从而发挥了巨大的革命影响。那么，这幅图上都绘了些什么内容呢？以彩印版的《时局图》为例：

首先，图上的中国元素。图幅居中，清楚标注了“中國”二字。三个清朝官员，一个手举铜钱，这指搜刮民财的贪官；另一个沉迷酒色，这指不干正事、寻欢作乐的昏官；还有一个好像大烟鬼般、似睡未睡、斜卧于地的庸官，手里拉着网绳，网中戴着眼镜的老学究正在念着无关国计民生的“之乎者也”，另一人正在已经过

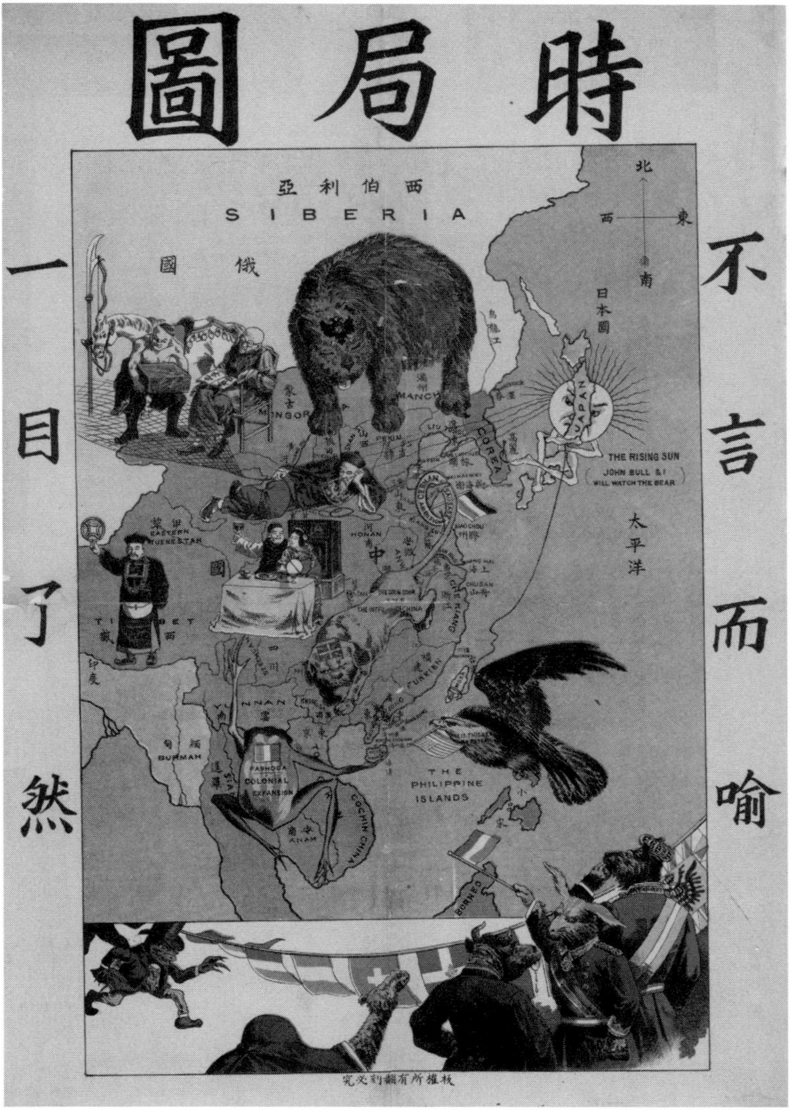

图1-13　清末谢缵泰所绘《时局图》

时的瘦马、大刀边抱着石头练功。这正是晚清中国政府昏聩无能、众生沉睡未醒的形象写照！

其次，图上的外国元素。在图幅的下方，一批牛鬼蛇神正觊觎着、垂涎着、谋划着疆土广大、物产丰饶的中国，而已经进入或者扑向中国的外国势力，有头顶双头鹰、代表俄国的熊，头顶米字旗、代表英国的犬，插着黑白红三色旗、代表德国的香肠，背饰蓝白红三色旗、代表法国的蛤蟆，口衔星条旗、代表美国的鹰，奇形怪状、代表日本的太阳，还有不太为人注意的、代表葡萄牙的虾。这又正是晚清时代帝国主义列强侵略欺凌中国、划分势力范围的真实写照！

最后，图上的题词。除了这个版本的“不言而喻”“一目了然”八个大字外，在《时局图》的另外版本中，还有谢缵泰的其他题词，比如“沉沉酣睡我中华，哪知爱国即爱家。国民知醒宜今醒，莫待土分裂似瓜”。

从这幅《时局图》中，我们强烈感受到了晚清中国内忧外患的严峻局面，而与本篇的讨论主题相关，我们还能获得一些有趣的认识。比如国家的动物象征。以美国为例，早在1782年，美国为了保护该国特产白头海雕，将其定为国鸟，并应用在国徽上——美国国徽上的白头海雕，一只脚抓着象征和平的橄榄枝，另一只脚抓着象征武力的箭。而由于白头海雕又有白头鹰、秃鹰等别称，所以《时局图》中就以鹰代表美国。再以俄国为例，由于其地理位置靠近北极，地域范围辽阔，民族性格坚韧彪悍，国家政策相对保守，所以得了个“北极熊”的绰号，《时局图》中的庞然大物，也就是代表俄国的熊。

与此相类似的是，长久以来，龙是中国的独特象征。如早在10

图1-14　1900年美国漫画《真正的麻烦是这家伙醒来之后》

世纪时，印度既称中国为东国，也称中国人为那迦（Nagas），即梵语龙种人的意思。①当然，晚清的中国正如《时局图》中的描绘，又是一条沉睡不醒的龙。比如1900年的美国漫画《真正的麻烦是这家伙醒来之后》，画中从左到右，分别是日本豹、俄国熊、美国鹰、法国鸡、德国鹰、英国狮、奥地利双头鹰、意大利狼，它们既视沉睡中的中国龙为抢夺的美食，它们之间由于利益分配不均，就

① 据张星烺编注、朱杰勤校订《中西交通史料汇编》（中华书局2003年版）第八册第一章之一：“公元后第十世纪时（五代宋初）克什弥尔国诗人克夏猛德拉（Kshemendra）之著作《菩提萨忒瓦瓦达那喀尔帕拉塔》（*Bodhisattvavadana Kalpalata*）第七十三章云：‘阿输迦大王一日在华氏城（玄奘《西域记》作波咤厘子城）宫中，朝见群臣。有印度商人某，经商东国，亦来王前，哀诉所有船舰及货物，皆为那迦（Nagas，译言龙种人）之海盗所劫，损失不赀，因而破产……阿输迦诚心奉佛以后，那迦人始被感化，遵奉谕旨，悉出所掠货物，分给被劫商人。’考据家有谓那迦人即中国人也。”

像画中的俄国熊与英国狮那样，又是刀枪相对、怒目而视。

值得注意的是，上面这幅漫画的题目《真正的麻烦是这家伙醒来之后》，又可谓集中显示了帝国主义列强对于醒来的中国龙的恐惧，而当时已经先知先觉的少数中国人，也正致力于唤醒这条中国龙。比如《时局图》上的题词“沉沉酣睡我中华……国民知醒宜今醒”，就反映了谢缵泰唤醒芸芸众生、挽救民族危亡的殷殷爱国之情，而由这样的“睡”中华与“醒”国民的意象，中国又有了“睡狮”与“醒狮”一类的名称。

说起“睡狮”与“醒狮”，陈天华的故事感人至深。陈天华（1875—1905），湖南新化人，华兴会创始人之一，同盟会会员。1903年，陈天华发表了弹词唱本《猛回头》，开篇唱道：

> 我中华，原是个，有名大国；不比那，弹丸地，僻处偏方。论方里，四千万，五洲无比；论人口，四万万，世界谁当？论物产，真是个，取之不尽；论才智，也不让，东西两洋……为什么，到今日，奄奄将绝；割了地，赔了款，就要灭亡？

在历数了中国的兴衰变迁、呼吁了反帝救国、倡言了民主共和之后，《猛回头》结尾唱道：

> 猛睡狮，梦中醒，向天一吼；百兽惊，龙蛇走，魑魅逃藏。改条约，复政权，完全独立；雪仇耻，驱外族，复我冠裳。到那时，齐叫道，中华万岁；才是我，大国

民，气吐眉扬。

而为了唤醒这酣睡中的同胞，1905年12月8日，陈天华竟在日本蹈海自绝，年仅31岁。很明显，这里的“猛睡狮”，指的正是陈天华期盼的觉醒的中国。

说到这里，龙与狮这两种动物作为中国的象征，乃至成为中国的自称与他称，应该已经无疑了。我们下面需要讨论的是，这种象征与这类称呼的形成过程是怎样的。

二、龙：从民族图腾到国家象征

先说龙。理解龙成为中国象征与中国称呼的过程，我们不妨以著名学者与诗人闻一多（1899—1946）1942年发表的《从人首蛇身像谈到龙与图腾》①为线索，进行说明。

在《从人首蛇身像谈到龙与图腾》这篇名文中，闻一多先生由中华人祖伏羲、女娲“人首蛇身”的形象说起，考证了蛇与龙本是一对相互转化的形象，进而指出：

> 所谓龙便是因原始的龙（一种蛇）图腾兼并了许多旁的图腾，而形成一种综合式的虚构的生物……我们的文化究以龙图腾团族（下简称龙族）的诸夏为基础。龙族的诸夏文化才是我们真正的本位文化，所以数千年来

---

① 闻一多:《从人首蛇身像谈到龙与图腾》,《人文科学学报》(昆明)第一卷第二期,1942年。

> 我们自称为“华夏”，历代帝王都说是龙的化身，而以龙为其符应，他们的旗章、宫室、舆服、器用，一切都刻画着龙文。总之，龙是我们立国的象征……从前作为帝王象征的龙，现在变为每个中国人的象征了。

闻一多先生的这段经典论述，交代了龙作为中国的民族图腾、皇帝化身、国家象征、中国人的象征四个内涵，下面就这四个内涵稍加解释。

第一，民族图腾。

图腾（Totem）本是北美印第安人的土语，意思是“他的亲族”。图腾崇拜的核心是认为某种动物、植物或非生物为本族的始祖或亲人，从而将其尊奉为本族的标志、象征和保护神。具体到华夏民族的图腾，就是以蛇为原型的龙。

我们知道，原始夏人的图腾为蛇，这在后来还有孑遗。比如夏朝的奠基人是禹，《说文解字》解释“禹，虫也”，而在甲骨文、金文中，“虫”字正是蛇头、蛇身、蛇尾俱全的蛇的象形，换言之，禹之名来自蛇图腾；后世典籍中也有“夏后氏人面蛇身”的说法。等到后来，随着加入夏朝、周朝统治的民族越来越多，蛇图腾也就不断兼并、吸收、整合其他图腾，逐渐丰富为集走兽形象之大成的龙，并与来源于原始商人的鸟图腾、后来集飞禽形象之大成的凤一起，共同构成了华夏民族最鲜明的动物象征、最主要的吉祥物，所谓“龙凤呈祥”就是这个意思吧。

当然，后来的龙已经脱离了原始图腾的意味，而演化为华夏、汉族乃至中华民族长久崇奉的一种神异动物；至于唐宋以来大体定型了的龙形象，南宋罗愿《尔雅翼》卷二十八《释鱼·龙》说：龙，“角似鹿，头似驼，眼似鬼（‘鬼’当作‘兔’），项似蛇，腹似蜃，鳞似鱼，爪似鹰，掌似虎，耳似牛”，即通常所说的“龙身九似”，它能云中飞、水里游、陆上行。

第二，皇帝化身。

利用人们普遍尊崇龙的心理，经过统治者们的有效运作，龙与帝王逐渐建立起了紧密的联系。这其中有三位关键人物值得一提。一是春秋五霸之一的晋文公重耳。重耳本是晋国公子，因为国家内乱，在外流亡19年，然后回国登基，随他流亡的介子推赋诗道：“有龙于飞，周遍天下……龙反其乡，得其处所”，这是介子推以龙比喻他的主子重耳；二是秦始皇帝嬴政，他自称“祖龙”，后人的解释是：“祖，始也；龙，人君象。”这是皇帝自视为龙象；三是汉高祖刘邦，司马迁的《史记·高祖本纪》中记载：刘邦“父曰太公，母曰刘媪。其先刘媪尝息大泽之陂，梦与神遇。是时雷电晦冥，太公往视，则见蛟龙于其上。已而有身，遂产高祖”，也就是说，起自泗水亭长的“小公务员”刘邦竟然绝对是个龙种。而从刘邦始作俑地如此刻意编造以后，历代皇帝就多自诩为龙种，“龙种自与常人殊”（杜甫《哀王孙》），于是连带着，与“真龙天子”皇帝有关的东西，就多带上了龙字，比如龙体、龙颜、龙床、龙椅、龙辇、龙袍、龙子龙孙等，发展到了后来，甚至服装、建筑、器具之上的龙纹，也成了皇家的专利。这样，龙就变成了皇帝的化身。

第三，国家象征。

龙既然变成了皇帝的化身，在中国传统时期，又有“溥天之下，莫非王土；率土之滨，莫非王臣”“朕即国家”等观念，两相结合，于是龙就顺理成章地成了国家的象征。

图1-15　清朝长方形黄龙旗

龙作为国家的象征，最典型的表现是在清朝后期。我们知道，1840年鸦片战争以后，帝国主义列强势力强行进入中国；1856年第二次鸦片战争以后，帝国主义列强甚至在中国水域部署海军。这些帝国主义列强国家都有国旗，军舰以及商船一般也会竖立本国国旗。于是清朝为了方便中外交往，同时为了顺应国际惯例，也制作了具有国家象征意义的黄龙旗。起初是1862年制作的三角形黄龙旗，主要供水师军舰与大清官船使用，等到1888年改为长方形黄龙旗，并正式明确为大清国旗。而无论是三角形还是长方形的黄龙旗，都具有鲜明的中国传统文化元素。比如黄色，既是五行学说中的中央之色、土德之色，也是古史传说中的黄帝、现实政治中的皇帝之色，还是农业上象征丰收、文化上象征中和、民族上象征黄种人的颜色；至于那条五爪飞龙，上面已经说过，本来就是皇帝的化身。如此，大清的长方形黄龙旗即黄底青龙戏红珠旗，既是中国的第一面国旗，其中的五爪飞龙，又是清朝皇帝的象征，而在“朕即国家”的观念下，龙又当然地成了中国国家的象征。

第四，中国人的象征。

龙既然成了中国国家的象征，于是又很自然地成了中国人的象征，为什么这么说呢？

首先，龙具有非常丰富的中国文化象征意义。

比如高深的哲学，以号称“群经之首”“大道之源”的《易经》为例，开篇第一卦就是乾卦，乾卦六爻的爻辞则描述了龙象的变化，如“潜龙勿用”“见龙在田，利见大人”“飞龙在天，利见大人”“亢龙有悔”等，其中九五的爻辞“飞龙在天，利见大人”，意为龙飞翔在天空中，适宜见到大人，这是非常好的卦象，我们平常说的帝王“九五之尊”，就来源于此。再以中国第一部字书、东汉许慎的《说文解字》为例，其对龙的解释是：“龙，鳞虫之长，能幽能明，能细能巨，能短能长，春分而登天，秋分而潜渊。”同样充满了中国文化的神异色彩。

比如日常的民俗，与龙有关者不胜枚举。我们知道，中国传统经济以农为本，某种意义上，农业经济又是靠天吃饭也就是靠水吃饭的经济，而在中国民间的观念里，龙王呼风唤雨、行云播雾、主宰旱涝、化育万物，于是人们到处建龙王庙，祈祷龙王保佑风调雨顺，干旱时拜龙王求雨，水灾时拜龙王止雨。其他如赛龙舟、舞龙灯等竞赛、娱乐活动，“二月二，龙抬头”的农历节日，寻龙捉脉的风水观念，“望子成龙”“龙飞凤舞”“卧虎藏龙”等成语。特别有趣的是，中国民间广泛流传的十二生肖中，唯有龙是想象、建构出来的动物，这也反映了龙在中国文化中的特殊地位。甚至中国色彩特别浓厚的“功夫”，影视功夫巨星的名字中，也往往带个“龙”字，比如李小龙、梁小龙、成龙、狄龙、释小龙等。

其次，中国人是龙的传人。

怎么理解中国人是龙的传人呢？在神话传说里，中国的人文始祖黄帝是龙体龙颜、炎帝是神龙之子，于是作为“炎黄子孙”的中国人，当然就是龙的传人；中国的疆域偶像是大禹，大禹的父亲鲧死后化为黄龙，所以大禹也是龙子，而生活在大禹治平水土、划分九州的中国大地之上的中国人，自然也是龙的传人；传统时代中国的政治结构，皇帝既是“真龙天子”，那么作为“真龙天子”的“子民”，天下的黎民百姓们还是龙的传人。

三、《龙的传人》与China dragon

以上，我们简要说明了龙在中国的民族、皇帝、国家、人民四个方面的象征意义。时至今日，民主代替了专制，共和代替了帝制，于是龙作为皇帝象征的意义随之消失，作为民族与国家的象征意义仍然保留，作为人民象征的意义则更加强化。而在这种强化过程中，我们应该提到的一首歌就是《龙的传人》。

1978年底，美国政府宣布自1979年1月1日起与中华人民共和国建立外交关系，并同时与台湾当局“断交”。一时之间，台湾社会人心惶惶，身份认同出现危机。而在当时的台湾大学生侯德健看来，两岸同属中华文化，两岸人民同属炎黄子孙，于是他创作了《龙的传人》。歌曲一经发表，很快唱彻台湾、风靡祖国大陆、传遍华人世界。在1988年龙年、2012年龙年中央电视台春节联欢晚会上，也都演唱了这首歌。《龙的传人》唱道：

> 遥远的东方有一条江，它的名字就叫长江。遥远的东方有一条河，它的名字就叫黄河。虽不曾看见长江美，梦里常神游长江水。虽不曾听过黄河壮，澎湃汹涌在梦里。

古老的东方有一条龙，它的名字就叫中国。古老的东方有一群人，他们全都是龙的传人。巨龙脚底下我成长，长成以后是龙的传人。黑眼睛黑头发黄皮肤，永永远远是龙的传人。

这首歌里，长江、黄河，那是地理的中国；古老的东方，那是历史的中国；黑眼睛、黑头发、黄皮肤，那是民族的中国；巨龙，那是拥有伟大身躯、无穷力量的现实的中国；龙的传人，那是内地、台湾、港澳的全体中国人与世界各地的海外华人共同的身份和一致的标识。于是，“龙的传人”再次成了中国人的别称，中国是古老东方的一条巨龙、龙是中国的自称与他称，也再次得到了中国人的认同与外国人的认可。

为什么我们要说“龙是中国的自称与他称，也再次得到了中国人的认同与外国人的认可”呢？

先说“再次得到了外国人的认可”。

其实早在此前很久，对龙在中国所具有的丰富的象征意义，外国人尤其是西方人已经或多或少地有所了解。比如来到明朝的意大利传教士利玛窦指出：“龙在中国是皇权的象征”；来到清朝的葡萄牙传教士安文思指出：“中国皇帝的标记是龙”；而没有来过中国的法国神父杜赫德也在他编辑的、1735年问世的《中华帝国全志》中指出：“龙无疑是中国人的国家象征，正如鹰之于罗马。”①

① 参考施爱东：《中国龙的发明：16—20世纪的龙政治与中国形象》第二章，生活·读书·新知三联书店2014年版。

当然，这里需要特别说明的是：龙在西方人的眼里之所以成了“中国人的国家象征”乃至中国的代称，关键还在于中国龙与西方龙具有完全不同的指示意义。众所周知，在西方文化中，可能首先是由利玛窦对译为“龙”的Dragon，本是一种背上插翅、口中喷火的四足怪兽，代表着邪恶与贪婪，所以《圣经》中有圣乔治屠龙除害的故事，英国古代史诗《贝奥武甫》歌颂了国王贝奥武甫搏命杀龙的英雄事迹。但在中国，龙不仅是皇帝、国家、人民等的正面象征，还是吉祥的瑞兽，于是西方人虽然取其形似，把汉字的“龙”译作Dragon，但为了区别含义完全不同的西方龙与中国龙，往往又在中国龙的前面加上一个限定词China或者Chinese，这样，China dragon或者Chinese dragon就成了“中国龙”的习惯译法。换言之，在西方的语境中，看到、说到或者写到中国的龙，就会联想到中国China、中国人Chinese，这样，龙在西方就演变成了中国的象征与代称。

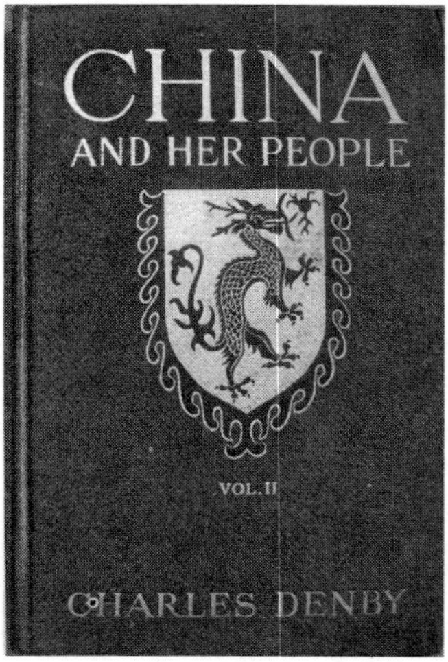

图 1-16　1906 年美国图书《中国和她的人民》封面

再说“再次得到了中国人的认同”。

本篇开头，我们说到在1900年的美国漫画中，晚清中国的形象，被画成是条沉睡不醒的龙。其实不仅是美国漫画，鸦片战争以后的西方辱华漫画中，代表中国形象的龙，往往身穿大清朝服、头上翘着辫子、爪中抓着鸦片烟枪，或萎靡不振，或肮脏丑陋，并且遭到了代表这些帝国主义列强国家的狮、豹、熊、狼乃至犬、鸡的撕咬。道理很简单，国家弱小落后，中国龙就被肆意丑化而且备受欺凌；反之，如果国家强大进步，中国龙就雄壮刚健、饱含进取之志、凸显阳刚之美。而《龙的传人》中的东方巨龙，正是充满了励志精神、爱国激情的中国龙，它呼应了国家崛起、民族腾飞的复兴梦想，所以再次得到了中国人的认同。

四、狮子吼：从睡狮到醒狮

令人深思而又非常有趣的是，从晚清时代起，一个新的国家形象、中国称呼应时而生，这就是狮子。怎样的狮子呢？我们还是以陈天华的作品为例，进行分析。

在陈天华蹈海自绝的次年即1906年5月，资产阶级革命政党中国同盟会机关刊物《民报》开始连载陈天华未能完成的遗著《狮子吼》，时人争相购阅，一时“洛阳纸贵”。《狮子吼》是一篇现实与幻境相交织的章回体小说，在开头的“楔子”部分，小说写道：主人公梦见自己在深山中被一群虎狼追赶咬伤，痛入骨髓，不觉长号一声，“原来此山有一只大狮，睡了多年，因此虎狼横行；被我这一号，遂号醒来了，翻身起来，大吼一声。那些虎狼，不要命的走了。山风忽起，那狮子追风逐电似的追那些虎狼去了”。主人公正吓得不轻，忽又闻见半空之中一派音乐，云端坐着一位神人，神人自言“吾乃汉人始祖轩辕黄帝是也。汝命本当死于野兽之口，今特赐汝还阳，重睹光复盛事”，然后拂尘一挥就不见了。主人公则转眼之间来到一处繁华都会，见到“光复五十年纪念会”大会场，会场“门前两根铁旗杆，扯两面大国旗，黄缎为地，中绣一只大狮，足有二丈长，一丈六尺宽。其余各国的国旗，悬挂四面”。进了大门，又见一座大戏台，戏台对联写着：

扫三百年狼穴，扬九万里狮旗，知费几许男儿血购来，到今日才称快快；

翻二十纪舞台，光五千秋种界，全从一部黄帝魂演出，愿同胞各自思思。

读到这里，《狮子吼》的政治文化寓意已是昭然若揭：我以我血荐轩辕，建立民主共和国；唤醒四万万同胞，光大五千年文明。那如何建立新型国家、光大传统文明呢？睡狮醒来，赶走横行的帝国主义虎狼，狮旗飘扬，扫除腐朽的清帝专制朝廷。

其实不仅陈天华，又如号称“革命军中马前卒”的宣传家邹容，在他1903年写成的《革命军》中，直接将清末的中国比作睡狮，呼唤它的醒来：“嗟夫！天清地白，霹雳一声，惊数千年之睡狮而起舞，是在革命，是在独立！”

又不仅陈天华、邹容，把清末的旧中国比作睡狮，把未来的新中国比作醒狮与雄狮，在那凄风苦雨的时代里，这也正是中华志士仁人们对自己国家的殷殷期盼与拳拳之心。于是清末、民国时期，涌现了许多的《醒狮歌》，创办了许多以“醒狮”命名的期刊，成立了许多以“醒狮”为名的社团；中华民族已到危亡时刻的1934年，满怀悲愤的徐悲鸿挥毫泼墨，还创作了《雄狮图》，题词“新生命活跃起来”！

说到这里，有些问题就必须回答了。

首先，为什么抛弃了龙的象征？问题的关键在于，鸦片战争以后，尤其是到了清末，本来代表中国形象的、充满“正能量”的龙，在欺侮中国的外国势力以及反抗外来侵略、追求民主共和的先进的中国人的眼里，已经变成了腐朽没落、失去希望的大清朝廷的象征，变成了总难唤醒、病入膏肓、承载着“负能量”的丑龙、睡龙、弱龙、病龙，正如丘逢甲（1864—1912）《二高行赠剑父奇峰兄弟》诗中所云：“不然且画中国龙，龙方困卧无云从。东鳞西爪画何益？画龙须画真威容。中原岂是无麟凤，其奈潜龙方勿用……安能遍写可怜虫，毛羽介鳞供戏弄。”这样困卧可怜、供人戏弄的龙，当然应该抛弃。

其次，为什么选择了狮的象征？抛弃了龙，那选择什么新的象征呢？丘逢甲诗中又说：“我闻狮尤猛于虎，大高画狮勿画虎。中国睡狮今已醒，一吼当为五洲主。”虽然在丘逢甲的时代，中国仍然落后、麻木甚至腐败，但唤醒这头睡狮的希望，毕竟远远大于治疗、拯救那条病入膏肓的睡龙，而且一旦睡狮醒来、作狮子吼，也就象征着觉醒、奋起的中国，好比具有尊严与威力、强健剽悍的雄狮。

当然，与龙一样，以狮作为中国新的国家符号与民族象征，也有着深厚的文化土壤与有趣的历史因缘。

先说文化土壤。我们知道，对于中国来说，狮子本是外来物种，而随着东汉初年传入中国的印度佛教的逐渐中国化，以及异域贡献到中土的狮子越来越多，于是本来没有狮子的中国，也出现了先则源自印度梵文、称为“狻猊”，再则源自古波斯语、称为“狮

图 1-17　北京故宫铜狮子

子”的新词，并产生了富有中国特色的、丰富多彩的“狮文化”。在印度佛教中，称狮子为“兽中之王”、护法神兽，称佛陀为“人中狮子”，称佛陀的庄严法音为“狮子吼”——具有震撼天地、传之久远、扫荡邪恶的无限威力，又称佛教高僧打坐的地方为“狮子座”。而诸如此类的经义传到中国，经过发展与演变，于是聪明智慧的文殊菩萨以威武雄壮的青狮为坐骑，狮与龙、凤、龟、麟“四灵”并列，成了新的瑞兽；至于威而不怒的狮雕，陈列在帝陵墓道的两旁，布置在宫殿、衙门、佛寺、富户的门口，点缀在河桥、陆道的边上，起着镇邪驱恶或者装饰美化的作用。另外，说起中华的文学艺术，以狮子为描述对象的作品层出不穷；至于中华民俗中的狮子，更是蔚为大观，如舞狮子遍及神州大地，雪狮子为北方奇观，糖狮子风靡南方各地，狮子戏绣球为年画与剪纸的重要题材，也是中国杂技的特色节目，如此等等，于是既具王者风范、威武气概，又呈祥和面貌、瑞兽形象的狮子，成为中国文化的重要象征之一。

再说历史因缘。在睡狮、醒狮成为中国象征的过程中，有位“老外”起过他自己都意想不到的、显著的启发或者说促发作用，这位老外就是著名的拿破仑。1817年，被迫退位的法兰西第一帝国皇帝拿破仑·波拿巴（Napoléon Bonaparte，1769—1821）正在流放地、南大西洋上的圣赫勒拿岛消磨余生。一天，落魄英雄拿破仑接待了一位英国人阿美士德（W. P.Amherst）。阿美士德是英国外交官，1816年出使中国，因为拒绝向大清皇帝行三跪九叩之礼，而被勒令于抵京当日就离开。并不怎么了解中国的拿破仑，与阿美士德谈到了中国：“你们说可以用舰队来吓唬中国人，接着强迫中国官员遵守欧洲的礼节？真是疯了！如果你们想刺激一个具有两亿人口的民族拿起武器，你们真是考虑不周。”拿破仑还感触良深地说：

> 当中国觉醒时，世界也将为之震撼。①

200多年前拿破仑的这句名言，在19世纪特别是19、20世纪之交的中国与西方，都产生了相当广泛的影响，人们不断地站在各自的立场上引用与阐发。应该也正是在此过程中，与这句名言的意境

---

①［法］阿兰·佩雷菲特著，王国卿等译：《停滞的帝国：两个世界的撞击》第八十五章，生活·读书·新知三联书店1995年版。

相当吻合、又与中国的狮文化土壤相当协调的睡狮、醒狮乃至雄狮的比喻，不知从什么时候起出现了，并且一直延续到了今天；人们逐渐把晚清及民国时代沉睡的中国称为“睡狮”，把正在觉醒的中国称为“醒狮”，把已经觉醒的中国称为“雄狮”。这样，中国就有了既是自称也是他称的“狮”称谓。比如作为中国的他称，1899年梁启超在《瓜分危言》中说：英人“未深知中国腐败之内情，以为此庞大之睡狮，终有蹶起之一日也”，这是说英国人称中国为睡狮；1910年前后政论家汪康年写道：“西人言中国为睡狮”，并引西人的话说：“贵国之大，犹狮之庞然也，受毒之深，奚止于鸦片耶”，期待着“狮而云睡，终有一醒之时……吾愿中国人憬然悟之”[①]，这是说西方人称中国为睡狮；又1993年5月日本《读卖新闻》所刊有关中国的系列文章，标题就是《觉醒的雄狮》，2006年7月，欧洲议会主席何塞普·博雷利（Josep Borrell）说：“拿破仑说中国是头睡狮，我说现在的中国是头醒狮。”

关于龙与狮这一对中国的自称与他称，就说到这里了。如果总结一下，简而言之，中国称为龙，是因为龙在中国拥有丰富的民族、皇帝、国家的象征意义，是因为中国人是龙的传人，龙可以说是中国传统文化的集中体现；至于中国称为狮，而且是由“睡狮”到“醒狮”、由“醒狮”到“雄狮”，则正形象化地反映了近现代的中国所走过的那条沉睡、觉醒、雄起、成功的曲折道路。今天的中国，有着“狮子吼”一样的巨大能量，有着勇于进取的狮子精神，中国迈向世界强国的伟大征程，也正仿佛雄狮一般地昂首阔步、坚定向前！

---

① 汪康年：《汪穰卿笔记》卷八附录《琴瑟寄庐类稿》，中华书局2007年版。

中编　地名与文史

▪ 历史“常识”纠谬二例

何谓常识？习以为常的知识，谁也不会怀疑的知识。

何谓“常识”纠谬？就是这习以为常的、谁也不会怀疑的知识，竟然是有欠准确的甚至是错误的知识。

1924年，李大钊在《史学要论》中曾言：“凡学都所以求真，而历史为尤然。”本乎此旨，笔者整理出关涉朝代或国号的若干亟待纠谬之历史“常识”，与诸位读者分享。

一、《中国历史朝代歌》纠谬

按照一般的理解，我们如数家珍的朝代就等同于国号。朝代是指建立这个国号的帝王家族的统治时代，国号是指这个帝王家族统治时代的国家称号。中国历史上不断地改朝换代，也就不断地出现新的国号。因为朝代很多，国号也很多，为了方便记忆，于是人们编了许多《朝代歌》。而在笔者所见的《朝代歌》中，关涉朝代或国号的“常识”错误，可谓屡见不鲜。试举一首流传甚广的《中国历史朝代歌》为例：

夏商与西周，东周分两段。

春秋和战国，一统秦两汉。
三分魏蜀吴，二晋前后延。
南北朝并立，隋唐五代传。
宋元明清后，皇朝至此完。①

就在这首短短的《中国历史朝代歌》里，各样的问题实在不少：

一是统称。“春秋”“战国”“南北朝”“五代”，以及上引《中国历史朝代歌》里没有提到的“三代”“先秦”“三国”等，是对一段时代或一批国家的统称，既不是朝代，也不是国号。

二是习称。“西周”“东周”，是后人的习惯称呼，因为都城分别在今天的西安、洛阳，一在西、一在东，所以习称西周、东周。其实这是一个连续的朝代，国号就是周，周既是朝代，也是国号。当然，作为朝代的周，历时大约800年，而作为国号的周，时间还要更长一些，超过了900年，经历了从商朝西部的邦属小国到灭商以后的天下共号的转变过程。又与“西周”“东周”类似的情形，还有“西晋”与“东晋”、“北宋”与“南宋”等，在当时，无论朝代还是国号，就称“晋”、称“宋”。然而令人哑然失笑的是，现在的颇多影视剧中，君臣于朝堂之上，子民在交往之间，往往“我们西周”“我朝西晋”“我们北宋王朝”地说来说去，难道他们都有先知先觉的特异功能，早已卜测出了以后还会有“东周”“东晋”“南宋”？

① 孟广恒主编:《历史地理综合科·历史分册》,高等教育出版社2009年版;戚兆磊:《2000个应该知道的历史常识》,江苏人民出版社2009年版;杨永胜:《学生现代汉语全功能词典(图解版)》,江西教育出版社2009年版;等等。

三是合称。“两汉”，指的是前汉与后汉，或西汉与东汉；“二晋”，指的是西晋与东晋。还有“两宋”，指的是北宋与南宋。这前、后、西、东、北、南字样，都是后人加上去的，朝代或国号本来就称汉、称晋、称宋。其实，这样的合称以及上条所说的习称，如果稍作归纳，就会发现重要的历史信息：这些前后两个阶段的同一王朝（如周）或皇朝（如晋、宋），总是先“西”后“东”，先“北”后“南”，而这反映了中国历史上的一个现象，即该王朝或该皇朝的统治中心，是由西北向东南转移的，这种转移往往又是受到其他民族的强力压迫乃至入主中原所致。换言之，由“西”而“东”、由“北”而“南”，反映了该王朝或该皇朝的国势由盛而衰、疆域由大而小的变迁。

四是简称。元、明、清，其实是“大元”“大明”“大清”的简称。在某些场合，比如专门讲朝代情况的《朝代歌》里，这个“大”字是不宜省略的。这是怎么回事呢？我们中国人在说到某些朝代或国号的时候，为了表达尊敬之情，喜欢在前面加个“大”字，比如大汉、大唐、大宋。但是大元、大明、大清又不仅如此，虽然它们也值得尊敬，但更重要的是，它们真正的朝名、国号就叫大元、大明、大清，这个“大”字是包含在朝名、国号之内的。大明皇朝的朱国祯在《涌幢小品》卷二“国号”条指出：“国号上加‘大’字，始于胡元，我朝因之……其言大汉、大唐、大宋者，乃臣子及外夷尊称之词。”也就是说，大元、大明、大清是正式的、全称的朝名、国号，而元、明、清这种张口就来、摇笔遂写的称呼，实是简称。

五是误称。“三分魏蜀吴”这句，实为“三分魏汉吴”，详情笔者下节细说。正确地认识刘备、刘禅的国号是汉而不是蜀，关系到其政权的立国依据，实为非同小可的问题。非常可惜的是，中央电视台那部长达84集、堪称经典的1994年版《三国演义》电视剧，竟然连这个常识都搞错了，自始至终，刘备、刘禅军队打的旗帜，上面都是个大大的“蜀”字。如果汉帝刘备、汉相诸葛亮、汉将关羽身后有知，我想他们肯定会长歌当哭于九泉之下了！

六是漏称。这么一首简单的《中国历史朝代歌》，无论如何都是概括不了中国复杂的历史朝代的，仅以作为中国历史纪年使用的统一皇朝来说，它就漏掉了王莽的新朝、武曌的周朝。具体来说，在刘邦创始的、超过200年的汉朝（前汉）与刘秀创始的、将近200年的汉朝（后汉）之间，即从公元9年到23年，皇帝姓“王”不姓“刘”，国号是“新”不是“汉”，这样的情形，其实就是改朝换代；周朝之于唐朝也是这样，在起自618年、止于907年的长寿的唐朝的前期，即从690年九月到705年二月，穿插着匆匆过客一样的周朝，在这15年中，皇帝姓“武”不姓“李”，国号是“周”不是“唐”。而由此导致的更加严重的“常识”错误，则是诸多版本的《中国历史纪年表》中，刘邦始建的汉朝错成了从公元前206年到公元25年，李渊始建的合计享年276年的唐朝，错成了连续不断的、享年290年的618年到907年；又中国历史上开创了“和平”改朝换代之首例的王莽的新朝，中国传统帝制时代里、男权社会中唯一的、真正的女皇武曌的周朝，皆因此而消失于《中国历史纪年表》中。

本来，在中国起自夏朝、止于大清的将近4000年的历史中，改朝换代就是最为显著的政治现象；而中国传统史学纪年的依据、中国在相应历史时期的代称，也是改朝换代过程中出现的那些统一皇朝（王朝）以及正统皇朝（王朝）。如此，《中国历史朝代歌》必须传达准确无误的信息，这也是不言而喻的基本学术要求。然而反观上引的《中国历史朝代歌》，不仅有欠确切，甚至错误如此，笔者难免感叹：甚矣，史学之不讲也！

那么，篇幅长些、内容丰富一些的《朝代歌》，是否就不至于错漏如此呢？不妨再录一首如下，读者诸君可以自己尝试着勘误一番：

五帝尧舜后，夏禹商汤纣。
西周三百年，东周两段休。
春秋和战国，相残是诸侯。
始皇统一秦，西汉分前后。
三国魏蜀吴，晋代东西走。
南北朝并列，隋灭陈功厚。
唐朝三百载，五代争先后。
宋室分南北，辽金元互斗。
明清两代尽，皇朝至此休。
民国寿命短，中华才风流。①

二、“三分魏蜀吴”纠谬

在上节纠谬的《中国历史朝代歌》中，说到“三分魏蜀吴”这

---

① 中国民间文学集成全国编辑委员会编:《中国歌谣集成·北京卷》，中国ISBN中心2009年版。

句当作“三分魏汉吴”，而笔者的这个历史常识的叙述，却严重挑战了大众的历史“常识”底线。举个例子，笔者在新亚文化与喜马拉雅FM共同出品的《中国通史大师课》中，曾专门就此讲了一讲，听众人次虽超过了90万，却批评声音甚多。这很有趣：看来，三国是哪三国，不仅不是个无厘头问题，而且是个“必也正名”的重大问题。

在难以计数的三国题材的电影、电视剧中，在中学生背诵的各种版本的中国朝代歌中，以至于在绝大多数的文史研究著作中，“三国”都是魏、蜀、吴，这真是“气死历史”的大错！

话说从头，所谓的“三国”，从曹丕开始的魏国、从孙权开始的吴国，都是没有问题的；问题出在从刘备开始的“蜀”国。刘备说曹操“挟天子以令诸侯”，骂曹操是“汉贼”，所以220年十月曹丕篡了汉皇帝刘协的皇位，221年四月，在“传闻汉帝（刘协）见害”后，刘备就做了汉皇帝，建都成都。刘备所以仍然沿用汉国号，在于显示其政权的正统性，表明汉朝没有结束，他的政权就是汉朝的延续；甚至刘备称帝后启用的第一个年号章武，也寓有彰显光武帝刘秀及其第一个年号建武的意思。其实禅位后被封为山阳公的刘协是234年去世的，比刘备去世时间还晚。223年四月刘备驾崩，刘禅继位，继续沿用汉国号不改，直到263年十一月为魏国所灭。

刘备、刘禅以“汉”为国号，这本来是清清楚楚的史实，那为什么错成了“蜀”呢？这其中的关键在陈寿的《三国志》正是以《蜀书》的名义记述刘备、刘禅的“汉”的。

我们知道，位居“前四史”之一的陈寿的《三国志》，是研究三国历史最重要、最权威的“正史”。《三国志》分立《魏书》《蜀书》《吴书》，分别记述曹魏、刘汉、孙吴的历史，并以曹魏为正统。陈寿的这种处理方法是可以理解的，因为陈寿虽然先为刘禅的臣子，等到刘禅亡国后，他毕竟又成了继承曹魏的司马氏晋朝的臣子，而按照传统时代史家修史照例的做法，他修《三国志》，就必须以曹魏为正统，否则就等于否定了接替曹魏的司马氏晋朝的合法性，如果不这样做，那是杀头之罪。连带着，陈寿不以《三国志·汉书》记述国号为汉的刘备、刘禅政权，而改以带有地域色彩的蜀进行记述（“蜀”为古代的族名与国号，分布在今四川中部偏西。公元前316年并于秦国，秦于其地置蜀郡），这既缘于在当时各方争为正统的背景下，曹魏与司马氏的晋朝即称刘备、刘禅的汉政权为蜀，也缘于此前已经有了刘邦的汉（习称“前汉”或“西汉”）、刘秀的汉（习称“后汉”或“东汉”），如果再立《汉书》，容易导致名实的混淆。但必须指出的是：如果尊重历史的本来事实，遵从名从主人的原则，那么记述刘备、刘禅的政权，还是应该称“汉”。

刘备、刘禅政权称“汉”的理由又是什么呢？最重要的理由是刘备姓刘。按照《三国志·蜀书·先主传》的记载，刘备是西汉景帝刘启的儿子中山王刘胜的后代。曹魏鱼豢的《典略》则说刘备是临邑侯的枝属。汉朝的临邑侯，可考者有刘让、刘复两位，这两位虽然都是西汉景帝刘启的后代，却都不是中山王刘胜的后代，刘让还因为谋反而被东汉光武帝刘秀诛杀。所以，刘备有可能是刘让的枝属，因为先祖有谋反的劣迹，所以假托为刘胜之后。为什么要假托刘胜呢？据说刘胜有120多个儿子，从刘胜去世到刘备出生，又经过了270多年，如果按照30年一代来算，那就经过了差不多十代，谁能搞得清刘备是不是刘胜的后代呢？只能听随刘备自说自话就是。

其实，小时候就死了父亲，靠与母亲一起卖鞋子、织席子过活的刘备，到底是不是刘胜或刘让或刘复这些人的后代，根本不能肯定，而且是大可怀疑的。比如注《三国志》的南朝刘宋裴松之就说过一段颇是意味深长的话："臣松之以为先主虽云出自孝景，而世数悠远，昭穆难明，既绍汉祚，不知以何帝为元祖以立亲庙。"然而有意思的是，刘备正是凭借着"帝室之胄"的身份，用兴复汉室为旗帜，逐渐形成他三分天下有其一的势力，并与曹操对抗、与孙权联合的。换言之，"汉"正是刘备、刘禅政权的政治旗号与正统定位。

刘备、刘禅政权称"汉"，在后世也得到了颇多认同。比如明朝谢陛的《季汉书》、清人王复礼的《季汉五志》，都尊刘备的汉为正统，承认刘备的汉是继承刘邦的前汉、刘秀的后汉的季汉，也就是第三个汉；南宋萧常、元朝郝经的《续后汉书》，也都以东汉班固的《（前）汉书》与南朝范晔的《后汉书》为接续对象，即同样是以刘备、刘禅为正统，立为帝纪、本纪，而退黜孙吴、曹魏为载记、列传的。如果刘备、刘禅身后有知，面对这样的认可，应当含笑九泉了吧。

说到这里，我们知道了，今天谈论三国的历史，谈论刘备、刘禅政权，不能还如特殊政治背景下陈寿的作史书法，称"蜀"不称"汉"，而应该依据历史的本来事实，称为"汉"，或者沿用旧称称为"季汉"，底线是约定俗成地称为"蜀汉"。至于长久以来称刘备、刘禅政权为"蜀"，这属于带有贬义的他称，可谓最为不妥，理应废除，否则不仅对不起刘备、诸葛亮、关羽等一班汉家君臣，而且有碍于对当时历史的正确理解，因为刘备、刘禅父子以及诸葛亮父子、关羽父子等最大的政治资本，便是作为正统象征的“汉”国号。

其实类似称“汉”为“蜀”这样莫名其妙或不可理喻的错误，在社会上乃至历史学圈子里，还有不少。以国号或朝代来说，夏、商、周三代中的商是自称，殷是他称，那么按照名从其主的原则，今天河南安阳的“殷墟”，应当改称为“商墟”；1616年到1636年，努尔哈赤与皇太极前期，汉译的国号应是“金”，而不是“后金”。再以著名历史人物来说，世人习称本名武照、自己改名武曌的那位女皇为“武则天”，其实在她82年生命的最后一年，才有了“则天”尊号，先为“则天大圣皇帝”，再为“则天大圣皇后”，我们怎么可以将她自小到大都称为“武则天”？类似的例子不胜枚举，如郑成功应称郑森或朱成功，孙中山应称孙文或孙逸仙，蒋介石应称蒋中正。为什么这样，检索一下拙著《正名中国：胡阿祥说国号》（中华书局2013年版）就清楚了，这里不细说。而借用孔子的话，所谓“名不正则言不顺，言不顺则事不成，事不成则礼乐不兴”，这里的“名”虽然指的是“名分”，借用到我们对于历史的理解，也是可以的。如果我们一天到晚津津乐道地说三国，却连是哪三国都说错了，岂非贻笑大方、滑稽可笑？

▪ 黄帝陵究竟在何处？

2005年5月6日，亲民党主席宋楚瑜率亲民党大陆访问团祭拜陕西黄帝陵；次日，祭拜南京中山陵；又次日，祭拜湘潭宋家祖先墓。宋楚瑜此举的用意是明显的：先民族，再国家，次家族。

在中国历史的发展进程中，黄帝的象征意义是至为广泛的。按照顾颉刚先生的说法，在层累地造成的古史中，时代越往后，传说中的古史期就越长。如周代人心目中最古的人是大禹，到了战国时就有了黄帝。大禹是中国疆域的偶像，所以地理的中华被称为禹迹、禹域；大禹的功绩在于治平水土，划分九州，使人民得以定居，所以九州又成了全国的代称。黄帝则是中华民族的象征，起码中国的汉族习称为“炎黄子孙”；黄帝又号称“人文初祖”，在传说中，许多事物的发明都要归功于黄帝，许多典章制度也由黄帝首创。甚至黄色也与中华民族有了解不开的情缘：黄河是中华民族的“母亲河”，黄土高原是中华文明最重要的发源地，黄海是中华先民最早认识的海域，早期的中国人认为土地是黄色的。中国九五之尊的帝王以黄色显示其地位，而这也始于黄帝，《史记·五帝本纪》说：“有土德之瑞，故号黄帝。”

黄帝既然拥有这样显赫的地位，我们就不难理解黄帝陵的特殊价值了。自古及今，祭拜黄帝陵都是敬祖睦族的重要举措。当今，在大陆、台湾两岸关系中，黄帝陵的“根本”意义越发明显，如宋楚瑜之黄帝陵祭文云：“今值两岸，协力互惠之际；仰祈灵佑，天道酬谢之德。锡福策勉：兄弟扶持成大业，二十一世纪振八荒；益兹激励：炎黄子孙不忘本，两岸和平一家亲。”

有意思的是，不变的黄帝崇拜，却有着屡变的黄帝陵。

今天的黄帝陵在陕西黄陵县西北桥山上。在较早的史籍记载中，黄帝陵并不在此处。先是，西汉司马迁的《史记·五帝本纪》说：“黄帝崩，葬桥山。”汉代的桥山，东汉班固《汉书·地理志》上郡阳周：“桥山在南，有黄帝冢”；《汉书·王莽传》：始建国元年（公元9年），“治黄帝园位于上郡桥畤”，即在桥山之上设畤祭祀黄帝；东汉应劭认为：“桥山在上郡阳周县”；又曹魏刘劭《皇览》指出：“黄帝冢在上郡桥山。”汉代上郡的中心在今陕西榆林市的东南，阳周县的中心在今陕西子长县西北，比勘下来，今天陕西子长县西北的梁山，就是汉代的桥山，也就是《史记·封禅书》中汉武帝所祭的桥山：元封元年（前110），汉武帝“北巡朔方，勒兵十余万。还祭黄帝冢桥山……上曰：‘吾闻黄帝不死，今有冢，何也?’或对曰：‘黄帝已仙上天，群臣葬其衣冠。’”

及至南北朝时，黄帝陵所在的桥山，已经由陕西变到了河北。北魏郦道元《水经注·漯水》：“漯水又东，温泉水注之。水上承温泉于桥山下。《魏土地记》曰：下洛城东南四十里有桥山。山下有温泉，泉上有祭堂。雕檐华宇，被于浦上。”这里的“桥山”，位于今河北涿鹿县南，而“祭堂”，所祭就是黄帝。《魏书·太宗本纪》：神瑞二年（415）六月，“壬申，幸涿鹿，登桥山，观温泉，使使者以太牢祠黄帝庙”；又泰常七年（422）九月，“辛酉，幸桥山，遣使者祠黄帝、唐尧庙”。

那么今黄陵县的黄帝陵始于何时呢？唐张守节《史记·五帝本纪·正义》引唐初李泰《括地志》说：“黄帝陵在宁州罗川县东八十里子午山。”子午山在今甘肃正宁县东、陕西黄陵县西北，如此则唐初的黄帝陵指的就是今天的黄帝陵。而据唐李吉甫《元和郡县图志》卷三宁州真宁县［唐天宝元年（742）改罗川为真宁］“子午山亦曰桥山，在县东八十里。黄帝陵在山上，即群臣葬衣冠之处”的记载，大概是因为子午山又名桥山，从而引致了黄帝陵的“迁移”。其实类似的这种地名“搬家”现象，在历史上是常见的。比如与莫愁女有关的“石城”，本指今湖北钟祥市，而因为今天的南京古代也有“石城”之称，所以莫愁女的故事转到了南京。又宋初乐史《太平寰宇记》卷三十五坊州中部县“桥山”条说：“按《山

图2-1　陕西黄陵县黄帝陵

海经》云，其山下水流通，故曰桥山。又《史记》云，黄帝葬于其山。今陵冢尚在。大历七年置庙，开宝二年敕修庙祭祀。在州西二里。”这指的是今天的黄帝陵无疑，而唐大历七年（772）置庙、宋开宝二年（969）敕修庙祭祀，也说明到了唐宋时代，黄帝陵终于定位在今天的黄陵县了，并一直延续至今而不改。

依据以上颇是枯燥的考证，我们可以明了一个相当有趣的事实：今天我们每年隆重祭拜、平时庄严瞻仰的黄帝陵，是唐宋时代才定下来的，其可信程度较之北魏时河北涿鹿县南的黄帝庙要稍逊一筹，而较之汉代人心目中今陕西子长县西北的黄帝冢，自然就更逊一筹了。只是虽然如此，却并不妨碍今天的人们到黄陵县的黄帝陵，表达对我中华民族“人文初祖”的敬仰之情，毕竟黄帝作为传说中的伟大人物，其衣冠冢乃至陵墓到底在什么地方这样的问题，已经不那么重要了，重要且具现实意义的是，历2000多年以来，黄帝已经成为中华民族凝聚力的核心之一，成为中华文明初曙的象征，成为中华儿女、两岸同胞都认同的老祖宗。

■ 叩“关”问“中”话战事

承约，要我为陕西尤其是关中军事地理写点什么。子丑寅卯，从何说起？不妨先说个与关中密切相关的重要故事。

一、“蜀汉亦关中地也”？

东汉班固在《汉书·萧何传》中有这样一段记载：

> 初，诸侯相与约，先入关破秦者王其地。沛公既先定秦，项羽后至，欲攻沛公，沛公谢之得解。羽遂屠烧咸阳，与范增谋曰：“巴蜀道险，秦之迁民皆居蜀。”乃曰：“蜀汉亦关中地也。”故立沛公为汉王，而三分关中地，王秦降将以距汉王。

这是公元前206年的事情。因为项羽的这次违约，使得本来应做关中王的刘邦改做了汉王，并导致了随后四年的汉王刘邦与西楚霸王项羽的楚汉之争；公元前203年，刘邦也违约了一回，不遵守与项羽的鸿沟为界、平分天下的约定，最终逼死项羽、称帝建国，国号为汉。

历史就是这么无聊或者有趣：项羽与刘邦彼此之间的两次违约，竟然造就了“汉”为王国之号与“汉”为帝国之号的结果；而刘邦始建、刘秀重建、刘备再建的汉朝（史称前汉、后汉、季汉或西汉、东汉、蜀汉），由于延续了四个多世纪，于是成为中国历史上最具影响力的国号之一，不仅为后世诸多的汉族与非汉族建国者沿袭，而且成为域外有关中国的一种习惯称谓，更演化为此后直到现今中国人数最多民族——汉族的族称。

项羽何以会违约呢？这就是叩“关”问“中”的问题了。起初，名义上的反秦统帅楚怀王熊心与诸将约定，“先入定关中者王之”（《史记·高祖本纪》《汉书·高帝纪》）；刘邦“先入定关中”，但事实上的反秦统帅项羽却不放心刘邦在关中为王，而“关中”概念的模糊，则为项羽与范增提供了说辞：“蜀汉亦关中地也。”也就是说，封你刘邦为汉王，不算违约。但在刘邦这边，是不能接受这样的安排的，毕竟巴蜀、汉中地居偏僻，巴蜀更是秦朝流放罪人的地方，怎么能算“关中”呢？

那么，“关中”究竟何在？西汉司马迁在《史记·货殖列传》中说：“关中自汧、雍以东至河、华。”这当是战国秦汉时最为习用的关中概念。汧指汧水，发源于今陕西陇县；雍指雍山，在今陕西宝鸡市凤翔区；河即黄河，华为华山。换言之，这个“关中”大抵相当于今天的陕西关中盆地，巴蜀、汉中即今四川、重庆各一部分以及陕西的秦岭以南，当然不在其内。不过麻烦的是，由于“关中”不是正式的政区名称，其范围也就有了各种不同的说法，项羽、范增“蜀汉亦关中地也”，也算其中一说吧。

二、“关中”：众关之中

追源溯流，“关中”的解释确实多变，而关键又在“关”。既为“关中”，从字面义看，就是居于众关之中的地方。“关”者，军事上指要塞、出入要道，所谓“一夫当关，万夫莫开”的习语，就显示了在使用戈矛甲盾作战的冷兵器时代，“关”所具有的意义。中华大地，“关”是极多的，函谷关、玉门关、阳关、雁门关、剑门关、居庸关、嘉峪关、山海关、娘子关等，不胜枚举。

具体说到与今天陕西关中有渊源、相联系的“关”“关中”，也是因时因人而变。如《三辅旧事》以为“西以散关为限，东以函谷为界”；西晋潘岳《关中记》以为“东自函关弘农郡灵宝县界，西至陇关汧阳郡汧源县界”；东晋徐广以为“东函谷，南武关，西散关，北萧关”；元人胡三省注《资治通鉴》以为“西有陇关，东有函谷关，南有武关，北有临晋关，西南有散关”。还有不在众关之中的“关中”，如以函谷关以西的秦国故地为关中（这包括了秦岭以南的汉中、巴蜀，也是项羽、范增强词夺理、玩弄概念的依据所在），以函谷关以西、秦岭以北的秦国故地为关中，以函谷关以西的秦国核心地带所谓“八百里秦川”为关中，等等，不一而足。

问题越来越复杂了！收住，姑且确定一种以今陕西为主体、四关拱卫的“关中”，以略述其军事价值与相关战事吧。

三、关中四关：潼关、武关、散关、萧关

研究中国历史军事地理的首选参考文献，是清初顾祖禹所撰的《读史方舆纪要》。梁启超称：此书“专论山川险隘，攻守形势，而据史迹推论得失成败之故”。在《读史方舆纪要》中，顾氏以潼关、武关、散关、萧关为陕西“重险”，并综论其形势曰：“陕西山川四塞，形胜甲于天下，为自古建都重地，雄长于兹者，诚足以奄有中原矣。”的确，正是“关中四关”配合以其他的诸多关隘，使得“关中”成为地形完固的战略奥区，并因而孕育出中国的第一古都西安。

关中东面为潼关。潼关故址在今陕西潼关县东北。其地位处陕、豫、晋三省交界，南倚华山，北对黄河。作为关中的东面门户，潼关对外遏制广大的关东，对内则有“潼关固则全秦固”的说法。历史时期，潼关经历大小战争数十次，叩关者多因正面险阻不易突破，而采取迂回的作战方针。211年，曹操西征关中，被马超、韩遂联军阻于潼关，久攻无效，遂采取佯攻潼关、绕道蒲津偷渡黄河之法，才得以进据关中；880年，黄巢义军占领洛阳，兵进潼关，唐将扼关戍守，义军迂回关后，前后夹攻，方才破关，然后长驱直入都城长安。现代军事史学家郭化若就此即景赋诗道：“桃林函谷复潼关，千载龙争战自酣。最是奇兵临禁谷，义旗浩荡下长安。”

关中南面为武关。武关故址在今陕西丹凤县东南，是控扼陕、豫、鄂三省之襟要。其地山环水绕，崖悬壑深，险阻天成，有“一夫守垒，千夫沉滞”之称。顾祖禹论曰：“自武关而至长安四百九

十里，多从山中行，过蓝田始出险就平。夫武关之于潼关，犹阴平之于剑阁也。然阴平僻而险，武关径且易，故尤能为秦患。”如先秦时代，秦楚屡次争夺，“秦未得武关，不可以制楚”，前298年，秦出武关攻楚，拔楚十五城；前207年，刘邦取道武关，一举灭秦；417年，东晋大将刘裕派遣沈田子等入武关，在今陕西蓝田大败后秦姚泓。

关中西面为散关。散关亦称大散关，故址在今陕西宝鸡市西南大散岭上。顾祖禹述其形势道：“关当山川之会，扼南北之交，北不得此无以启梁益，南不得此无以图关中，盖自禹迹已来，散关恒为孔道矣。”通过大散关的孔道即陈仓道，为川、陕之间的交通要道。前206年，刘邦越秦岭、出散关、定三秦，从而奠定帝业的基础；隋末，李渊取长安，使窦轨等出散关，抚定陇右；南宋时，散关为宋、金分界之地，双方屡有兵争鏖战。南宋爱国诗人陆游有名句道：“楼船夜雪瓜洲渡，铁马秋风大散关。”瓜洲渡与大散关，一水一陆，一东一西，当时都是宋金对峙的前线，又都是诗人早年军中亲临；陆游又有句道：“三秦父老应惆怅，不见王师出散关。”一股悲愤沉痛之情跃然纸上。散关军事地位与交通形势之重要，也由此可见。

关中北面为萧关。萧关故址位于今宁夏固原东南，“襟带西凉，咽喉灵武，实为北面之险”，是关中与塞北间的交通要冲。前166年，匈奴入萧关，杀西汉北地都尉，前锋候骑更是进到关中凤翔、淳化一带；唐时曾置萧关道大总管，以备突厥；北宋晚期为防御西夏，又在今宁夏同心县南，即原萧关北二百余里筑萧关，其时“萧关南北，筑城置戍，几无虚日”。作为秦汉以来华夏与戎狄之间的关防，萧关诚为控扼要地。

岁月流逝，山河变迁，上述“关中四关”的战略地位已然不再。然而，要理解“陕西据天下之上游，制天下之命者也”的显要军事地位，要明了“八百里秦川”诞生了周、秦、汉、唐等伟大的统一王朝（皇朝）的特殊政治现象，甚至要读懂我们开头所说的项羽刘邦的故事，却不可不知这“关中四关”。至于有心有力的读者，更不妨去寻访叩问一下这些或已荒草萋萋的“雄关漫道”……

▪ 蒋山、蒋州、蒋王庙与蒋子文崇拜

《资治通鉴》卷一百七十七隋开皇九年（589）春："于是陈国皆平……更于石头置蒋州。"

《隋书·地理志》丹阳郡江宁县："有蒋山"；又《元和郡县图志》卷二十五润州上元县钟山："吴大帝时……改山曰蒋山。宋复名钟山。"

按置蒋州于石头城（今南京市清凉山），亦见于《隋志》丹阳郡；而《隋志》江宁，蒋州属县，即《元和志》之润州上元。又据宋元时代相关史志考之，蒋州废于隋大业三年（607），复置于唐武德七年（624）至八年。是则隋、唐两代，南京两度膺有蒋州之称，合计21个年头。至于钟山，则由东汉末以迄刘宋，两百多年的时间里，主名蒋山；又唐玄宗时官修《唐六典》以蒋山为江南道名山之一，北宋初年乐史撰《太平寰宇记》卷九十昇州上元县以"蒋山"立目，而史载元末朱元璋败元人于蒋山、进克集庆城，如此等等，据知刘宋以后以迄元、明，钟山又名蒋山。①

然则蒋山、蒋州缘何得名？《资治通鉴》卷一百七十七隋开皇

---

① 钟山名称众多，古称金陵，钟山之名始见秦代。东晋南朝时也称紫金山、金山、北山、圣游山。明嘉靖时名神烈山。太平天国后又称天堡山。

九年元人胡三省注："汉末秣陵尉蒋子文讨贼死此山下，孙氏都秣陵，以其祖讳钟，因改名蒋山"；又注："以蒋山名州也。"如此，蒋州取名于蒋山，蒋山取名于蒋子文。其实，因蒋子文而蒋山得名，两晋南北朝以来无有异说；因蒋山而蒋州得名，隋唐以来亦无异说。然而问题在于：蒋子文不过小小的一名县尉[①]，何以既用之名山、又因山以名州呢？兹就读书所及，列举史料若干如下，以求释之。

关于蒋子文本事，不见正史，东晋干宝《搜神记》卷五"蒋子文成神"载：

> 蒋子文，广陵人也。嗜酒好色，挑达无度。常自谓己骨清，死当为神。汉末为秣陵尉，逐贼至钟山下。贼击伤额，因解绶缚之，有顷遂死。及吴先主之初，其故吏见文于道，乘白马，执白羽，侍从如平生。见者惊走，文追之，谓曰："我当为此土地神，以福尔下民。尔可宣告百姓，为我立祠。不尔，将有大咎。"是岁夏，大疫，百姓窃相恐动，颇有窃祠之者矣。文又下巫祝："吾将大启祐孙氏，宜为我立祠。不尔，将使虫入人耳为灾。"俄而小虫如尘虻，入耳皆死，医不能治。百姓愈恐。孙主未之信也。又下巫祝："若不祀我，将又以大火为灾。"是岁，火灾大发，一日数十处。火及公宫。议者以为鬼有所归，乃不为厉，宜有以抚之。于是使使者封子文为

① 汉制：县有令、长，掌一县政事。万户以上称令，万户以下称长。令、长佐属有县尉，主管军事，缉捕盗贼，案察奸宄。

中都侯，次弟子绪为长水校尉。皆加印绶，为立庙堂。转号钟山为蒋山，今建康东北蒋山是也。自是灾厉止息，百姓遂大事之。

按《搜神记》，今人或看作是一部志怪小说集，鲁迅先生《中国小说的历史的变迁》曾指出："六朝人之志怪，却大抵一如今日之记新闻，在当时并非有意做小说。"即以"蒋子文成神"条而言，便很有价值，拂开其侈谈鬼神、称道灵异的表面，可以钩沉出当时历史的真实：

其一，蒋子文由人而神的具体时间，当在东汉建安十六年（211）孙权自京（今江苏镇江市）徙镇秣陵（今江苏南京市）之后。

其二，所谓"我当为此土地神，以福尔下民"者，犹言蒋子文是秣陵地方的土地神[①]，其职责则在于使一方平安、百姓福佑。按土地神有姓有名，即以生人为其原型，蒋子文不敢说是最早的一个，起码也是较早的一个。作为一方土地，蒋子文不加安抚即成厉鬼，而封侯立庙后，就"灾厉止息"，其神通可谓广大。[②]其实这也不奇怪：若没有些真本领，凭什么能护佑一方？

---

① 按土地神即古代的"社神"。《公羊传》庄公二十五年："鼓用牲于社"，何休注："社者，土地之主也。"清翟灏《通俗编·神鬼》："今凡社神，俱呼土地"，又引《孝经纬》："社者，土地之神。土地阔不可尽祭，故封土为社，以报功也。"祭土地表现了原始宗教时期先民对土地的依赖。随着社会的发展，土地被人格化，并慢慢具有了掌管生人吉凶祸福的威权。

② 佛教地狱观念在中土传播以后，土地渐渐被纳入冥神体系，并演化成相当于民间里社级小官的下属小神，没有多少的威权，如《西游记》中的"土地老儿"，即被孙大圣呼来遣去；不过揆诸土地的起始，绝非如此，蒋子文即可为例。又唐宋以来土地的形象逐步定型，民间里社的土地多由该地善良慈祥的老者充任，虽然没有实际权力，但因与民众关系密切，所以香火一直很盛。这也应了那句俗语："县官不如现管。"

其三，作为秣陵土地之神，孙权“有以抚之”，“为立庙堂”，使“有所归”所选择的地点是钟山；而钟山既被选作土地神蒋子文的祖山，其名也因此而更，径称蒋山了。[①]

然而孙权为什么认可蒋子文来做京畿地面的土地神？又为什么立庙于钟山，并“转号钟山为蒋山”？仍是必须疏通的三个问题。

孙权认可蒋子文为京畿土地神，窃以为其中的关键在于蒋子文的身份与行事。蒋子文行伍出身，是秣陵县的军事长官，并“因公殉职”；子文又好喝酒、喜欢女色，轻薄放纵没有节制。有意思的是，孙权的父亲孙坚竟与蒋子文同类。孙坚早年任过“假尉”（代理县尉），其性情“勇挚刚毅”。《三国志・吴书・孙坚传》载：“年十七，与父共载船至钱唐”，会海贼掠取贾人财物，“坚行操刀上岸，以手东西指麾，若分部人兵以罗遮贼状。贼望见，以为官兵捕之，即委财物散走。坚追，斩得一级以还，父大惊。由是显闻，府召署假尉”。好一位少年好汉！然而正是这位少年好汉，却强娶夫人：“孙坚闻其（吴夫人）才貌，欲娶之。吴氏亲戚嫌坚轻狡，将拒焉，坚甚以惭恨。（吴）夫人谓亲戚曰：‘何爱一女以取祸乎？如有不遇，命也。’于是遂许为婚，生四男一女。”[②]“轻狡”者何？用今天的话来说即是无赖。[③]孙坚、蒋子文两相对照，是何其一致！

以蒋子文的身份与行事，自不妨立为一方土地。然而立庙何处呢？立庙钟山。钟山者，“磅礴奇秀，比诸山特高，林木郁葱，泉流

---

① 南宋张敦颐《六朝事迹编类》卷十二庙宇门“蒋帝庙”引《金陵图经》：“帝乃立庙于钟山，封子文为蒋侯。权避祖讳，因改钟山曰蒋山。”

②《三国志·吴书·吴夫人传》。

③ 详见方诗铭：《孙坚军事力量的形成壮大及其争夺荆豫两州的战争》，北京大学中国中古史研究中心编：《纪念陈寅恪先生诞辰百年学术论文集》，北京大学出版社1989年版。

清冽……钟祥衍庆，有由来矣”[①]。《元和郡县图志》卷二十五润州上元县称钟山为“众山之杰”。以此之故，钟山成为南京先民心目中的圣山[②]，是一方的标志[③]；把土地神蒋子文安置于既是孙吴政治中心以至都城之镇、也是蒋子文死难之地的钟山，自然再合适不过了。

“转号钟山为蒋山”的原因又何在呢？《方舆胜览》卷十四建康府钟山引《舆地志》：“汉末秣陵尉蒋子文讨贼死事于此，吴大帝为立庙，子文祖讳钟，因改曰蒋山。”今按“祖讳钟”者是孙权而非蒋子文，《宋书·符瑞志》有云：

> 孙坚之祖名钟，家在吴郡富春。独与母居，性至孝。遭岁荒，以种瓜为业。忽有三少年诣钟乞瓜，钟厚待之。三人谓钟曰：“此山下善，可作冢，葬之，当出天子……”钟死，即葬其地。地在县城东。[④]

孙权以一国之尊，奠都建业（今江苏南京市），而钟山之名触其祖讳，势在必改。改称何名呢？最合理的选择便是因中都侯、土地神蒋子文而改称蒋山。

---

①《读史方舆纪要》卷十九江南“钟山”。按钟山最高峰（北高峰）海拔448米，居宁镇山脉及南京诸山之首。钟山东西蜿蜒8千米，南北宽约3千米，周广约30多千米，因呈弧形，山势陡峭，势若蟠龙。

② 刘宗意《“金陵”之名的由来》（《南京史志》1996年第1期）：“高山对人类生活有很大影响，原始崇拜中的一种重要形式就是高山崇拜……各地区居民在自己生活的区域选择一座高山作为崇拜对象，以满足心灵的寄托。钟山就是南京地区居民的圣山，祭山求福是居民主要宗教活动之一。”

③ 刘宋山谦之《丹阳记》（《汉唐地理书钞》辑本）：“京师南北并有连岭，而蒋山独隆穹峻异，其形象龙，实扬都之镇也。”梁沈约《郊居赋》：“惟钟岩之隐郁，青皇都而作峻。盖望秩之所宗，含风云而吐润。”

④ 孙钟，《三国志》未载，此为首见。

孙权既以政府名义为蒋子文建祠立祀，“百姓遂大事之”，蒋子文崇拜于是成风。此风东晋南朝时尤为盛行。《晋书·会稽文孝王道子传》：

会孙恩至京口，元显栅断石头，率兵距战，频不利。（其父）道子无他谋略，惟日祷蒋侯庙为厌胜之术。[①]

又《晋书·苻坚载记》记晋秦淝水之战云：

坚与苻融登城而望王师，见部阵齐整，将士精锐，又北望八公山上草木，皆类人形……初，朝廷闻坚入寇，会稽王道子以威仪鼓吹求助于钟山之神，奉以相国之号。及坚之见草木状人，若有力焉。

“钟山之神”即蒋子文[②]。又《宋书·礼志》：

宋武帝永初二年，普禁淫祀。由是蒋子文祠以下，普皆毁绝。孝武孝建初，更修起蒋山祠，所在山川，渐皆修复……蒋侯，宋代稍加爵，位至相国、大都督中外诸军事，加殊礼，钟山王。

---

① 厌胜是古代方士的一种巫术，谓能以诅咒制服人或物。

② 钟山之神原无特指，及六朝起定位于蒋子文。

又《南史·齐废帝东昏侯纪》：

偏信蒋侯神，迎来入宫，昼夜祈祷……始安之平，遂加位相国，末又号为灵帝，车服羽仪，一依王者。

又《南史·曹景宗传》记蒋帝两事，颇是有趣：

先是旱甚，诏祈蒋帝神求雨，十旬不降。（梁武）帝怒，命载荻欲焚蒋庙并神影。尔日开朗，欲起火，当神上忽有云如伞，倏忽骤雨如泻，台中宫殿皆自振动。帝惧，驰诏追停，少时还静。自此帝畏信遂深。自践阼以来，未尝躬自到庙，于是备法驾将朝臣修谒。是时，魏军攻围钟离，蒋帝神报敕，必许扶助。既而无雨水长，遂挫敌人，亦神之力焉。凯旋之后，庙中人马脚尽有泥湿，当时并目睹焉。

按梁武帝本笃信佛教，此借蒋子文振作士气耳。又《陈书·高祖纪》：

永定元年冬十月乙亥，高祖即皇帝位于南郊……景子，舆驾幸钟山祠蒋帝庙。

是陈霸先即皇帝位的次日即祭祀蒋子文，子文地位之尊由此可见。

综上引述，东汉末年以来，历孙吴、东晋、宋、齐、梁、陈六朝，蒋子文崇拜显为不争的事实。蒋子文的本领也越来越大，东晋以降，已不限于止息灾厉，还能兴云作雨；尤其重要的是，祭奉蒋子文，即可平民变、靖内乱、御外敌、固城池，[①]蒋子文成了相当灵验的战神，护佑着东晋南朝的半壁江山。[②]蒋子文的地位也在步步抬升：东晋“奉以相国之号”，刘宋“位至相国、大都督中外诸军事、加殊礼、钟山王”[③]，齐东昏侯更“号为灵帝”，而梁、陈帝位不改。

值得注意的是，蒋子文崇拜不独盛行于六朝的建业、建康，更广泛存在于东晋南朝疆域范围内的其他许多地方。考《搜神记》卷五“蒋侯爱吴望子”，东晋扬州会稽郡鄮县（治今浙江鄞州东鄮山之北）有蒋侯庙；又《南史·张冲传》载萧衍起兵，围郢城（今湖北武汉市武昌），城中文武“无他经略，唯迎蒋子文及苏侯神，日禺中于州厅上祀以求福，铃铎声昼夜不止。又使子文导从登陴巡行，旦日辄复如之”。著名史家吕思勉因谓：蒋子文崇拜，流播所及，西至长江中游荆郢之地矣；[④]又据上引《晋书·苻坚载记》及《南史·曹景宗传》，蒋子文所管地面，北又及于淮水流域。[⑤]

按《隋书·地理志》述各地风俗，指陈《禹贡》淮海之地的扬州“俗信鬼神，好淫祀”，又“大抵荆州率敬鬼，尤重祠祀之

---

① 平民变如孙恩起义，靖内乱如始安之平[指齐永元元年(499)扬州刺史始安王萧遥光之反]，御外敌如淝水之战，固城池如钟离之役。

② 南京形势号称“钟阜龙蟠，石头虎踞，真帝王之宅”。“钟阜龙蟠”作为南京东南的一道坚固屏障，具有重要的军事意义；于是钟山神蒋子文在偏安的六朝，也便成了攘外安内的战神。

③ “大都督中外诸军事”总管中央和地方军队。当然，蒋子文所任的只是象征性的神职而已。

④《两晋南北朝史》第二十四章第一节，上海古籍出版社1983年版。

⑤ 八公山在今安徽寿县西北，钟离城即今安徽凤阳县东北临淮关。两地都在淮水南岸。

图2-2　蒋王庙老照片（1914年）

事”；[1]六朝时淮域以南之崇拜蒋子文，盖即淫祀的一种。[2]而此种崇拜影响所及，不独使蒋子文事迹之本山钟山改称蒋山，复使蒋子文任职之秣陵隋唐时两度改称蒋州；至于蒋庙（蒋侯庙、蒋王庙、蒋帝庙一类），更应是当时普遍存在于南方各地的一类显目的小地名，其孑遗至今尚存：南京市有蒋王庙、蒋王庙街、蒋王庙居委会等，在钟山脚下。扬州市邗江区有蒋王乡，以驻地蒋王庙镇得名，镇名又来自蒋忠烈王庙，蒋忠烈王即蒋子文，子文广陵人，或即今邗江县蒋王乡（驻地在今扬州市区西南7千米处）人。

与盛行于六朝、在某些地区迁延至赵宋以迄近代的蒋子文崇拜[3]差相仿佛者，是赵宋以来覆盖全域的关羽崇拜。理解了关羽崇

---

①《禹贡》分九州，荆、扬两州大致有淮、汉以南的广大地域。

② 所谓“淫祀”，指不合礼制规定的祭祀。《礼记·曲礼》：“非其所祭而祭之，名曰淫祀。”六朝时南土淫祀所奉，泛然不一，详上引吕思勉书。又六朝时南京地方除祭奉蒋子文外，还尊奉多种神灵，详《六朝事迹编类》卷十二庙宇门。

③《六朝事迹编类》卷十二庙宇门“蒋帝庙”：“南唐追谥曰庄武帝，更修庙宇。本朝开宝八年焚毁，雍熙四年邑人张革于旧基重建，景祐二年知府陈待制执中复增修之，朝廷赐额曰惠烈。政和八年本县复加修饰。有南唐及景祐、政和庙记可考。今隶蒋山之北，去城二十里。”按南唐建都江宁府（今南京市）。又赵宋诗人曾极《金陵百咏·蒋帝庙》云：“白马千年系庙门，炉烟浮动衮龙昏。阖棺漫说荣枯定，青骨犹当复至尊。”又刘宗意上引文：蒋子文“祭祀直到近代”。又据笔者的调查，南京蒋王庙在民国元年（1912）被改为私塾，后又改为小学。20世纪60年代，庙被毁坏。

拜，便也可理解蒋子文崇拜。

关羽，汉末刘备麾下大将，刚愎自用、恃勇轻敌，但也忠贞义烈。关羽死难后，民感其德义，岁时奉祀。宋代以来，关羽忽然“官运亨通”了起来，宋、元、明、清先后有十几位皇帝为他加封晋级，如宋封武安王、崇宁至道真君，元称关帝，明万历间号三界伏魔大帝神威远震天尊关圣帝君，清顺治皇帝的封敕更达二十六字：忠义神武灵祐仁勇威显护国保民精诚绥靖翊赞宣德关圣大帝。帝王们对关羽的顶礼膜拜之心，由此可见。在民间，关羽也成为万能之神，司命禄，佑科举，除强暴，致财宝，凡民间所需祈求者，关羽都能给予满足。而在统治者的极力推崇、民间的虔诚奉祀下，“四海九州，皆有关神庙”[①]，又称关公庙、关庙、关帝庙，“举天下之人，下逮妇人孺子，莫不归心向往，而香火为之占尽”[②]。关羽这种跳出凡界、先武穆而神、后文宣而圣、以致关庙林立的情形，岂不正类于六朝时代以建业、建康为中心的南方地区之蒋子文崇拜？

走笔至此，孙权改钟山为蒋山、隋唐两度因蒋山置蒋州，以及现势地名中多有蒋王庙的缘由，大体已经清楚，它实质上反映了在古代的南京地区蒋子文崇拜之普遍而又深入民心。推而言之，笔者觉得，宗教或区域性的民间信仰与地名之间的关系也良可深究。即以南京地名为例，与佛教有关者如宝塔根、莲花桥、雨花台、九华山，与道教有关者如紫霞洞、洞玄观，与地方信仰有关

①〔清〕袁枚：《子不语》卷二“关神断狱”条。按南京也有关庙，又称关帝庙、武夫子庙、武庙，始建于明洪武二十三年（1390），今废，建筑尚存，今南京市北京东路41号、43号是其地。

②〔清〕刘献廷：《广阳杂记》卷四。

者如青溪祠[①]、天妃宫、蒋王庙，考释这些地名的来历含义，无疑会丰富与加深我们对各个时期南京地区宗教传布与民间信仰的认识。

---

①《六朝事迹编类》卷十二庙宇门“青溪夫人庙”：“按《舆地志》青溪岸侧有神祠，世谓青溪姑，南朝甚有灵验，尝见形于人。”传说青溪小姑原为蒋子文的妹妹，未嫁而亡，亡而成鬼，故建祠祀之。南京民间有青溪小姑曲：“开门白水，侧近桥梁。小姑所居，独处无郎。”

▪ 乌衣巷名称的由来与乌衣国的传说

闲时读书，偶见《六朝事迹编类》卷七宅舍门有“乌衣巷”一条，颇为有趣：

> 王榭，金陵人，世以航海为业。一日海中失船，泛一木登岸。见一翁一妪皆衣皂，引榭至所居。乃乌衣国也。以女妻之。既久，榭思归，复乘云轩泛海，至其家，有二燕栖于梁上，榭以手招之，即飞来臂上。取片纸书小诗系于燕尾，曰：“误到华胥国里来，玉人终日苦怜才。云轩飘出无消息，洒泪临风几百回。”来春，燕又飞来榭身上，有诗云：“昔日相逢冥数合，如今睽违是生离。来春纵有相思字，三月天南无雁飞。”至今岁竟不至。因目榭所居为乌衣巷。

好一段令人神往的爱情故事！按《六朝事迹编类》的编纂者张敦颐，婺源人，宋绍兴八年（1138）进士及第。敦颐既侨居建康日久，又精熟六朝（孙吴、东晋、宋、齐、梁、陈）故实，“乃取《吴志》《晋书》及宋、齐而下史传，与夫当时之碑记，参订而考之”，并经过实地勘察，于绍兴三十年撰成《六朝事迹编类》十四卷。其书体例整洁，隐括宏富，“引据颇为详核”（《四库全书总目提要》），在南京地方文献史上，具有较显要的地位，所谓“上承《建康实录》，下起景定志书”（清李滨《重刊〈六朝事迹编类〉叙》），识者推为不虚之言。

然而《六朝事迹编类》并非尽善尽美，它也有“得之传闻”，因而可能失实之处；上引“乌衣巷”一条便是。在此条下张敦颐注：“此见《摭遗》。”《摭遗》者何？查与敦颐大致同时的吴曾《能改斋漫录》卷四“王谢燕”条，殆即刘斧《摭遗》。刘斧，生平未详，仅知其为秀才，大约是北宋仁宗、哲宗间人，足迹曾遍太原、汴京、杭州等地，编著有“《翰府名谈》二十五卷，又《摭遗》二十卷，《青琐高议》十八卷”（《宋史·艺文志》）。其《摭遗》所载《乌衣传》①，博洽多闻的吴曾讥之为“近世小说尤可笑者”。吴曾云：

> 因刘禹锡诗“朱雀桥边野草花，乌衣巷口夕阳斜；旧时王谢堂前燕，飞入寻常百姓家”，遂以唐朝金陵人姓

①《摭遗》原本今已不见，而近代董氏诵芬室据士礼居写本所刻的《青琐高议》，计前后集各十卷，又有别集七卷。按《宋史·艺文志》著录《青琐高议》十八卷，即《高议》前后集；士礼居写本前后集凡二十卷，其益出二卷者，盖“坊贾传刻，又有所窜入”（《四库全书总目》卷一四四子部小说家类存目二“青琐高议”条）。至于别集七卷，《郡斋读书志》及《宋史·艺文志》都没有著录，鲁迅考证疑即出自《宋史·艺文志》著录的《摭遗》（《唐宋传奇集》附《稗边小缀》）。今通行本《青琐高议》（上海古籍出版社1983年版）“出版说明”也指出：“鲁迅先生的推测有一定的根据，因为在（南宋绍兴初年的）《绀珠集》总目中有《摭遗》一种，不著撰人，其文在第十二卷第一篇，惟作‘拾遗’不作‘摭遗’，它的第一条‘乌衣国’即是董刻本别集第四卷《王榭》一篇。”又《王榭》篇也见南宋曾慥的《类说》，而今本《青琐高议》于“王榭”条下注明“新增”，则又或非别集原有。依此，今本《青琐高议·别集》卷四《王榭·风涛飘入乌衣国》殆即同一作者的《摭遗·乌衣传》，起码也是故事同一，仅文字上有详略之别而已。

> 王名谢，因海舶入燕子国，其意以为乌衣为燕子国也，其说甚详。殊不知王者，王导等人也；谢者，谢鲲之徒也。余按《世说》："诸王、诸谢，世居乌衣巷。"《丹阳记》曰："乌衣之起，吴时乌衣营处所也。江左初立，琅琊诸王所居。"审此，则名营以乌衣，盖军兵所衣之服，因此得名。《摭遗》之小说，亦何谬邪！

又两宋之交严有翼《艺苑雌黄》引刘禹锡诗，然后曰：

> 朱雀桥、乌衣巷，皆金陵故事。《舆地志》云："晋时，王导自立乌衣宅，宋时诸谢曰乌衣之聚，皆此巷也。"王氏、谢氏，乃江左衣冠之盛者，故杜诗云"王谢风流远"，又云"从来王谢郎"。比观刘斧《摭遗》载《乌衣传》，乃以王谢为一人姓名，其言既怪诞……终篇又取梦得诗实其事……是直刘斧之妄言耳。大抵小说所载事，多不足信，而《青琐》《摭遗》，诞妄尤多。

综观吴曾、严有翼的引证及对刘斧的辩驳，不可谓不确：

其一，乌衣巷名称的由来，《丹阳记》已有明白的交代。《丹阳记》是相当权威的，其作者为刘宋史学博士、受诏修国史的山谦之。谦之既长于史学研究与地方文献著述，《丹阳记》作为一部著名志书，考述南京一带之山川古迹、地理风俗亦甚详确。而据《丹阳记》，乌衣巷始名于三国孙吴，当时这一带为乌衣营驻地；乌衣营者，以官兵皆着乌衣即黑色军服而得名。

图 2–3　清末民初陈作仪《金陵四十八景》之“乌衣巷”

其二，乌衣巷名大振于东晋南朝，其时，以“诸王、诸谢”即琅琊王氏、陈郡谢氏为领袖的一些世家大族都居住在这一带。按王、谢之居乌衣巷，不独《世说新语》《舆地志》见载，正史如《晋书》《南史》更多处提及；而地以人显，乌衣巷也就格外地出名，王、谢子弟也因之被人称为“乌衣诸郎”或“乌衣子弟”，成了仿佛于“秦淮粉黛”“绍兴师爷”的一个特殊的人群。

其三，乌衣巷得以驰名遐迩，妇孺皆知，中唐“诗豪”刘禹锡的上引诗厥功至伟。按隋唐时代，建康已不复六朝的辉煌，反倒成了诗人们凭吊吟咏的流连忘返之地。其中，刘禹锡的《金陵五题》之二《乌衣巷》，又可算是金陵咏史怀古诗中突出的佳作。诗以秦淮要津朱雀桥边的野草野花，贵族住宅区乌衣巷口的一抹斜晖，构成一幅荒凉寂寥的图景，并通过燕子归巢，托出王侯邸宅易为寻常民居的慨叹。诗人对历史教训的深沉思考，对人世沧桑的无限感喟，全都寄寓在极为洗练又似不经意的仅仅四句景物描摹之中。地缘诗重，名随诗行，乌衣巷由此为社会各阶层的人们所熟知。

其四，乌衣巷的命名取义，后世民间大概已不甚明了，此北宋刘斧《摭遗·乌衣传》所由而作。按乌衣巷三国时得名于孙吴的乌衣营，中经两晋南朝及隋唐五代，已历七百余年，其起始词源深埋于时世变迁之中，本是极有可能的事情；东晋南朝时的乌衣巷又是那么有名且富有历史意蕴，乌衣巷的来历含义，若没个说法，未免太不像话。小说家刘斧也许正是考虑及此，遂借诗释名，依托刘禹锡的千古绝唱，演义脍炙人口的乌衣巷名，从而撰就一篇千六百余字的王榭传奇，且不惜改刘诗之“谢”为“榭”，以证“王榭之事非虚矣”（《青琐高议·别集》卷四）。不过遗憾的是，这篇颇资百姓茶余饭后笑谈的传奇，就正宗诗学而言，可谓把吊古伤今、沉郁苍凉的刘禹锡《乌衣巷》诗解说得立意鄙浅、韵味全无。此诚如吴曾、严有翼的品评：“亦何谬邪”，“是直刘斧之妄言耳！”

然而问题在于，“博雅好古”如张敦颐者，撰述志在补正图经、实录之脱误的《六朝事迹编类》时，为何会有欠严谨地引录刘斧《乌衣传》的“小说家言”呢？值得注意的是，不独张敦颐，成书于南宋后期的《方舆胜览》（祝穆撰，穆子洙增补重订）也有类似的引录。《方舆胜览》卷十四江东路建康府“乌衣巷”条引《异闻小说》如下：

唐王榭居金陵，以航海为业。一日海风飘舟破，榭

> 独附一板，抵一洲，蓦见翁、妪皆皂服，揖榭曰："吾主人郎也，何由至此？"榭以实对，乃引至其家。住月余，又引见王。翁曰："某有小女，年方十七，此主人家所生也，欲以奉君。"乃择日备礼成婚。因询其国，（女）曰："乌衣国也。"女忽阁泪曰："恐不久睽别。"王果遣人谓榭曰："君某日当回。"命取飞云轩来，令榭入其中，戒以闭目，不尔，即堕大海。榭如其言，但闻风声涛响，既久，开目，已至其家，四顾无人，惟梁上有双燕呢喃，乃悟所至盖燕子国也。后人因目榭所居为乌衣巷云。

按《方舆胜览》的上段引录，不仅故事情节与刘斧的《乌衣巷》丝毫不爽，行文、用词方面也吻合无间，是则《异闻小说》即刘斧《摭遗》，抑或"异闻小说"本非书名而是一个泛称？不管怎样，《方舆胜览》的引录，故事更加完整，也更富神奇色彩，如故事里的飞云轩[1]，功用略同于阿拉伯《一千零一夜》中的魔毡，真是奇妙无比！若再结合刘斧《乌衣传》本文，则可以明确者还有：

其一，"家巨富，祖以航海为业"的唐金陵人王榭，"具大舶"的目的地本是"大食国"（按唐以来，称阿拉伯帝国为大食），不料行逾月，风涛破舟，举舟之人皆成鱼鳖，独榭附板，飘至南方一洲。

其二，此洲尚黑，百姓既皂服，王亦皂袍、乌冠，而且"器皿

① 飞云轩者，"乃一乌毡兜子耳"，人入其中，以"化羽池水，洒之其毡乘"，便可飞腾，千万里而少息即至。见《青琐高议·别集》卷四《王榭·风涛飘入乌衣国》。

陈设俱黑，亭下之乐亦然”，是谓乌衣国，而因燕子羽毛玄黑，又名燕子国。

其三，中土之人，得至此国者，“古今止两人，汉有梅成”，唐有王榭。王榭既归中土，初“不告所居之国”，及后，“其事流传众人口，因目榭所居处为乌衣巷”。

刘斧是小说家，其言可信，也可不信。张敦颐、祝穆祝洙父子撰著地理书（一为地方史志，一为全国总志），复引刘斧《摭遗》以证乌衣巷，“是信其说为然也”（《苕溪渔隐丛话·后集》卷十二）；吴曾、严有翼以及周应合（南宋学者，纂《景定建康志》）、张铉（元学者，纂《至正金陵新志》）等又力诋其妄。取折中态度者如南宋胡仔，所撰《苕溪渔隐丛话·后集》卷十二于严有翼、张敦颐互歧的说法下断语：“姑两存之，以俟考。”按小小一条地名，竟引起如此众多文人学者的关注，且聚讼纷纭，实不寻常；而笔者以为：这桩公案的始作俑者刘斧，所撰《乌衣传》，恐怕也非空穴来风。最合理的解释应当是：在两宋抑或早至唐末五代，今南京一带就有关于唐人王榭及其乌衣国奇遇的传说，刘斧只不过作了一番整理加工，而成《乌衣传》小说；小说流传开来以后，又使传说更加系统、浪漫；及至后来，乌衣巷名称的真正来源，民间已不复深究或不愿深究，后起的附会传说，倒成了乌衣巷名称的流行解说。

其实南京地区之有乌衣国的传说，也不是没有证据，兹举一例。《方舆胜览》引《归叟诗话》云：

> 丹阳陈辅每岁清明过金陵，谒湖阴先生杨德逢，清谈终日。元丰癸亥，访之不遇，因题一诗于壁云：“北山

杨柳未飘花，白下风轻麦脚斜。身似旧时王榭燕，一年一度到君家。”湖阴吟赏，王介甫笑曰：“此正指君为寻常百姓家耳。”湖阴亦大笑。

细玩这段诗话，也颇有意思：元丰六年（1083）陈辅步刘禹锡《乌衣巷》韵作的这首题壁诗，既作“王榭”，末句又似用刘斧《乌衣传》飞燕传书的典故，而时居金陵的大政治家、大文学家王安石竟也笑而不辩其妄。不辩者，民间有此说法，故不必辩也。

综上所述，学者如山谦之说乌衣巷孙吴时得名于乌衣营，传说如《摭遗》说乌衣巷唐时得名于乌衣国，孰是孰非，其实不难判断。不过，是非是一回事，取舍又是另一回事。就乌衣巷一名的词源来说，笔者以为不妨学学胡仔，豁达一些。

按我国历史上所谓的地名研究，除去梳理沿革之外，主要做的就是“释名”的文章。释名不易，不易在许多历史地名的来历含义，或因记载匮乏而无从考述，或因缺少调查而臆断附会；梳爬文献能得到的结果，又往往是民间的传说，或民间的传说与历史的真实混杂在一起。民间的传说与历史的真实之间，有时存在着悬殊的距离[①]，于是谁真谁伪，经常争论得不可开交。其实，学者的说法与民间的说法互歧时，可以两存，因为正是大量并不真实的民间

① 谭其骧师指出：“有些文献资料来源于民间传说。尽管传说一经用文字记录下来也就是文献资料了，但事实上传说往往并不反映历史真实……这一类被前人记载下来的靠不住的传说，各种书里都有……一般说来，正史里这种记载比较少，而地方志里则相当多。”（《在历史地理研究中如何正确对待历史文献资料》，《学术月刊》1982年第11期）具体到地名，谭师指出：“在地方志里头，对地名来历往往有个说法，而这种说法不可靠的东西相当的多……对方志里地名来历的说法，要十分谨慎，不要盲从。”（《编写古地名条目应该注意的几个问题》，《地名文汇》1989年第1期）

“俗词源”，赋予诸多历史地名以神奇而浪漫的色彩，使其充满人情味，反映民间的某些美好向往、某些价值取向，从而为寻常百姓所津津乐道；另一方面，这些“俗词源”作为民俗学、社会学以及民间文学的资料渊府，也是有其独特价值的。当然，民间文学研究者与历史地名研究者因立足点的不同，其或重趣味性的词源议论，或重严肃的学术探讨，又是无待赘言的。

■ 韩愈郡望昌黎及相关问题质疑

韩愈是什么地方人，历来众说纷纭，代表性的说法如下：韩愈自称“昌黎韩愈”，韩门弟子李翱作《韩公行状》云“昌黎某人”；五代《旧唐书·韩愈传》云韩愈“昌黎人”；北宋《新唐书·韩愈传》云韩愈“邓州南阳人”；南宋朱熹《昌黎先生集考异》云“河内之南阳人”，而“南阳之为河内修武则不可疑者”；清《嘉庆重修一统志》云“河阳人”；1995年《中国历史大辞典·隋唐五代史》云“唐怀州修武南阳（今河南修武东北）人，一说河南河阳（今孟州东南）人，字退之。因韩氏郡望昌黎（治今辽宁义县），遂以昌黎自称”。而历经争论，现在相对倾向性的意见是：“昌黎”是韩愈的郡望，“河内之南阳”“河阳”具体来说即今河南孟州市是韩愈的籍贯或曰乡里；至于“邓州南阳”说，则一般都取朱熹的部分观点，认为“邓州”二字是《新唐书》误加，而“南阳”实指《左传·僖公二十五年》“晋于是始启南阳”之“南阳”，又弃朱熹的“南阳”即“修武”说，以“南阳”为黄河之北（阳）、太行之南的一片区域名，而韩愈每自言的“归河阳省坟墓”之“河阳”、韩愈“葬河南河阳”之“河阳”，正在“南阳”范围之内，故《新唐书·韩愈传》“邓州南阳人”的记载，成为韩愈“河阳人”的证据之一。

韩愈之为河阳人即今孟州人，或说韩愈乡里及归葬地为今孟州，有韩愈的诗文以及诸多遗迹为证，在其他地方没有更具说服力的材料出现以前，笔者对此并无异议。有异议的是：其一，上述对《新唐书》“邓州南阳”的解释，未免太过牵强；其二，认“昌黎”为韩愈郡望，尚有难以解释的地方。

先说郡望问题。[①]在我国中古时代（三国至唐），地域观念、经济势力、政治权力三者的结合，使得家族与地域产生了固定的联系，家族之讲究地域观念，也因此蔚成风气。按家族的地域观念是通过郡望来表现的。郡望，从字面上理解，即显贵的家族世代聚居某地，为当地所仰望，有时也写作姓望（姓氏所系之地望）；郡望形式上一般以郡名表示，而为明家族源流，郡名多沿用旧称，在当时的一些地志中，就专门列有“郡望地名”一目，如敦煌文书P.2511号唐《诸道山河地名要略》第二残卷中，开列有“太原郡”“雁门，代州雁门郡也”“云中，云州郡名”“马邑，朔州郡名也”“上党”等“郡望地名”。而若弘农杨氏、太原王氏、范阳卢氏一类，即为郡姓，指在全国有影响的郡中大姓，也称望姓、世族等，他们的郡望则分别为弘农、太原、范阳。作为郡姓，他们据以显耀者，是《新唐书·高俭传》所谓“太上有立德，其次有立功，其次有立言，其次有爵为公卿、大夫，世世不绝”。也因如此，崇尚源流成为郡姓的又一特征。这一特征与地域观念相结合，便凝成了郡望顽强的继承性与稳定性。即便如东晋南朝的侨姓家族琅琊王氏、陈郡谢氏一类，播迁江左，“而称名所系，仍冠旧邦”[②]。对于这些

---

① 以下关于郡望的论述，详见胡阿祥《中古时期郡望郡姓地理分布考论》（《历史地理》第十一辑，上海人民出版社1993年版）。

②〔清末民初〕胡孔福：《南北朝侨置州郡考·叙》，1912年刊行。

家族来说，保持郡望实属头等重要的大事。倘若他们附籍所居郡县，成了丹阳王氏、会稽谢氏等，那无异于摘去了郡望这块“金字招牌”，该家族在异土他乡就很难继续保持其原有的社会影响。唐代也是如此，或久仕江南而望犹河北，或世居东土而人曰陇西。又家族支胤繁衍而分房分支后，若干代之内，也都保持原郡望不废，如唐时清河崔氏郑州房、许州鄢陵房、南祖君实支、南祖琰支、清河大房、清河小房、青州房等著房著支，虽多迁居河南府，郡望仍称清河。

当然，郡望郡姓的意义，在中古时代也有所流变。两晋南北朝是“竞以姓望所出，邑里相矜”①的时期。在这一时期，郡望作为高贵家族的标志，以其极为重要的政治、社会意义，影响着家族群体与个人的社会地位、婚媾关系、仕宦前途等各方面，郡姓凭借高贵的郡望，可以理直气壮地“平流进取，坐致公卿”。流及唐代，因科举制的施行，郡望在官宦上的地位已然下降，但郡望仍是维持社会地位与阶级婚姻的法宝。一些郡姓虽已“世代衰微，全无冠盖”，但“犹恃其旧地，好自矜大，称为士大夫。每嫁女他族，必广索聘财，以多为贵”；②而当朝大臣也“慕其祖宗，竞结婚媾”③，以求提高自己的名望。其影响及于民间，“民间修婚姻，不计官品，而上阀阅”④。是以唐代重视郡望的风气仍然存在并且更加普遍，时人且以为：“夫人立身在世，姓望为先，若不知之，岂

①〔唐〕刘知幾：《史通·邑里》。
②《旧唐书·高士廉传》《贞观政要·礼乐》。
③《唐会要·嫁娶》。
④《新唐书·杜谦传附中立传》。

为人子？虽即博学，姓望殊乖。晚长后生，切须披览。”①郡望成为为人处世的必备知识。当时书仪往来，有不写官爵而署郡望者；士人间初次见面，要互通郡望；撰写传记、碑志、歌功颂德及其他一些纪念性文字，郡望也是必要内容之一。由郡望的这种社会意义，又引致了普遍的作伪（郡望作伪在两晋南北朝是严重违法的行为），出身寒门的武后朝宰相李义府，即假冒“本出赵郡，始与诸李叙昭穆”②。而与此相应，唐代官方与士大夫也屡次修谱，以求符合政治社会实际。再往后，由于唐末农民大起义的冲击、五代十国的战乱造成郡姓的衰落，加上“取士不问家世，婚姻不问阀阅，故其书（谱牒）散佚，而其学（谱学）不传”③，至宋而私谱盛行，彼此相高，朝廷也不再过问，于是郡望的社会、政治意义渐趋消失，私谱尤其是其中所述汉魏前世也大体不再可信。

基于以上讨论，则认“昌黎”为韩愈的郡望，便有诸多不解之处。

首先，从韩姓郡望言，据唐林宝《元和姓纂》与北宋《新唐书·宰相世系表》，同源于汉弓高侯韩颓当的韩姓郡望，有颍川、南阳、昌黎以及分自颍川的陈留、河东、广陵等。又据敦煌文书，反映唐前期全国郡望郡姓基本面貌的《天下姓望氏族谱》[北图8418号。抄写年代为开成元年（836），底本编撰时间在天宝以前]，在本“八十五郡，合三百九十八姓”而现存残卷之六十六郡二百六十七姓中，有颍川韩；反映唐后期全国郡望郡姓基本面貌的《新集

①《新集天下姓望氏族谱》，敦煌文书S.2052号。
②《旧唐书·李义府传》。
③《通志·氏族略》。

天下姓望氏族谱》（S.2052号。撰成于元和至咸通年间），在九十郡望七百九十九郡姓（残缺十二郡姓）中，则有武功韩、南阳韩、颍川韩；而与唐前期之《天下姓望氏族谱》有密切关系的北宋乐史《太平寰宇记·姓氏门》，又有武功韩、南阳韩、颍川韩。特别需要指出的是，以上两种《氏族谱》，都是当时流行于社会上的重要的氏族谱。《天下姓望氏族谱》的意义在于，列入谱内的郡姓“许其通婚媾”，未列入者“虽有谱亦不通，或有犯者则除籍”；《新集天下姓望氏族谱》“谨录元出州郡”，也意在使“姓望分明”。[①]昌黎韩既不见于唐前期的《天下姓望氏族谱》，也不见于唐后期的《新集天下姓望氏族谱》。换言之，在唐代，昌黎韩仍是社会地位不高的郡姓。朱熹转引宋人董逌“是时昌黎之族颇盛，故（韩愈）遂称之（昌黎），亦若所谓言刘悉出彭城，言李悉出陇西者邪”的话，是以意度之，缺乏比较，没有依据，昌黎韩是远不能与彭城刘、陇西李相提并论的。按在唐代，判断郡姓高低的最重要标准，其实不在于当时出人的多少以及政治地位的显微。举一个极端的例子：太原文水武氏自武照为后称帝，政治地位举世无双，武氏家族出人也颇众，而唐前期的《天下姓望氏族谱》中不见太原武氏，盖武照父武士彟为木材商出身，虽唐初累迁工部尚书，历任豫州、利州、荆州都督，但以郡姓崇尚源流的社会标准来衡量，太原武氏还没有列入《天下姓望氏族谱》的资格，还属于“暴发户”一类。进之，据《元和姓纂》《新唐书·宰相世系表》昌黎韩颇出人，就认为韩愈冒

① 以上关于敦煌文书北图8418号、S.2052号以及《太平寰宇记·姓氏门》的讨论，详见胡阿祥《中古时期郡望郡姓地理分布考论》。

图2-4　韩愈画像

认名宗而以昌黎为郡望，实是皮相之见，而未明唐代社会之实情。

其次，据《新唐书·宰相世系表》的记载，韩愈为韩寻（韩颓当裔孙，后汉陇西太守，世居颍川）、韩稜（后汉南阳太守、司空，其后徙安定）、韩耆（后魏常山太守，徙居九门）之后；又《元和姓纂》述陈留韩，云颍川韩稜之后徙陈留，所述人物中，有韩愈，愈叔父云卿、绅卿，愈兄会。如此，韩愈与昌黎韩虽远源相同（韩颓当）而汉唐之近流有异（韩颓当玄孙韩骞后代韩播后魏时徙昌黎棘城）。按照郡望的继承原则，韩愈郡望称颍川、陈留甚至安定、常山（九门）皆可，独不可称昌黎；《新唐书·宰相世系表》也未将韩愈置于昌黎韩或南阳韩之中，却在《韩愈传》中称韩愈为“邓州南阳人”。而考虑到唐代社会评价中，颍川韩、南阳韩胜过昌黎韩的情况，则韩愈自称的昌黎、李翱《韩公行状》所云的“昌黎某人”、《旧唐书·韩愈传》所云的“昌黎人”等，究竟如何理解，应该说仍是有待解决的难题。

又一个相关的难题是《新唐书·韩愈传》所云韩愈“邓州南阳人”。如上所述，学界对“邓州南阳”的现有主流解释，有强为之说的嫌疑。其一，唐置邓州，辖有南阳县，“邓州南阳”在政区辖属上并无不妥，而且北图8418号《天下姓望氏族谱》“邓州”的郡望地名正是“南阳郡”；其二，即便“邓州”二字为《新唐书》误加，依照《新唐书》例，“南阳”也只会指与“邓州”互称的“南阳郡”（隋唐时期，州两度短期改称郡，凡28年），既不会是指南阳县，更不可能上越1000多年，远指不相干的春秋时代并非政区名称的晋启之南阳；其三，李白《武昌宰韩君去思颂碑并序》称韩愈父韩仲卿“南阳人也”，有“宋代韩愈”之称的《新唐书》作者之一欧阳修校勘过韩愈文集，是则《新唐书》说韩愈“邓州南阳人”并非无据；其四，就韩姓郡望言，南阳是其中之一，而且也是远绍汉弓高侯韩颓当的（韩颓当玄孙韩骞避王莽乱，居南阳郡堵阳）。如此，即便韩愈以郡望自称，那么也是称“南阳”比称“昌黎”更加合适。然则“南阳”之于韩仲卿、韩愈，应该怎样解释，迄今也缺乏有力的说法。

按在唐代社会，诚如刘知幾《史通·邑里》所说：“至于碑颂所勒，茅土定名，虚引他邦，冒为己邑。若乃称袁则饰之陈郡，言杜则系之京邑，姓卯金（劉）者咸曰彭城，氏禾女（魏）者皆云魏郡，在诸史传，多与同风。”在这种情况下，今人争论唐代某人之郡望、籍贯，除非有翔实明确之资料①，或有如上引之敦煌文书一类真实、全面的《天下姓望氏族谱》，否则大体属于徒劳。此层意思，岑仲勉先生《唐史余瀋》中“唐史中望与贯”条已有明确的说

① 作为对既往门阀时代的总结，《新唐书》记郡望多于记籍贯，而《新唐书·宰相世系表》受唐代作伪之风的影响，所述世系已不尽可信。

明，文繁不录。要之，韩愈之远祖与郡望等问题，也可作如是看，而笔者的上述笔墨，大概也是未免徒劳矣！

附记：《韩愈评传》“籍贯、郡望考”读后

匆匆写出的以上文字，容有考虑未周之处。及向卞孝萱先生汇报，得先生赠阅《韩愈评传》①。其第一章为阎琦先生所撰“韩愈家世”，而第一节就是“籍贯、郡望考”。此节读过，拙文有与之同意者（不赘，有兴趣者可比较），而不同意者亦复不少，故作补充意见如下。

其一，第14—15页：《汉书·地理志》“河内郡修武县”注引应劭语曰：“晋始启南阳，今南阳城也，秦改曰修武。”这一段话不但有语病，且地理概念混淆：晋始启之“南阳”既是汉代之“南阳城”，就应当是南阳郡治所宛县，而不应当是河内郡的修武县。

今按：应劭将晋启之南阳坐实为南阳城，确误。然而认汉代之“南阳城”为南阳郡治所宛县，亦误。作为南阳郡治所的宛县，称宛而不称“南阳”或“南阳城”，如《史记·货殖列传》：“宛，亦一都会也。”又汉河内郡修武县确有“南阳城”，此明载于《续汉书·郡国志》河内郡修武：“故南阳……有南阳城”；《水经·清水注》亦云：“修武，故甯也，亦曰南阳矣。”

其二，第15页：韩氏，则有南阳、昌黎二望。韩愈父仲卿以南阳为望。

---

① 卞孝萱、张清华、阎琦：《韩愈评传》，南京大学出版社1998年版。

今按：唐时韩氏郡望，就远绍韩颓当者言，也不止南阳、昌黎二望；又韩仲卿是否以南阳为望，据现有资料难以断定。并详上文。

其三，第16页：陈留郡为秦时所置，汉因之。

今按：秦无陈留郡。《汉书·地理志》陈留郡："武帝元狩元年置"；《续汉书·郡国志》陈留郡："武帝置。"

其四，第16页：韩仲卿自称郡望为南阳，而韩愈自称郡望为昌黎。

今按：由李白"仲卿，南阳人也"、韩愈自称"昌黎韩愈"等记载，不能得出自称郡望分别为"南阳""昌黎"的结论。就语意理解，此"南阳""昌黎"，可以是郡望，也可以是籍贯，还可以是出生地抑或别的什么。其实，现在认为的"韩愈诞生于长安"[①]的说法，也没有明确的记载或有力的证据。

其五，第16页：韩氏二望，昌黎为"著望"，而南阳次之。据《元和姓纂》，韩氏还有颍川、陈留二族，也各为郡望，更为"寒畯"。

今按：以昌黎为著望而以南阳、颍川、陈留为寒畯，或据当时政治地位与出人状况言。而据家族源流与社会评价看，起码南阳、颍川不在昌黎之下。如此，认为韩愈自称"昌黎"，是"冒认名宗，完全是势利之见"[②]，似有臆度之嫌。

其六，第17页：按昌黎，在汉时称交黎，属辽西郡，在后汉

---

①《韩愈评传》，第46页。

②《韩愈评传》，第16页。

为昌辽，属辽东国，其位置约在今辽宁凌源市附近。三国魏时始置昌黎郡。

今按：据《汉书·地理志》，辽西郡领有交黎县，而非“汉时称交黎”。又《续汉书·郡国志》辽东属国领县首为昌辽，据志例，即辽东属国治昌辽。又“辽东属国”不可简称为“辽东国”，“属国”与“国”在汉魏是不同概念的政区，此不详说，可参《续汉书·百官志》《宋书·百官志》以及拙著《六朝疆域与政区研究》[①]第五章第二节“尉部”。又前汉交黎、后汉昌辽（昌黎），一般都定其治所在今辽宁义县。又三国魏改辽东属国为昌黎郡。

其七，第17页：赫连屈丐史无传；后魏拓跋珪天赐四年(407)，匈奴人刘渊（匈奴冒顿氏之后，冒姓刘氏）之后赫连勃勃立大夏国，意赫连屈丐当即赫连勃勃属下的一部。大夏国据有今宁夏全部、陕西北部及内蒙古南部一带，《魏书·韩茂传》谓茂“安定武安人也”，“安定武安”约在今甘肃泾川至宁夏固原之间。

今按：赫连屈丐即赫连勃勃，《晋书》有《赫连勃勃载记》，《魏书》《北史》有传，其中《魏书》或作“屈孑”，或作“屈丐”，《北史》作“屈丐”。据《晋书·赫连勃勃载记》，“赫连勃勃字屈孑，匈奴右贤王去卑之后，刘元海（渊）之族也……自以匈奴夏后氏之苗裔也，国称大夏”。是则赫连勃勃、赫连屈孑、赫连屈丐为同一人，此史事常识，不必多说。又“安定武安”，中华书局本《魏书》校勘记已正确地指出系“安定安武”之误，而“今甘肃泾川至宁夏固原之间”是安定郡的范围，武安［安武］县则治今甘肃

---

① 胡阿祥:《六朝疆域与政区研究》,西安地图出版社2001年版。

镇原县西南。

以上其二、其四、其五，属商榷意见，见仁见智，或难一致；而其一、其三、其六、其七，则属地理与历史方面的欠妥以至错误处。在韩愈研究中，文史哲地多学科结合的重要与必要，由此又可见一斑，因为哪怕最重量级学者如阎琦先生，也难免“寸有所长，尺有所短”。

■《徐霞客游记》中的地名记述与研究

一、中国地名学史与其中的徐霞客及其《游记》

我国有着悠久的历史、众多的民族、各异的自然地理与人文地理环境，这些反映在地名上，便是层次丰富、数量巨大的各类地名。这各类地名作为实体的指称，又具有明显的“载体”特征，它表现着历史，记录着民族的进步或衰退，呈现着各别区域的自然面貌与人文景观；就实用价值言，地名则以无可替代的社会性，伴随着人类自群居生活形成以后的漫长岁月。

以地名为基础，有关地名的研究，在我国也起源特早，绵延不绝。以典籍论，那记载与研究我国历史上如恒河沙数一般的各类地名的，是难以计量的地名典籍；以学者论，在两千多年不间断的地名研究史中，有所建树的学者，同样不胜枚举。

然则地名典籍与地名学者，正是中国地名学史首先必须关注的研究对象。不过问题的复杂之处在于，首先，因为古今地名学的观点、方法、目的不尽相同，直到晚清，我国的地名研究还一直划归历史学的沿革地理（舆地学）范畴。又由于汉字的一些特点，地名音、形、义的推定也一直是语言文字学（古称小学）的一个部门。这样，就造成了我国古代地名研究的非系统性与孤立性。其次，缘于古今学科分类、观念的多有差异，地名之学在古代也尚未独立自成科学。最后，与上两点相连带，中国历史上许多在地名研究上卓有贡献的学者，尽管他们的著作在过去与现在的地名研究中经常被引用，但仅被视作史学家、地学家或小学家，而从未被堂堂正正地作为地名学家来看待。这种情况带给地名学史的研究以很大的困惑与诸多的缺陷，也导致了认识与评价方面的片面性。当然，这是时代的局限与偏见，今天应当给予清醒的认识与认真的纠偏；也唯有如此，才能使在地名学上有成就与贡献的学者及其著作，得到应有的表彰与完备的评价。

以上述的观点立论，徐霞客及其《游记》正是中国地名学史上有待表彰与评价的一人与一书！

先就“一书”说，《徐霞客游记》是中国历史上浩若烟海的地名典籍中的一种，且是重要而独具特色的一种。结合地理学发展史看，我国的地名典籍，由先秦至清，可粗分为先秦古地理著作、正史地理志、总志、方志、舆图、行记与游记、地理专著等若干类，其间虽相互影响，彼此借鉴，关系极为复杂，却也各具比较清晰的发展脉络与相当明显的撰述特色。《徐霞客游记》自属“行记与游记”一类，在其前有《穆天子传》（可能成书于战国）、东晋法显的《历游天竺记传》、唐玄奘的《大唐西域记》、南宋范成大的《揽辔录》《骖鸾录》《吴船录》、南宋陆游的《入蜀记》、蒙古李志常的《长春真人西游记》等；而自《徐霞客游记》出，在地理学价值与地名学意义方面后来居上、规模和气势堪与相比的游记抑或行记便没有了另例！《徐霞客游记》在地名典籍史上的地位由此可见。

再从“一人”言，在中国历史上，在解说和阐释地名的来历、含义、沿革、读音、用字、分类及命名原则等方面作出显著成绩，并把传统地名学水平推向新的高度与更广阔领域的重要学者，若汉之班固、应劭、许慎、刘熙，魏晋南北朝之杜预、京相璠、郭璞、盛弘之、郦道元，唐之李泰、李吉甫、樊绰、贾耽，宋之沈括、程大昌、周应合、王应麟、洪迈，元明两代之耶律楚材、胡三省、汪大渊、屈大均、徐霞客，清之钱大昕、焦循、洪亮吉、李兆洛，如此等等，真可谓前后相继，灿若群星；就中的徐霞客，则以其开创新风气、拓展新领域的地名记述与研究，不仅列居一星，而且闪耀着持久而明亮的学术星光。

二、《徐霞客游记》中的地名记述与研究

在具体讨论《徐霞客游记》有关地名的记述与研究之前，有三点需稍作提示与说明。

其一，地名语词的结构。地名一般由专名与通名两部分组成——通名指出地理实体的类型，相当于人的姓名中的姓；专名用来区别地理实体中的不同个体，相当于姓名中的名。在我国传统的地名研究中，于通名重视审义辨类，于专名则重视渊源（得名之由）解释。

其二，地名的基本要素。地名是人们赋予各个地理实体的专有名称，其基本要素为音（读音）、形（字形）、义（字面义，即得名之由）、位（所指代的地理实体的位置与范围）、类（所指代的地理实体的类别或性质）。由古及今，语言文字学者把地名作为专有名称，只研究某些地名的音、形、义；一般地理学者往往注重地名的

位与类；又历史地理（古称沿革地理）学者关心的是义、位、类，着重地名的渊源演变、古今地名的对应考证及地理实体的变迁；而地图（古称舆图）学者研究地名的形、位两要素，即标准名称书写与地理实体的确切位置。可见由于研究者立场的不同，所记述与研究的地名要素也不一样。

其三，游记类作品总是记述了大量的地名，但它并不是地名专业文献；追溯所到之处的地名“得名之由”，探求所涉及地域的地名命名理据，也原非游记一定要包含的内容。某些游记中的这类内容，往往是为了叙述所见所感而作的背景铺垫，或是顺势附带的说明。“奇人”徐霞客所撰“奇书”《徐霞客游记》也大体如此。

若以严格的专业标准来衡量，《徐霞客游记》中的地名记述与研究，是比较零散、不成系统的。然则《徐霞客游记》又何以能在中国地名学史上占有一席之地呢？这与以下两个大前提有关。

前提之一，记载地名，数量多，地域广，资料价值高。

《徐霞客游记》所载地名，数以万计，不仅遍及每页每段，甚至在某些段落中的每一行，也都有类别不同、大大小小的各种地名。又所载地名隶属的地域，尤能显出其作为地名资料书的非凡价值。清潘耒《徐霞客游记·序》说：

> 霞客之游，在中州者，无大过人；其奇绝者，闽、粤、楚、蜀[①]、滇、黔，百蛮荒徼之区，皆往返再四。其

① 徐霞客没有去过四川，详见吴应寿：《徐霞客游峨眉山考辨》，《历史地理》第六辑，上海人民出版社1988年版。

行不从官道，但有名胜，辄迂回屈曲以寻之；先审视山脉如何去来，水脉如何分合，既得大势，然后一丘一壑，支搜节讨。登不必有径，荒榛密箐，无不穿也；涉不必有津，冲湍恶泷，无不绝也。峰极危者，必跃而踞其巅；洞极邃者，必猿挂蛇行，穷其旁出之窦。途穷不忧，行误不悔。瞑则寝树石之间，饥则啖草木之实。不避风雨，不惮虎狼，不计程期，不求伴侣。以性灵游，以躯命游。亘古以来，一人而已！①

图 2–5　徐霞客画像

按潘耒所谓“在中州者”，主要指霞客的前期作品，即作于崇祯六年（1633）以前的名山游记（现存 17 篇）。这些名山游记重在搜奇访胜。而潘耒之“奇绝者”，指的则是从崇祯九年九月至崇祯十二年九月凡三年零一个月的西游日记。这部分日记，游程涵及今江苏、浙江、江西、湖南、广西、贵州、云南七省（自治区）；日记字数，占全部游记（60

①〔明〕徐弘祖著，褚绍唐、吴应寿整理：《徐霞客游记》卷十下附编，上海古籍出版社 1987 年版。

余万字）的92%强，又重点所在的广西（31%）、云南（39%），合占70%。结合直到晚明，云南、广西、贵州尚属某种意义上的政治地理、民族地理及文化地理的边疆区域的状况，则西游日记的史料价值无疑弥足珍贵；其中记载的地名，也便成为珍贵而翔实确切的资料，丰富了晚明西南地区地名资料的宝库。至于江浙赣湘区域或为官修总志所失收、或为乡邦文献所省略的地名，以及名山游记中的地名，由于霞客之“行不从官道”“登不必有径”“涉不必有津”及对名山胜水的搜奇访异，其中的颇大一部分得以记载，这部分地名的资料价值也同样不可忽视。

前提之二，描述地名地理，生动形象，优美流畅，可读性强。

在民国丁文江重编《徐霞客游记》并编写《徐霞客年谱》以前，学术界主要视《徐霞客游记》为文学作品，清奚又溥《徐霞客游记·序》说：

> 其笔意似子厚，其叙事类龙门。[1]故其状山也，峰峦起伏，隐跃毫端；其状水也，源流曲折，轩腾纸上；其记遐陬僻壤，则计里分疆，了如指掌；其记空谷穷岩，则奇踪胜迹，灿若列星；凡在编者，无不搜奇抉怪，吐韵标新，自成一家言。[2]

---

① “子厚”者柳宗元，“龙门”者司马迁。柳宗元的山水游记篇篇尽佳，为我国古代散文中的一朵奇葩；司马迁的《史记》，既是一部历史巨著，又是一部文学杰作。

②〔明〕徐弘祖著，褚绍唐、吴应寿整理：《徐霞客游记》卷十下附编。

又或以其写景真实，可“当卧游胜具”。[①]这种评价虽然偏颇，却也反映出《游记》的文学水平。事实上，《游记》关于地理地名的描述，的确富于文采；翻开《游记》，这样的例证俯拾即是，不烦列举。有学者甚至认为，郦道元《水经注》、玄奘《大唐西域记》，总体上文笔不及《游记》绚烂，《游记》是“我国地名学史上进行地名的地理描述最为成功的佳作”。[②]按浓厚的文学色彩，使《游记》具有了极强的可读性，而名随文传，经《游记》描述的诸多地名，遂有了相当的知名度，从而扩大了社会影响。

在这样的两大前提下，进一步考求徐霞客作为杰出的地理学家所做地名研究，便会对《游记》在地名学方面的重要贡献有深切的理解和强烈的感受。兹分门别类，简述如下。

（一）探讨地名通名

众所周知，徐霞客在地理学上最重大的成就，是关于岩溶地貌的考察，而在广泛考察的基础上，他所厘定的一批岩溶地貌通名，如阱、智井、盘洼、环洼、天池、伏流、天生桥等，定名科学，有的至今仍沿用于地学中。霞客所拟的《鸡山志目》，将山岳地貌“自顶而下”划分为峰、岩、洞、台、石、岭、梯、谷、峡、箐、坪、林、泉、瀑、潭、涧、温泉计17类，前人称道“其名词之精审，类别之概括，皆地理学者观察研究之结果，非寻常文人之所能

---

① 〔清〕叶廷甲：《徐霞客游记·序》，〔明〕徐弘祖著，褚绍唐、吴应寿整理：《徐霞客游记》卷十下附编。

② 孙冬虎、李汝雯：《中国地名学史》第四章第九节，中国环境科学出版社1997年版。

比拟者也”[①]。

《游记》对一些容易引起误解的地名通名，或阐说含义，或对比分辩。庐山白鹿洞，“五老峰前一山坞也”[②]，其实赣、湘等省的洞，多“乃山环城坞”；又广西的峒，同样不作洞穴解释，“石当山回水曲处谓之峒”。农村的集市，“贵州为场，云南为街，广西为墟”，也随地而有不同。

《游记》还接触到了专通名转化的问题。桂林漓山（象鼻山）本为专名，但《大明一统志》却以雉岩为漓山。在徐霞客看来，这两处和崖头净瓶山一样，皆“离立江水冲合中，三山俱可名漓也”，言下之意即“漓山”原为通名，以后才转化成了专名。

（二）解释地名专名

《游记》记载了数以万计的地名，对其中许多地名专名的命名取义，霞客往往推本溯源，作出解释。这些解释有的取自文献资料[③]，有的得于实地考察，或两者结合，多方推求一些比较复杂的专名语源。按地名专名“得名之由”的研究，自汉代以降，已成风气，北魏《水经注》以后，则“几乎成为我国一切地理著作中的必有项目……地名渊源的研究就为我国的地名学奠定了基础”[④]。《游

---

① 转引自徐兆奎:《徐霞客在地名研究方面的重要贡献》,收入所著《历史地理与地名研究》,海洋出版社1993年版。本小节于徐文多有参考。

②〔明〕徐弘祖著,褚绍唐、吴应寿整理:《徐霞客游记》卷一上,万历四十六年八月二十二日“游庐山日记”。按以下引文及举例,出自该整理本《游记》者,不再一一标明,以免繁琐(大段引文除外)。

③ 霞客携带了大量的书籍,作为沿途考察时的参考,《徐霞客游记》卷十下附编所收明陈函辉《徐霞客先生墓志铭》也说:“特好奇书,侈博览古今史籍及舆地志、山海图经。”

④ 陈桥驿:《论地名学及其发展》,《中国历史地理论丛》第一辑,陕西人民出版社1981年版。

记》继承了这一优良传统，其有关专名的解释，丰富多彩，此随举一例。崇祯九年（1636）十月二十一日“江右游日记”：

> 余曳杖披棘而入，直抵围屏峰、城垛峰之下，仰视“饿虎赶羊”诸石，何酷肖也……出循狮子峰之北，逾岭南转，所谓轿顶、象牙诸峰，从其外西向视之，又俱夹叠而起，中悬一峰，恍若卓笔，有咄咄书空之状，名之曰卓笔峰不虚也，不经此不见也……此东外谷之第一层也。复循外岭东行，南转二里，直披寨顶之后，是为棋盘石。一大石穹立谷中，上平如砥，镌其四旁，可踞可憩，想其地昔有考盘，今成关莽，未必神仙之遗也。其西南为朝帽峰，西北为寨顶……寨顶、朝帽之间，峰脊度处，一石南向而立，高数十丈，孤悬峰头，俨若翁仲，或称为接引峰，或称为石人峰。

此“饿虎赶羊”、卓笔峰、棋盘石、接引峰（石人峰）诸小地名，由《游记》的观察记述，其都因形象定名，已属显而易见。而类似记述，在《游记》中比比皆是，于是大量地名的“得名之由”，便在徐霞客随手拈来、不着痕迹的行文中，落实了答案。

以形象定名的山、峰、岩、石、洞一类地名，是《游记》记载与描述的地名中分量最大的一类；以色彩定名的也很多。漓江畔的画山，“石质黄、红、青、白，杂彩交错成章，上有九头，山之名画，以色非以形也”；云南广西府城南的西峰，“横若翠焉，即名翠屏”；又贵州白水河，为著名的黄果树瀑布所在地，“水流甚阔，每数丈，辄从溪底翻崖喷雪，满溪皆如白鹭群飞，白水之名不诬矣”。

取义于动物、植物的地名，《游记》中多有所见。云南寻甸州治的后山，“昔多小黄蛇，故今以黄龙名之”；邓川州凤羽鸟吊山，“每岁九月，鸟千万为群，来集坪间，皆此地所无者，土人举火，鸟辄投之”；又大理的蝴蝶泉，“泉上大树，当四月初，即发花如蛱蝶，须翅栩然，与生蝶无异。又有真蝶千万，连须钩足，自树巅倒悬而下，及于泉面，缤纷络绎，五色焕然”。以植物定名的例子，如滇西顺宁、蒙化间有桫松哨，“以岭有桫松树最大故名”；“苏子，树名，昔有之，今无矣”。这是霞客在跨越赣湘之间的苏子树村时对村名所作的解释。

姓氏地名、人名地名作为我国地名的大类，在《游记》中每有反映。浙江雁荡山东面的章家楼，“章氏盛时，建楼以憩山游之屐”；江西乐安附近的曾田，“其处村居甚盛，而曾氏为最”；云南寻甸的潘所、金所、魏所，“乃土官三姓”；浙江临安的全张，则“村皆张氏之房也”。得自人名的地名，若湖南衡阳附近的伊山，“乃桓伊读书处”，“昌黎公（韩愈）过此而始建”的青草桥，又名韩桥；贵州的关索岭因关索得名，“索为关公子，随蜀丞相诸葛南征，开辟蛮道至此”；云南腾冲附近的尚书营，是“王尚书骥驻营之处”。

以史事命名的地名，《游记》说云南晋宁县乃“晋时宁州统会之地”，嵩明旧名嵩盟是因“治南有盟蛮台故址”，顺宁附近的象庄本为土酋猛廷瑞畜象之所；又漾濞西面的打牛坪，相传蜀汉丞相诸葛亮过此，“值立春，打牛以示民者也”。按“鞭打春牛”，是汉代即已存在、清时仍很盛行的一种习俗。

见于《游记》的许多与矿业、手工业有关的地名，如保山西北的玛瑙山、腾冲附近的硫磺塘、南丹附近的打锡关、大理附近的石户村，徐霞客都作了解释。又顺宁西北的锡铅驿，旧志雅化为习谦，但《游记》仍一律采用了群众化的俗名锡铅。

《游记》还提到了不少非汉语地名。龙英飘岩，霞客注云："土人名曰飘、峭，所云峭者，即山之称也。"飘（音piǎ）、峭（音qiǎ），皆壮语"石峰"之谓。又霞客解说革纳铺："土音'纳'俱作'捺'，至是而始知所云捺溪、倪捺，皆纳字也。惟此题铺名。"显然也是因壮语地名的汉字写法各不相同所致的地名现象。

然则以上所举例证，就量而言，仅为《游记》所释地名的"九牛一毛"。形象、色彩、动物、植物、姓氏、人名、史事、矿产、手工业、方言等命名类型以外，其他自然与人文命名理据，如特征定名、地形定名、方位定名、土壤定名、天候定名、部族定名、观念定名、比喻定名、词义定名、数字定名、神话定名、仙释定名等，在《游记》中尚多有阐发，此不赘叙。而尤其值得肯定的是，徐霞客所释的这大量而多类的地名，涵盖了上至省府州县、下及乡镇关驿，大则名山巨川、小则峰岩瀑泉的多层次地名；其乡镇关驿一类小的人文地名、峰岩瀑泉一类小的自然地名，则无论官修史志，还是私撰文献，或略而不论，或述而不详，正是由于徐霞客的亲历与周到入微的考察，正是由于《游记》的记载与不惮繁琐的解说，它们才得以留名于300多年后的今日，这300多年间的后人才能够获取丰富而且大体可信的地名解说资料。

（三）考原讹变地名与罗列地名别名

有些地名在使用与传播的过程中，受多方面因素的影响，会发生讹变。讹变了的地名之字面义与讹变前的地名之字面义，往往风马牛不相及。霞客既重视地名专名的寻源释义，对普遍存在的讹变地名，也尽可能地进行考证与还原。江西宜黄附近的荷玉山，“初以何、王二氏，名何王山，后加草加点，名荷玉山”。这种“讹变”与锡铅驿改为习谦驿相近，是一种有意的雅化。《游记》考原桂东南的鬼门关应作桂门关，武夷山区的睹阁岩就是杜辖岩，又桂林附近的天赐田讹为天子田，普安之亦字孔讹为亦资孔。霞客反对桂林尧山得名于帝尧的说法，推测尧山过去可能是瑶人属地，名瑶山，后讹作尧山。按霞客对讹变地名的论述，虽然不一定都准确，但他这种追根究底的精神，是值得肯定的。

在使用与传播的过程中，地名又会有通用与非通用、官方使用与民间使用等差别，这就产生了同一实体的正名与别名问题。霞客在《游记》中，用去不少的笔墨介绍、罗列一些大小地名的别称与异名。例如云南的下关、上关又分别称作龙尾关、龙首关，银龙江又称作太平河；高黎贡山也名为昆仑岗、高仑山，本地人又讹而习称高良工山。很多的村落、城镇、山岭、岩洞乃至庵庙的别名，霞客也都一一罗列。《游记》有关这方面的资料，为后人查阅、了解、考释地名，提供了相当的便利。

（四）提示地名沿革与核定地名地望

霞客颇为重视各地各类地名的沿革变化。以云南政区为例，

《游记》谓“永平即东汉之博南县”“云州即古之大侯州”“潞江安抚司，元柔远路”“顺宁者旧名庆甸”，这都属政区地名沿革的提示。对自然地名的屡更频变，《游记》多有详细梳理，如崇祯十一年（1638）四月十七日“黔游日记”所述白云山名称的沿革：

> 白云山初名螺拥山，以建文君望白云而登，为开山之祖，遂以“白云”名之。《一统志》有螺拥之名，谓山形如“螺拥”，而不载建文遗迹，时犹讳言之也。土人讹其名为罗勇，今山下有罗勇寨。土人居罗勇而不知其为螺拥，土人知白云山而不知即螺拥山。僻地无征，沧桑转盼如此！

类似这样的细说沿革，在《游记》还见于多处。

与沿革密切相关者，又有地名的地望问题。所谓地望，即地名所指称的地理实体的位置。在这方面，霞客每每结合历史事件，纠正文献记载的错误。如明谢肇淛《百粤风土记》谓昆仑关在宾州南十里，《游记》根据宾州附近地形及宋皇祐四年（1052）狄青袭破侬智高的相关史实，认为昆仑关应在南宁的东北与宾州分界处；《南宁郡图》置隆安县于右江北岸，霞客也以亲身经历，指出其错误。又霞客论两晋宁州治滇池即治明之晋宁州，虽以《华阳国志》考之，仍可商榷，但其研究方法，即根据历史古迹（明惠夫人庙、大将姚岳庙）考证古代地望，实有可取之处。

（五）描述地名实体

地名是指代地理实体的，“制名指实”，名与实之间存在着影之随形、毛之附皮的密切关系。《游记》的记述与研究，既涉及“名”的诸多方面，其对“名”之所指的“实”，就有更多细致的描摹、系统的状述，而这又加强了对“名”的渲染与理解。随举两例，以见一斑。

万历四十四年（1616）二月初三“游黄山日记”述汤泉：

> 汤泉在隔溪，遂俱解衣赴汤池。池前临溪、后倚壁，三面石甃，上环石如桥。汤深三尺，时凝寒未解，而汤气郁然，水泡池底汩汩起，气本香冽，黄贞父谓其不及盘山，以汤口、焦村孔道，浴者太杂遝也。

崇祯十年（1637）三月二十四日“楚游日记”述书字岩：

> 入书字岩。岩不甚深，后有垂石夭矫，如龙翔凤翥。岩外镌“玉琯岩”三隶字，为宋人李挺祖笔；岩右镌“九疑山”三大字，为宋嘉定六年知道州军事莆田方信孺笔。其侧又隶刻汉蔡中郎《九疑山铭》，为宋淳祐六年郡守潼川李袭之属郡人李挺祖书。盖袭之既新其宫，因镌其铭于侧，以存古迹。后人以崖有巨书，遂以“书字”名，而竟失其实。始知书字岩之即为玉琯，而此为九疑山之中也。

由此描述得并不算详尽的两例，汤泉、书字岩地理实体的概况已大体了然，何以名汤泉、何以名书字岩，读者也自明了。然则“用流畅的笔触、优美的文字状摹区域特征，以寻找该地域之所以如此命名的依据，进而对地名专名的由来与通名的含义作出合乎情理的解释，这是《徐霞客游记》这部记载其旅程见闻的名著在地名研究方面最为明显的特色……也为后人解说地名问题，留下了一个优美流畅的写作范例”①，信哉斯言！

(六）认识规律，总结经验

经过大量的考察与多方的研究，霞客自然地认识到一些地名方面的规律。比如河流名称，往往相当纷乱。还是在考察盘江上游时，霞客即感到一河多名的复杂性；及在滇西考察大金沙江（今伊洛瓦底江）上游时，又遇到河流名称随地而有不同的问题。由是他得出“分而歧之，名愈紊”的规律性结论，而解决问题的方法则是化繁为简，即“会而贯之，脉自见矣”。按河流名称的这种分布规律，苏联著名地名学家B.A.朱奇凯维奇在《普通地名学》中也有类似的认识，但较之徐霞客的《游记》，已经晚了300多年。

在地理旅行与地名探索的过程中，霞客还总结出“询之则彼此多错，陟之则脉络递现”的工作经验。换言之，即他认为许多疑问的解决，访问其实不如踏勘。访问得来的口碑资料，或因时隔多代而有所误传，或因缺乏严谨而反致混淆；而通过访渠搜渎、登山探

① 孙冬虎、李汝雯:《中国地名学史》第四章第九节。

洞，再求证、对比文献的记载，如此得出的结论反而会比较真实，相对客观。

按霞客在地名的记述与研究方面，所总结的经验、所认识的规律、所作出的广泛的贡献，以上所述，仅仅一个轮廓而已，挂漏的细部还有很多。不过即便如此，徐霞客之作为我国地名学史上相当重要的一位学者，《徐霞客游记》之作为我国地名学史上比较独特的一部文献，已属无疑！

当然，徐霞客并不是全才式的学者，其《游记》也本非严格意义上的纯学术著作；又《游记》中的地名尽管举目皆是，徐霞客的主要意图却毕竟不是研究地名。再者，地名虽然看似简单，实则极为复杂，它涉及语言、文字、历史、民族、地理、地质、生物、社会、政治、经济、军事、风俗等各个方面。明乎此，我们也就不必讳言，《游记》有关地名的记述，难免会有不够准确的地方乃至存在讹误（如“游五台山日记”中所记“台湾”显为“台怀”之误，旅途所经的“黄葵”应为“王快”；关于粤语、壮语地区的记载，《游记》中存在大量的“近音地名”）；《游记》有关地名的研究，既如前所说，细碎零散、不成系统，也还有不少牵强附会（如“西游日记”中对西南一些民族地名的解释）、望文生义（如谓唐置晋宁县“以其为晋时宁州统会之地”得名）之处。其实承认这些主客观问题，无损于徐霞客及其《游记》在中国地名学史上的显赫地位，也不影响《游记》对当代地名学发展的学术意义及对当代地名工作的现实作用。

三、《徐霞客游记》与当代地名学及当代地名工作

地名学是一门新兴的学科，其真正的建立时间相当晚近。就国外的情况看，19世纪下半期，英、法、德等国先后出现了一批具有开创意义、内容丰富、体例严整的大部头地名学著作，从而为现代的科学地名学砌下了几块有分量的基石；稍后，美国、其他一些西方国家（如荷兰、意大利、沙皇俄国）及东方的日本，也纷纷搞起地名学研究。20世纪60年代以后，随着联合国主持的大规模的国际地名标准化（单一罗马化）工作的开展，地名学研究及地名工作遂遍及世界各国。

在我国，现代意义上的地名学，是五四新文化运动以后逐渐形成的。新中国建立后，把地名作为整体，对其产生、发展和分布规律的探讨，以及把地名学作为一门独立的学科，对其性质、体系、研究方法与意义的阐述，日益增多。地名学完整而严密的定义——“研究地名的由来、语词构成、含义、演变、分布规律、读写标准化和功能，以及地名与自然和社会环境之间关系的学科”[①]——也已形成。又地名工作全面铺开：1977年成立了国家地名管理机构“中国地名委员会”，1979年开展了全国范围的地名普查，自1988年起各地又着手地名补查与资料更新；国内地名标准化、地名档案建设、地名法规制定、地名图书编纂、地名标志设置等各项工作也先后上马。发展至今，我国已拥有全球最庞大的地名工作队伍（从

---

①《中国大百科全书》地理学卷“地名学”条，中国大百科全书出版社1990年版。

国家到省、市、县，都有地名方面的专职人员）和最系统的地名管理机构（作为政府职能部门，国家、省、市、县设相关的司、处、科、室）。可以说，地名学在我国已成显学，地名工作在我国已是政府常规工作。

在这样的形势下，表彰、评价徐霞客及其《游记》在地名记述与研究方面的贡献，便有十分必要而且重要的意义：

其一，作为一部涉及地域广、涵盖层面多、包容数量大、可信程度高的地名资料书，《游记》为相关地区各类地名图书（如地名录、地名志、地名图、地名辞典）的编纂，提供了丰富的素材。

其二，《游记》于地名，既重“名”的研究，也重“实”的描述。其对“名”的广泛而求实的研究，取得了诸多成果，这些成果有助于现今中国特色的地名学的建立；其围绕“名”对“实”所作的文采、科学兼备的描述，则为今人解说地名问题，提供了一种雅俗共赏的写作范例。

其三，《游记》所体现的霞客热爱祖国、献身科学的伟大精神，不泥于文献、不迷信古人、不盲从俗说、寻源探脉、披奇抉奥、尊重实践的治学态度，尤其值得当代地名研究者与工作者学习效法。这里不妨再举两例。崇祯十年（1637）七月二十三日“粤西游日记”：

按《志》：山北有漱玉泉，而《西事珥》与《百粤风土记》俱谓其泉暮闻钟鼓则沸溢而起，止则寂然，诧以为异。余谓泉之沸寂，自有常度，乃僧之候泉而鸣钟鼓，非泉之闻声而为沸寂也。及抵白石，先询之三清观，再

> 徽之白石寺并漱玉之名，不知何指；而闻钟泉沸之说，山僧茫然，洵皆好事之言也。

似这等认真求实、以理推度的例子，《游记》中所见甚多。又霞客游历道州时，最重要的收获，是弄清了三分石的真相。崇祯十年三月三十日“楚游日记”：

> 三分石俱称其下水一出广东，一出广西，一下九疑为潇水，出湖广。至其下，乃知为石分三岐耳。其下水东北者……为潇水之源，直东者……为岿水之源，东南者……为淹水之源。

这就说清了三分石的由来（一石分三岐），并解决了地理学上一个长期悬而未决的问题（潇、岿、淹三水之源及分水处）。而这一成果的达成，实不容易：去三分石的道路最难走，其地又是瑶族聚居地，汉人罕至，当时视为畏途；霞客为了考察三分石，往返再三，终于有志竟成。

以霞客为榜样，当代的地名研究者与工作者应该充分重视地名的实地调查，因为地名学本是一门实践性特强、极具客观真实性的学科，而地名工作的对象更是千千万万个实际存在的地名。地名的位置、距离、四至、隶属及实体的其他一些情况，诸如地名的地方读音、方言词意、民间词源传说等，唯有到实地去调查、观察，才可能搜集到第一手资料；脚勤多走，嘴勤多问，手勤多记，脑勤多思，才可能查深查透。研究地名学、从事地名工作，必须像徐霞客那样，尊重实践，走他开创的实地考察自然、系统描述自然的道路。

其四，当代地名学研究与地名工作必须考虑为现实服务的问题。在这方面，《游记》也很有努力发掘与广加利用的必要。比如说，《游记》中与矿产、矿冶有关的地名，透露着当地矿藏的信息；得名于文物古迹的地名，显示出当地的历史文化资源；“汤泉”“温泉”“暖泉”一类地名，表明当地有地热可以开发；林木地名、动物地名，为植树造林、养育动物提供了一些线索。《游记》对地名实体极富文学色彩的描述，山水游记及西游日记中大量尚不为人知的名山胜水、奇峰异洞地名，更是极具开发价值，是珍贵的旅游资源。

其五，《游记》在地名方面所具有的多重价值（资料作用、学术贡献、现实意义等），又启发了当代从事地名研究的学者与从事地名工作的人们，不应忽视历史上遗留下来的众多游记、行记一类典籍。与《游记》中的名山游记相类的作品，在我国历史上尚汗牛充栋，其中不乏地名方面的研究成果，如王安石的《游褒禅山记》、苏轼的《石钟山记》，既极富理趣、内涵深湛而为千古名篇，又能要言不烦、考辨验证地名的沿革与由来；和《游记》中的西游日记近同的文献，若玄奘的《大唐西域记》、范成大的《骖鸾录》、陆游的《入蜀记》等，同样富含地名记述的资料价值与地名研究的学术贡献。而认识到这一点，对拓展现代地名学的研究领域，对加宽现代地名工作的文献视野，又无疑具有重要的意义！

▪ “宁夏”：美愿还是写实？

如所周知，“宁夏”今为“宁夏回族自治区”的政区专名；“宁夏”名称的由来，也无什么争论，就如普遍的说法，始于元朝取义“夏地安宁”，在西夏故都中兴府（今银川市）设置宁夏府与宁夏行省。不过从地名的原始取义来说，“夏地安宁”的“宁夏”，究竟是美愿还是写实，其实仍有继续探讨的空间。

若从883年拓跋思恭（李思恭）受唐封为夏国公，或从990年李继迁受契丹封为夏国王算起，到1227年夏国为大蒙古国所灭，这个党项的夏国，存在了345年或238年。即便从元昊称帝的1038年算起，到1227年，夏国也经历了十位皇帝、190年。①

这样的党项夏，诚如宁夏贺兰人、曾任中共宁夏回族自治区委宣传部部长蔡国英的赞誉：

> 有一个民族灭而不亡，他们尊白为美，视死为荣；有一个王朝神秘莫测，雄霸一方，这个民族叫党项，这个王朝就是西夏。公元1038—1227年，曾辉煌一时却又神秘消失的西夏王朝，给世人留下天书般的文字、灿烂

---

① 这个党项的“夏”国，他称与史称为“西夏”。

> 绚丽的艺术、黯然矗立的东方金字塔和扑朔迷离的历史故事。①

这样的党项夏，也诚如与笔者有过一面之缘的甘肃兰州人、10集纪录片《神秘的西夏》总导演金铁木的感慨：

> 中国人有写史的传统，因此有所谓“二十四正史”，为中华大地上的正统王朝作传。但是，二十四史当中没有西夏史……一个190年历史的王朝竟然一直不被认可，不算“正统”，其中的历史原因究竟是什么呢？由于不被正统王朝认可，西夏王陵数百年来无人过问，无人看管，破坏之严重，盗掘之惨烈，史无前例。西夏是一个被忽视甚至被鄙视的王朝，我们需要为这个王朝找回尊严。②

其实，应该也正是因为这个党项民族的“视死为荣”、这个西夏王朝的“不被认可”，直接决定了元朝时期“宁夏”地名的出现。为何这么说呢？简述一番历史过程，即可明了③：

1205年，蒙古铁木真遣骑兵初侵夏，蹂躏瓜、沙诸州，还经落思城，大掠而去。兴庆府改名中兴府。

1207年，成吉思汗再来攻夏，破斡罗孩城，旋以粮尽引归。

1209年，成吉思汗攻夏，再克斡罗孩城，破克夷门，围中兴

---

① 蔡国英：《聆听历史的回声》，唐荣尧：《神秘的西夏》“序一”，时代文艺出版社2015年版。

② 金铁木：《关于党项人的想象》，唐荣尧：《神秘的西夏》“序二”。

③ 参考吴天墀《西夏史稿》“附录三　西夏大事年表”，商务印书馆2010年版。

府，引河水灌城。

1217年，成吉思汗领兵攻夏，进围中兴府。遣使请降，蒙古军退。

1218年，蒙古征兵于夏，夏不应。成吉思汗亲征西域。

1224年，夏遣使结漠北诸部为外援，以图抗拒蒙古。成吉思汗自西域班师，闻夏有异图，将兵攻围沙州，攻陷银州。

1226年，成吉思汗以夏不出兵助战及不遣质子，亲率大军攻夏，破黑水城，攻取沙、肃、甘州及西凉府，进围中兴府。

1227年，蒙古军尽破夏国城邑。中兴府城中粮尽援绝，军民多病，夏国末帝李睍力屈请降。成吉思汗病逝于六盘山清水县行宫。蒙古诸将遵成吉思汗遗命，杀已出降的李睍，夏国至此灭亡。

据上，自1205年蒙古铁木真（成吉思汗）首次侵夏，历经二十余年的屡次出兵，战无不胜的大蒙古国铁骑，面对党项夏国，却始终未能克全其功。直到1227年，在天气大暑、强烈地震①、坚守半载、城中食尽、军民病弱的绝境之下，大蒙古国才终于拿下夏国都城中兴府，灭了夏国。然而就在帝睍出降之前，1227年七月己丑，"一代天骄"成吉思汗驾崩于胜利前的最后一刻。

夏国灭亡了，频遭战火、土地荒芜、城镇废墟、人民死亡流散的夏地却并未就此安宁。1259年七月，大蒙古国蒙哥汗骤逝于南宋合州钓鱼城前线。因为蒙哥汗生前没有确定继承人，他的骤逝，开启了本有嫌隙的他的两个弟弟忽必烈、阿里不哥围绕大汗之位的激

---

① 据国家地震局地球物理研究所、复旦大学中国历史地理研究所主编《远古至元时期中国历史地震图集》（中国地图出版社1990年版）的测算，1227年六月的这次地震，震中在中兴府（今银川市），震中烈度Ⅷ（7度），震级5.5级（中强震）。

烈争夺。1260年三月，先是忽必烈在开平（今内蒙古正蓝旗东北）自立为大汗；四月，忽必烈的幼弟阿里不哥也在和林（今蒙古国哈拉和林）即大汗位。双方的内战竟然延续了四年，就仿佛刘邦与项羽当年的楚汉相争，直到1264年阿里不哥力竭投降。而溯之双方争战之初，蒙哥汗的旧部几乎都站在了阿里不哥一边，其中就有力量甚强、驻兵六盘山一带的蒙哥麾下骁将浑都海等，1260年六月举兵叛乱，并与率军自和林南下河西的阿蓝答儿军汇合。忽必烈历经3个月的努力，才终于平息了这场在夏国故地上重燃的战火。

要之，夏国先与北宋、辽（契丹）对峙，后与南宋、金鼎立，再周旋于南宋、金、大蒙古国之间，甚至“熬死”了大蒙古国成吉思汗；即便灭国以后，夏国故地也曾发生颇为麻烦的叛乱。所以，如果站在宋、辽（契丹）、金、大蒙古国、元朝的立场来看，这个党项夏国可谓极难征服，这块夏国土地可谓极难安宁。即便军事征服、强力“安宁”以后，1227年以来的这半个多甲子，经历了地震、屠城、兵火、劫掠、逃民、叛乱的这块土地，也谈不上恢复元气、驯服宁静。及至忽必烈平定浑都海、阿蓝答儿叛乱后，这块烽火狼烟的土地才逐渐偃旗息鼓，开始得到经济的有效开发、社会的有序治理，比如建立各级政府机构、兴修水利、招集流亡、推广文化教育、开展军民屯田。随之，以夏国故都中兴府为中心的这片地区，地名与政区名称，也由历史习称的“西夏”，渐次演变为“夏地安宁”的“宁夏”。而其中最关键的几个时间节点，一是“从至元初以来，在非官方场合和民间广为使用（宁夏这个名称），但直到至元十九年（1282年）才正式见诸官方文书。《元史·兵志·屯田》载：‘世祖至元十九年三月，发以南新附军一千三百八十二户，往宁夏等处屯田'，并成立'宁夏等处新附军万户府'这个机构"；二是至元"二十五年，置宁夏路总管府，这是将中兴路改名为宁夏路之始"；三是至元"三十一年，立宁夏路行中书省，这是'宁夏'两字用于行省名称之始"。[1]

然而"宁夏"之名，究竟是名副其实的"夏地安宁"，还是名不副实的"夏地安宁"，或者换言之，"宁夏"何时是写实地名，何时是美愿地名，仍然值得仔细推敲。如此，不妨再叙述一番历史过程，即以今银川为中心的一片地区在元、明、清、民国时期的政区演变[2]，然后再来做出判断：

元朝 中统二年（1261）立西夏中兴行省，治中兴府。至元三年（1266）废罢，代以西夏中兴宣慰司，又改西夏惠民局。至元八年复立行省，十年再罢。至元十八年改立甘州行省，治甘州（今甘肃张掖市），辖区同原西夏中兴行省；二十二年复罢，改设西夏行省；二十三年复立甘肃行省；三十一年甘、宁分治，甘肃行省、宁夏行省并置。元贞元年（1295）又废宁夏行省，以宁夏府路并入甘肃行省，遂成定制。此宁夏府路（治今银川市）乃至元二十五年二月改中兴路置，也是"宁夏"作为政区名称的首次出现。按西夏中兴行省-宁夏行省在这30多年间的屡置屡废，体现了元朝对该地区统治方式的反复摸索过程。

明朝 明初因元旧制，仍为宁夏府。然而由于战争损耗造成的人口剧减，蒙古诸部的频繁骚扰，洪武五年（1372）乃废宁夏府，

---

① 邱树森：《浑都海、阿蓝答儿之乱的前因后果》，《宁夏社会科学》1990年第5期。

② 参考鲁人勇、吴忠礼、徐庄《宁夏历史地理考》卷十三、卷十四、卷十五（宁夏人民出版社1993年版）。

“徙其民于陕西”。洪武九年创设宁夏卫。成祖即位之初，立为宁夏镇，此为军政合一、屯防兼备的特殊行政区域。宁夏镇上隶陕西都指挥使司（治今西安市），下辖宁夏卫，后又增置宁夏左屯卫、宁夏右屯卫、宁夏中屯卫、宁夏前卫、宁夏中卫、宁夏后卫以及灵州、兴武、韦州、平虏千户所等，卫所之下则为堡寨，由此构成多重戍防体系。要之，宁夏镇作为明朝“九边重镇”之一，既具有相当明显的军事性质，这与当时边患在北、“套内”和贺兰山外即为“北元”蒙古势力范围密切相关；又具有适合军屯的良好条件，盖银川一带，沟渠纵横，灌溉便利，而且民人极少。

清朝 清初因明制，宁夏设巡抚，归陕西布政使管辖。康熙四年（1665）裁撤宁夏巡抚，九年划宁夏归甘肃巡抚统辖。雍正二年（1724）改宁夏卫置宁夏府，改宁夏左卫为宁夏县、宁夏右卫为宁朔县、宁夏中卫为中卫县、平罗（清初改平虏为平罗）所为平罗县、灵州所为灵州。雍正四年、六年，又以平罗县新垦地添立新渠、宝丰二县；后因乾隆三年十一月二十四日（1739年1月3日）地震毁坏县城，四年三月裁汰，所有户口仍回原籍。同治十一年（1872）陕甘总督左宗棠镇压金积堡回民起义后，又置宁灵厅。至此，宁夏府领四县一州一厅。又宁夏府驻防八旗最高军政长官宁夏将军辖套西蒙古二旗，即阿拉善厄鲁特旗、额济纳土尔扈特旗；宁夏道、宁夏总兵同驻宁夏府城。据上，有清一代，宁夏既朝着民政管理为主的方向发展，也存在着仍欠安宁的诸多因素。

民国 先是北京政府时期，1913年裁撤宁夏府，1914年改宁夏将军为宁夏护军使，1921年又改宁夏护军使为宁夏镇守使。再是南京国民政府时期，1928年割甘肃省的宁夏道合宁夏镇守使所辖套西蒙古二旗改置宁夏省。按宁夏建省的原因，据内政部所陈，是“甘肃面积过广，北部阿拉善额鲁特旗及额济纳土尔扈特旗地方，汉蒙杂处，夙号难治，甘肃省政府鞭长莫及，难以控制”，而且“宁夏地方东濒黄河，土地肥沃”，故此设立宁夏省，“先就宁夏附近之地从事屯垦，一面向阿拉善额济纳地方逐渐开发”①。同年10月17日，国民党中央政治会议第159次会议决议建立宁夏省；10月19日，国民政府令正式公布设立宁夏省。1929年1月1日，宁夏省政府成立。省会先后驻宁夏县、银川市，即今银川市。

及至中华人民共和国时代，1954年9月，撤销宁夏省，分别并入甘肃省与内蒙古自治区；11月，新设银川专区。1957年7月15日，第一届全国人民代表大会第四次会议通过成立宁夏回族自治区的决议。1958年10月25日，以甘肃省银川专区及附近回族聚居区为范围，正式成立宁夏回族自治区，简称“宁”。

据上所述，取义“夏地安宁”的各级各类“宁夏”地名，概而言之，元朝时因为生死“仇怨”、明朝时因为北方“边患”、清朝及民国时因为动荡难治，都还算不上名副其实的“夏地安宁”，也就是说，旧时的“宁夏”地名，其实寄寓了蒙、汉、满各族统治者希望“夏地安宁”的愿望，属于美愿地名的范畴。所谓美愿地名，比如东北的“长春”实际“长冬”，海河水系之一的“永定河”实际“无定”，这样的“长春”“永定”就是美愿地名。至于中华人民共和国时代的宁夏回族自治区，汉族、回族、维吾尔族、东乡族、撒拉族、保安族等多民族聚居，共同谱写着民族团结、人民和谐、环

---

① 内务部年鉴编纂委员会:《内政年鉴》,商务印书馆1936年版。

境优美、经济发展的“夏地安宁”“塞上江南”新篇章，如此，“宁夏”地名可谓“凤凰涅槃”、脱胎换骨，即从美愿地名一变而为写实地名，这样的写实“宁夏”，也体现在宁夏回族自治区的政区简称“宁”、宁夏平原的地理美称“塞上江南”等名称上。

■ 改“鄂”为“楚”？何必折腾！

近来，湖北省的简称改“鄂”为“楚”的议论颇是热闹，以当地的部分专家学者、工商界人士乃至政府官员为主的正方，摆出的理据是这样的：首先，“鄂”不可不废，因为其音同“恶”，其形望文生义也是大不吉利，两“口”表示两人之间发生了口角，一“阝”意味着领导偏听偏信，一“亏”则代表了如此这般的结果，是大家都吃了亏；其次，“楚”不可不用，由词句而成习语的“极目楚天舒”意境甚佳，不仅反映了视力极好，而且表达了心胸广阔，至于“楚文化”云云，更是博大精深，令人向往乃至神往。那么身份、成分复杂的反方理据又何在呢？大体归纳如下：清代湖北省会武昌是隋朝以降的鄂州治所，有历史渊源；习惯成自然了，改了会不习惯；“鄂”为湖北一省独享，“楚”属多省共有资源。

正方反方，理据都显得充足，而如此一来，事情也就麻烦了：改“鄂”为“楚”，还是仍“鄂”不变，实在纠结得很！这里不妨先表明笔者一言以蔽之的态度：何必折腾！

一、国人的名号情结

为什么笔者的态度是何必折腾呢？担心此例一开，伊于胡底！

这话怎么说？按照上述贬“鄂”褒“楚”的逻辑推衍开来，大概会有无数的地名要改。

如所周知，中国人特别是汉族人，有意识无意识地都具有浓厚的名号情结，这名号包括人名、地名以及其他种种专有名称。其中的原因当然很多，而非常重要的一点在于方块汉字。依据象形、指事、会意、形声等原则造出的汉字，不同于拼音文字，拼音文字只是一堆字母的组合，我们往往看不出多少的奥妙（也有例外，比如日本殖民朝鲜半岛期间，改Corea为Korea，如此Japan就排在Corea前面了）；汉字就不一样了，它的音、形、义纷繁复杂，变化不定，不仅可以“望文生义”，如果以细密的功夫进行分析的话，那有时简直就是个无底洞。所以殚精竭虑地取名定号，就成为古往今来中国文化的一大特色，甚至一门传统学问。只是虽然如此，还是有许多的名号经不起“分析”。

举些例子。前两天在一处高速公路休息区，看到大大的“昌记粽子”广告，同行的老教授干笑了几声，我明白他笑的是这“昌记”的谐音太不文雅。南京有片区域叫“南湖”，由于历史的原因，社会治安方面的确存在“难糊”的问题，导致的结果是，南湖所属的建邺区为新城大量命名道路名称时，强烈排拒“湖”字，弄出了一批毫不相干的“山”来，说是蕴含了积极向上、勇攀高峰的意思。我家附近，有龙阳大酒店、月月红小吃，文化水平高些与生活经验多些的人，看到这样的店名，大概都不敢光顾吧。再扯远些，三国时的蜀汉，开国皇帝是刘备，继承刘备做皇帝的是他的儿子刘禅，就是那个“扶不起的阿斗”，刘禅后来投降了曹魏。蜀汉为什么二世而亡？当时的大学者谯周说是名字出了问题，“备”是准备，

“禅”是禅让，这不明摆着准备好了禅让给人家吗？不过谯周好像有意“忘记”了刘备还有个养子叫刘封，“封”＋“禅”就是“封禅”，那可是皇帝才能主持的拜祭天地的仪式啊。又同样是做名称的文章，秦始皇帝建立的秦朝，“秦”在拆字先生那里，是取“春”字的字头、“秋”字的偏旁合成的，寓意春秋循环、传之万年。不过秦朝也是二世而亡，这又怎么解释呢？再如“支那”，从前日本人喜欢称我们为“支那”，我们很不喜欢这个称呼，为什么？字面意思就很不好啊，“支那”，支解那里，所以我们反戈一击，按照英语Japan的发音，选了“假扮”这两个字称呼日本。

诸如此类的“说文解字”，“水平”不可谓不高，道理当然也是有的，但是，我们又能怎样？都改吗？那就改不胜改了！

二、“鄂”与“楚”的PK

简单交代了肯定与“鄂楚公案”关联的历史文化或者心理暗示的背景之后，我们顺着这样的思路，来看“说文解字”里的鄂与楚，到底孰优孰劣。

“鄂”字不细说了，必欲除之而后快的正方已有“周详”的贬斥。只是这种种的贬斥，多属浅薄的附会。按照字义的正解，鄂是形声字，其声读作咢，咢是徒手击鼓的意思；其形旁“阝”就是“邑”，邑是城市的意思。如此组合起来，鄂的意思其实蛮好的。那么正方力挺的“楚”又怎么说呢？我国第一部系统分析字形和考究字义的字书、东汉许慎所著的《说文解字》是这样解释的：“楚，丛木。一名荆也。从林，疋声。”楚就是疋于丛木之中，直白些讲，就是行走在森林中（疋，足也，脚也），或者换言之，披荆斩棘吧。比较一下：击鼓传声的城市的“鄂”与披荆斩棘地行走的“楚”，孰优孰劣？说不清楚，差不多吧。

再看鄂、楚二字的使用情况。鄂主要是作为地名使用的。最为人熟知的鄂，早期有西周时楚的封国鄂（在今湖北鄂州市）、战国时屈原《楚辞·九章·涉江》里的“乘鄂渚而反顾兮”的鄂渚（在今武汉市黄鹄山上游不远处的长江中），晚些的鄂，有鄂县（秦始置，在今鄂州市境内）、鄂州（隋始置，在今武汉市境内）等，现在则是湖北省简称的鄂。鄂当然也有其他的引申义、假借义，如边际、花托（咢通萼）、惊愕（咢通愕）、直言（咢通谔）。楚呢？作为地名使用的楚，比鄂的指称空间要大得多。如果说历史上鄂主要是点状地名的话，那么楚就是面状地名了，而且是个变动很大的面状地名，这又联系着作为国家概念的楚。最有名的，当然是先秦的楚国，西周时立国于荆山（今湖北南漳县西）一带。其疆域屡有伸缩，春秋时西北到武关（今陕西丹凤县东南）、东南到昭关（今安徽含山县北）、北到今河南南阳、南到洞庭湖以南；战国时更有扩大，东北到今山东南部、西南到今广西东北角，攻灭越国以后，又扩大到今江苏与浙江。次有名的，是五代十国时马殷据今湖南、建都长沙、经历六主、凡56年的楚国。当然还有其他次次有名的楚国，这里就不说了。值得强调的是，楚在地名义以外，其他的意思也使用得相当广泛，比如痛苦、刑杖、丛莽、华美、伧俗、鄙拙、整齐，等等。这其中，褒义与贬义参半，连带着组成的词，则既有楚天、楚材、楚腰、楚辞、楚骚等褒词，还有更多诸如楚切（凄苦）、楚囚（处境窘迫之人）、楚凤（赝品、伪物）、楚氛（俗恶之气）、楚毒（古代炮烙之刑）、楚掠（拷打）、楚挞（拷打）、楚恻（悲伤）、楚梦（好梦不长）、楚楚可怜、四面楚歌等贬词或者不那么吉利、开心之词。而这样比较下来，还真不明白是“鄂”优，抑或“楚”好。

也许，单就字形的望文生义言，鄂劣楚优——鄂又是吵架、又是偏听偏信、又是吃亏，楚有双木，写照着自然环境的良好。只是这样拆字，我们姑且不戴“封建迷信”的大帽子，也显得太没文化了吧！如何没文化呢？比如我们常当笑话讲的一些汉字瞎解：婺源的女子文武双全，婺就是女＋矛＋文啊；无锡意味着天下太平，因为那儿的锡山神奇着呢，有锡兵、无锡宁；江苏自古鱼米之乡，蘇就是直接的反映；又晚清的私塾先生回答童生“何谓伽利略意大利人”的提问道：“伽利略的意思就是赚大钱的人”；同样的水平，当李鸿章的儿子要去担任驻葡萄牙公使时，李讶异地问：“怎么葡萄也有牙？”而说句不怕得罪人的话：把“鄂”拆解为吵架、吃亏云云，岂非冬烘的私塾先生与糊涂的李鸿章大臣的同类？甚至有过之而无不及！毕竟，现在是科学昌明、文化繁荣的新时代啊！

退一万步讲，借用某些网友对“鄂”字的最新“考证”，上古三代时，鼉鱼也就是鳄鱼大量分布在长江流域，形成了以捕鼉为生的民族也就是湖北的先民，变迁下来，湖北也就简称鄂了。果真这样的话，象征珍稀动物的“鄂”与标志苍茫丛林的“楚”，又有了难分胜负的对决了：动物保护与树木绿化，都重要啊。而且比较言之，窃以为“鄂”对于追求可持续发展、注重天地生人协调的湖北，还显得尤其紧迫：鳄离不开水，素有“千湖之省”美誉的湖北当下的环境问题，正在于水面的消失。提供两个令人惊心的数据吧：20世纪50年代，湖北省有天然湖泊1052个，2000年时仅存83个；同样的两个时间点上，江汉平原湖沼面积原有3万多平方千米，然后已有80%的湖沼面积消失。

当然，以上是带些沉重味的玩笑话，也附会得有点过分了，读者谅之。

三、算几笔账

收缩下话题，板起些面孔，具体来说现在热议中的、上文没有PK出优劣结果的、作为湖北省简称的鄂与楚问题。

首先，既然无所谓优劣，改鄂为楚也就失去了冠冕堂皇的文化理由。而且，说得严重一些，莫名其妙或者缺乏充分理由地改鄂为楚，还违反了中华人民共和国国务院发布的《地名管理条例》、民政部发布的《地名管理条例实施细则》、湖北省人民政府颁布的《湖北省地名管理办法》等诸多的法规。《条例》《细则》《办法》文繁不录，建议要求改鄂为楚的正方人士学习学习。这里不嫌啰唆地提醒一声：按照这些法规的规定，“可改可不改的和当地群众不同意改的地名，不要更改”；而按照这些法规的精神，即便要改的话，也绝非湖北一省说了算，上达国务院、下及全国人民，有着审批权或发言权，所以麻烦着呢。这是政治账。

其次，诚如反方的意见，这“楚”也不是湖北一家独享啊，博大精深的楚文化，大家都有历史的与现实的贡献。《史记·货殖列传》中有所谓西、南、东“三楚”的说法。“西楚”约当今淮河以北，泗水、沂水以西，相当于今河南中部及东部、安徽北部和江苏西北部；“南楚”北起淮、汉，南包江南，涵盖今安徽中南部、江西全境、湖南湘资流域及湖北东部地区；“东楚”跨江逾淮，东至于海，包括今江苏大部、安徽东南部及浙江北部地区。虽然时至今日，河南以中原文化为荣，江苏、浙江的江南部分喜欢打吴越文化牌，然而湖南之为楚地，既为湘省珍视，江苏的若干地域文化中，楚汉文化也占有相当重的分量，又徐州既津津乐道为西楚霸王项羽之都，江西北部、安徽南部以及南京等地，也都喜欢自称“吴头楚尾”。简而言之，与“楚”相关的各省各地各市，大概不会愿意出让“楚”的所有权，给湖北——尽管这是先秦楚国的起源地与中心区——独享的。可以想见的是，假如湖北的简称改鄂为楚了，势必引起其他各方对失去的“文化”的追念与追索之情。相应地，也就拉开了与湖北的距离，或者疏远了与湖北的感情。这应该不是危言耸听吧！这是感情账。

再次，就湖北本省而言，改鄂为楚的动议，肯定也不是万众一心、全民拥护、举省同庆。道理很简单：真要改简称，起码荆、汉二字不比楚字理由少、底气弱。如荆，既是古代楚国的别称，用以纪念楚立国于荆山的历史，荆州又是传说中著名的三代九州之一，以及后来的州、府、路等名称，而“九曲回肠”的荆江，也是名气甚大；又如汉，汉江、江汉平原、武汉、汉口、汉阳，如此等等，“汉”在湖北省的使用场合与使用频率，与“楚”大体仿佛，而省会武汉的简称之一也叫汉，这就显得更有分量了。行文至此，笔者不禁杞人忧天起来：改鄂为楚，不会造成湖北内部鄂派、楚派、荆派、汉派之间的矛盾吧？鄂派、荆派、汉派完全可以拿出坚强的历史、地理依据啊！这是历史账、地理账，或者统称为文化账吧。

最后再算一笔算不清楚的经济账。早在1991年，笔者在大学讲义《地名学概论》中写过这么一段：

> 地名的社会性要求地名具有一定的稳定性。更改一个县名，不仅影响邮电、交通，而且涉及本县各行政机关、企事业单位的公章、牌匾、信笺、票据、合同以及其他文件中名称的变更，还涉及他县、他省以及各个部门对该县地名的引用，牵连面极大。

这是陈年旧话了，但现在的情况更是可怕：时代已经进入信息时代，而与地名有关的信息一旦混乱，其损失将是无法估量的——这还是间接损失，至于直接损失或者说经济成本，听说襄樊市改名襄阳市，仅修改当地的各种地图、公章、证件、招牌的行政成本，就达到了至少1亿元（这肯定还是非常保守的数字），这可都是纳税人的血汗钱啊！又不独仅此，现在全国一盘棋，地球也成了地球村，一个地方一时兴起改个地名，却让各国各地跟着被动埋单，这是不是有欠厚道？所以地名还是尽量保持稳定为好。稳定的地名，既方便社会使用，又保存历史记忆，何乐而不为呢？当然，如果改鄂为楚，真的理由充足、不改就不成其为湖北省了，或者为了强力“拉动内需”，又或者钱多得实在没处花了，大气得愿意承担外省乃至外国因此产生的费用，那还情有可原。可是，就笔者看来，至少目前的湖北还不是这个样子。如此，湖北省的正方诸位，是否可以少找些麻烦，多省些钞票，不要瞎折腾了呢？

▪ 玩味《琅琊榜》中的地名

中国人历来有重视名称字号的传统，大至国家称号，小到人名、地名，无不充满智慧和奥秘。《琅琊榜》小说与电视剧中，也贯穿着花样百出又颇为考究的名称字号。尽管《琅琊榜》的剧情是“架空”的，但诸多名称字号并非无中生有地凭空想象，而是依托于历史，从真实的名称字号中提炼和发挥而成的。

一、金陵

在《琅琊榜》中，“金陵”是“大梁”的帝都，也是梅长苏洗冤雪耻、一展宏图的舞台。龙盘虎踞，风云作色。全剧多半的剧情，都在这座京城中跌宕起伏地展开，剧中也多次出现过城门上“金陵”二字的特写。

众所周知，金陵是今天江苏南京的古称与雅称，而南京正是历史上梁朝的都城，剧中这座金陵城自然是以南京为原型的。不过准确地讲，在梁朝时南京正式的称呼是建康。那么“金陵”一名又是从何得来的呢?

讲述“金陵”的来历，还要追溯到春秋战国时期。“十年生聚，十年教训”，越王勾践卧薪尝胆，终于在公元前473年灭亡吴国，成功复仇。此时，更为庞大的南方大国楚国，便成为越国最危险的敌人。灭吴的次年，即前472年，勾践委派大臣范蠡在“吴头楚尾”的秦淮河南岸修筑了一座军事堡垒，这座城堡习称“越城”，又名“范蠡城”，这也被视为南京建城之始。然而世事沧桑，越城的崇墉堞雉终究无法挽救越国衰落的命运，约在前306年，越国为楚国所灭。又在此之前的前333年，楚威王在今南京清凉山一带修建了一座“金陵邑”，这便是金陵得名之始。

那么，“金陵”这个名称是什么意思呢？关于这个问题主要有三种说法。[①]

第一种是“因山立号说”。今天南京东郊的钟山，因为山体页岩呈泛紫金之色，古名紫金山，又名金陵山。而楚威王所营建的城邑，地处江边，正对着东向的金陵山，于是便“因山名邑”，也就是按照地标的称谓取名，遂称“金陵邑”。

第二种说法是“产金说”。唐人许嵩的《建康实录》记载：“或云：地接华阳金坛之陵，故号金陵。”现今留存下来的宋代南京地方志《景定建康志》中，也有“地接金坛，其山产金，故名”的说法。“华阳金坛之陵”为茅山山脉的延续，其地产金，所以金陵邑是借相邻的地名而命名的。

第三种说法则是“埋金说”。据说楚威王来到南京，感叹这里的山水形势之险要，甚至担心地理位置这么好的地方，容易包藏王气，会出“帝王”，对自己不利。因此他在此地埋金“以镇王气”。今天在南京还流传着这样的民间歌谣，说埋金的地方“不在山前，

① 参考胡篱白《中国：自称与他称》“附录：南京城市的自称与他称”，中国社会出版社2015年版。

不在山后，不在山南，不在山北，有人获得，富了一国”，意思是楚威王用这种非常模糊的说法，误导财迷心窍的人掘金，这样他们就会到处乱挖，而顺手挖断了龙脉，放走了王气。也正因为楚威王埋金于此，故此得名金陵。

以上三种说法中，其实前两种的内在联系非常密切，大致在学理上能够说得通。需要指出的是，这里所谓的“金”不是黄金，而应该是铜一类的金属；至于“陵”，把水边的高地称为“陵”，本来就是楚语地名的特征。

有意思的是，恰恰是在学术上最站不住脚的民间传说，反而在日后南京地方文化的历史记忆中，占据了最有话语权的位置。“埋金以镇王气”的说法，甚至后来还被转移到了秦始皇帝嬴政的身上，以表现秦始皇帝多疑、暴虐的品行。其实真正可考的“金陵王气”之说，开始出现于东汉末年，应该是当时的吴王、日后的吴大帝孙权为了建都南京而进行的一种舆论宣传。通过这样的宣传，可以为孙权其人蒙上一层神秘的色彩，强化其政权的合法地位。当然，普罗大众对这种正儿八经的“掉书袋”并不感兴趣，他们记住的，只会是南京的王气，以及这座城市虽具“王气”，却又不断遭到镇压的命运。

无论“金陵”如何得名，金陵的地理，确实是“钟山龙蟠，石头虎踞”，金陵的历史，确实是“江南佳丽地，金陵帝王州”。

秦汉时期，金陵更名秣陵，作为普通的县城，它沉寂了400余年。但是，正如《琅琊榜》中那座重峦叠嶂、逸气横云、宛若仙境的金陵城一样，气势非凡的秣陵又在汉末的乱世中脱颖而出，被一代英豪孙权青睐，并以“建功立业”的美意，更名“建业”，成了孙吴的都城，叱咤风云、成就霸业的根基。及至西晋灭吴，具有僭越色彩的“建业”被改为“建邺”。西晋末年，南迁的西晋琅琊王司马睿再改“建邺”为“建康”，既寄寓“建立安康之地”的愿望，也作为接续西晋王朝的东晋的首都。此后，“建康”又历为南朝宋、齐、梁、陈的都城。于是，雅称金陵的南京，以孙吴、东晋、宋、齐、梁、陈六个王朝建都，得了“六朝古都”的习称。

交代过了迄乎梁朝之“金陵”的名称变化与地位升降，我们得到的基本认识是，电视剧《琅琊榜》虽然号称是架空历史的，但“金陵，大梁帝都”还是反映出了历史的原貌。进而言之，《琅琊榜》剧中直接或间接提到的金陵城内外的许多地标与景致，也可以与真实的梁都建康作些有趣的对比。

先来看看金陵城的核心——皇宫。在东晋南朝时，因为国家的行政中枢尚书台位于皇宫中，因此宫城被通称为“台城”。台城所在的位置原本是孙吴皇帝的游赏之地“苑城”，东晋时重修建康宫室，选址于此。主持宫室修筑工程的，正是赫赫有名的“风流宰相”谢安。此后200年间，历朝历代都在台城内大兴土木。到了梁朝时，台城内外共有三重城墙拱卫，宫室壮丽，盛极一时。梁武帝普通二年（521），琬琰殿起火，仅被烧毁的后宫房屋就达3000余间，足见其规模之大。台城的正门为大司马门，门外有神龙、仁虎两座石阙，高约六丈。台城的主殿为太极殿，面阔十三间，是皇室举行大典的场所。其后为净居殿，是皇帝的寝殿。再往后是显阳殿，为皇后寝殿。至于后宫内的其他殿堂楼阁，名称繁杂，比如文献中曾经提到过的武德殿、正阳殿、昭阳殿等，在《琅琊榜》剧中都出现过与之类似的名称。比如在剧中，皇帝在奉天殿举行新年大

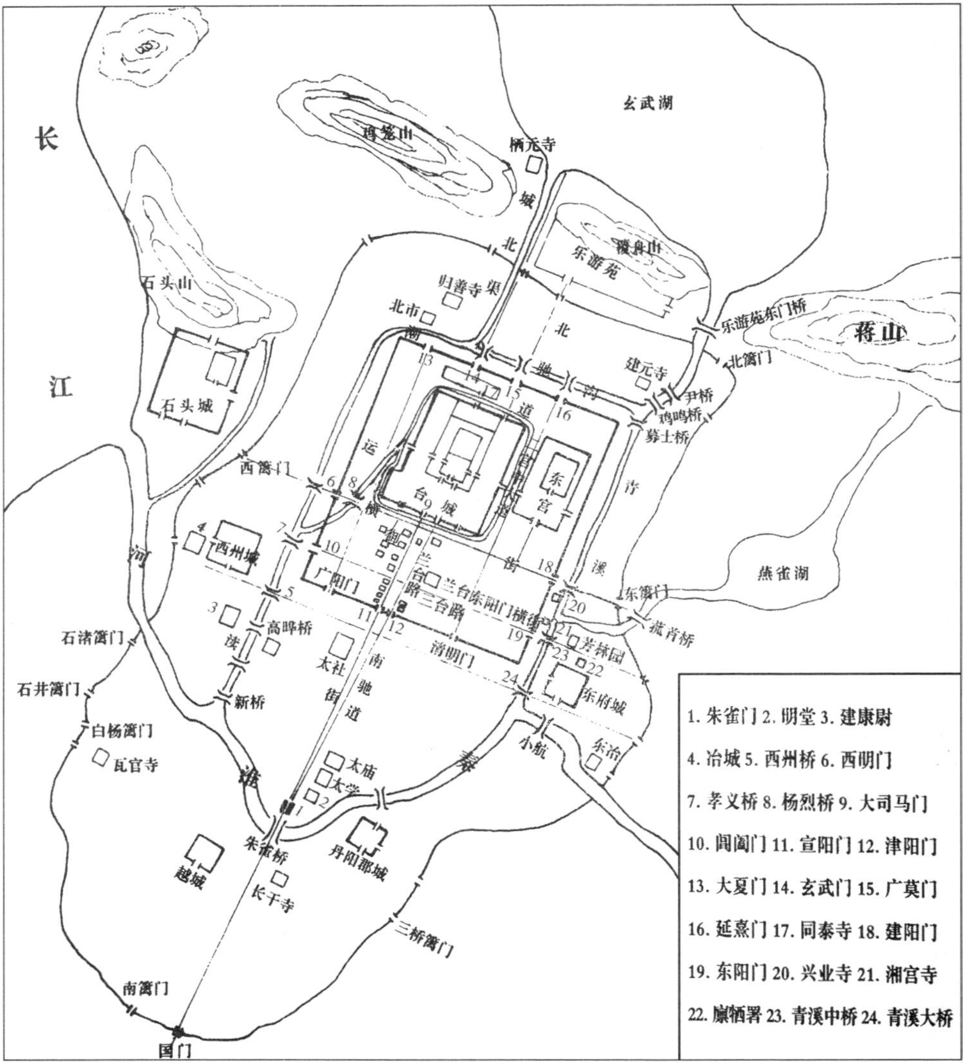

图2-6 梁朝建康城布局示意图

（杨国庆、王志高：《南京城墙志》，凤凰出版社2008年版）

典，在武英殿举行日常朝会，皇帝寝殿叫养居殿，皇后寝宫叫正阳宫，越贵妃寝宫叫昭仁宫，静妃寝宫叫芷萝宫，越贵妃被贬的冷宫叫清黎院，太子谪居的冷宫叫圭甲宫。不难看出，剧中这些名称虽与真实的台城宫殿名不同，但并非完全杜撰的，有的与台城宫殿的名称、用途相近，有的则是采用或化用了北京紫禁城（今称故宫）中的宫殿名称。如奉天殿，是北京故宫太和殿的原名，二者的功用也相同；又武英殿，在北京故宫外朝部分的西侧，明初和清初时，皇帝都在此举行过小型仪典、召见过大臣；又养居殿相当于北京故宫的养心殿，二者皆为皇帝的寝宫；至于昭仁宫，在北京故宫中称作昭仁殿，位于乾清宫的东侧。

再来看看剧中的金陵城中名胜。在《琅琊榜》第二集中，言豫津讲了几处金陵城中“好玩儿的地方”，分别是螺市街、清乐坊、上墟市；在第七集中，言豫津还提到城中一处地标建筑崇音塔。剧中苏宅所在的区域叫长郅坊，靖王府在启真坊，娱乐场所有红袖招、妙音坊和杨柳心，城中还有不少私家园林，比如发现藏尸的兰园。剧中这些地名虽然是虚构的，不过真实的建康城中确实存在着大量的坊市、塔寺、园林等。目前有资料可考的建康里坊有25座[①]，最有名的可能就是李白诗中“青梅竹马”的典故出处“长干里”了。建康城商业繁华，除了有按方位、规模命名的大市、小市、北市外，也出现了众多像剧中“螺市街”一样的专业市场，如蚬市、纱市、谷市等。建康作为世家大族荟萃之地，开池凿山、营造园林的风尚，是他们景慕自然、追求玄远的精神寄托。至于佛寺

① 卢海鸣：《六朝都城》第八章，南京出版社2002年版。

宝塔，更是建康城中耀眼的明珠，当时“金陵城诸寺数过七百”。

至于金陵城郊外的风景，在《琅琊榜》中也多次提及。比如京郊兰台县有座小孤山，是聂锋化身的“怪物”活动的地方；京西有处灵隐寺，是大儒周玄清老先生隐居修道的地方；城外还有泡温泉的好去处，纪王爷就“在京郊虎丘有几个不错的汤池子”。在现实中，小孤山、灵隐寺、虎丘都是苏杭二州的名胜之地，在剧中却被拿来“客串”金陵城郊的地名。但金陵城郊有名山、有名寺、有温泉的风貌格局，确与真实的建康城郊情况相同：南京自古山川灵秀、气象宏伟，建康东北的钟山，六朝以来名刹如林；建康东郊的汤山，乃是温泉遍布的胜地。此外，在第二集中，太子萧景宣说：“金陵美景当属郊外，只可惜大多被圈进了皇家园林之中。”这也是历史的写照：孙吴时期兴建的桂林苑，南朝时期兴建的乐游苑、上林苑、芳林苑、娄湖苑、方山苑、新林苑、博望苑、芳乐苑、建兴苑、王游苑、南苑、青林苑、白水苑等，这大大小小十数座皇家园林都在城外，几乎遍布了建康的近郊和远郊。

“春归秣陵树，人老建康城。”金陵的斜风细雨抚平了北方移民恢复中原的斗志，但是偏安一方的局面终难长久维持。梁武帝太清二年（548），来自东魏的降将侯景突然发动叛乱，搅碎了梁朝君臣的盛世迷梦。这场梁朝历史上空前的“侯景之乱”，不仅使梁武帝困厄而死、大梁朝廷分崩离析，也让建康城遭受毁灭性的打击，叛军与官兵不断洗劫、纵火、屠城，建康城内外一片焦土。当时，恰逢百济国（在今韩国）使臣入梁朝贡，面对满目疮痍的建康，使臣在宫阙之下失声痛哭。取代梁朝的陈朝虽然对建康城进行了重建，但已再难重现昔日的繁盛辉煌。重建仅仅30余年后，建康城再遭劫难，灭亡陈朝的隋文帝杨坚下令将建康城“平荡耕垦”，于是六朝名都化为一片丘墟。隋朝的这次毁城，可谓十分彻底，它使得号称“六朝古都”的南京，现在除了郊外那孤独的石辟邪，再也无处寻觅六朝地面旧迹。直至21世纪初，随着考古工作的开展，建康城的台城遗迹开始重现于世人面前，而在台城遗迹基础上兴建的六朝博物馆，2014年8月青奥会前夕开放，人们在这块圣地，终于可以亲近六朝、抚摸建康、凭吊历史、感怀沧桑。

六朝如梦，金陵如梦。作为分裂时期，六朝的历史长久以来不为公众所熟知，但无论是六朝还是六朝都城，都对南方乃至全中国的历史产生了广泛而深远的影响。在这民族冲突、中原板荡的离乱之际，北方士族衣冠南渡，“金陵”成了中原华夏文明的避难所与薪火相传的新的成长地。在那血与火的年代里，帝王的权杖、将军的马鞭与文人的笔杆交相挥弄着，一面是宫城中的尔虞我诈，一面是长江对岸的鼙鼓声声，一面又是金陵城里的歌舞升平。十里秦淮，六朝金粉。金陵城既是这出大戏的舞台，也是这出大戏的观众，它见惯了大起大落的风云变幻，目睹了“南朝四百八十寺”的香火如云，也聆听过“隔江犹唱后庭花”的醉生梦死。“一国兴来一国亡，六朝兴废太匆忙”，《琅琊榜》中的那座金陵城，又何尝不是如此呢？

二、琅琊

在《琅琊榜》剧中，神秘的“琅琊阁”，对于小殊向梅郎的转变，起到了至关重要的作用，而一卷风云“琅琊榜”，更是掀开了这场复仇大戏的幕布。对于大多数观众来说——当然除了喜欢“不喝琅琊台，感情上不来”的观众——琅琊可能并不是一个熟悉的名字，但琅琊的得名却是由来已久，而琅琊的“转移”过程也颇为复杂。

在史书中，“琅琊”也常常写作“琅邪”“琅玡”或“瑯琊”。下面除了引文外，统一写作琅琊。其实这些不同写法的琅琊，得名可能都与美好的玉石有关。清人吕吴调阳《汉书地理志详释》对琅邪县的解释是：“本产琅玕之玉，故名。邪古音同玕，今之马脑（玛瑙）也。”按“琅”原指珠状的玉石，“玡”为“骨似玉者”，“玕”为“似玉的美石”。简而言之，“琅琊”得名于其地出产玛瑙一类的玉石。

最早的琅琊，在今山东青岛下辖的黄岛区西南琅琊镇一带。春秋时期，此处海边有山，名琅琊山，齐国在此设置了琅邪邑。公元前472年，即在越王勾践攻灭吴国的次年，将都城从远离中原政治舞台的南方，北迁到了琅邪，以此作为越国与中原诸侯争霸天下的桥头堡。大约前379年，越国还都南方，以吴（今江苏苏州市）为都。前219年，秦始皇帝东巡到达琅琊，所谓“南登琅邪，大乐之，留三月。乃徙黔首三万户琅邪台下，复十二岁。作琅邪台，立石刻，颂秦德，明得意”①。秦始皇帝巡游的目的，一是出于震慑海内、巩固统一的政治需要，二则出于求仙问道、奉祀鬼神的宗教情感。齐地海滨的琅琊，正是始皇帝东巡的主要目的地之一，至今仍有始皇帝高筑的琅琊台遗址与斑驳的琅琊刻功记石。作为秦朝的

①《史记·秦始皇本纪》。

东方大港和航海中心，徐福船队也是从这里扬帆东渡，为秦始皇帝到海外求取长生不老仙药的。这看似荒唐的往事，让人们窥测到这位中国历史上的始皇帝面对生死时的内心空虚。

及至秦汉时期，琅琊地区有秦置琅邪郡，治琅琊县，西汉移治东武县（今山东诸城市），东汉改置琅琊国，移治开阳县（今山东临沂北）。东晋后复为琅琊郡，直到隋唐时期，琅琊郡名才为沂州替代。1925年到1928年间，北洋政府还曾设置过琅琊道，属山东省，治临沂县。

不过真正使得“琅琊”名垂史籍的，还是东晋王朝。琅琊对于定都建康的东晋来说，具有十分特殊的政治意味——西晋永嘉之乱前后，后来的东晋开国皇帝司马睿，正是凭借着琅琊王的身份，积聚起自己的政治力量，在纷扰的乱世中，得以渡江称帝；而辅佐司马睿登上帝位的王导，出身“旧时王谢堂前燕”中提到的王氏，南迁士族中的第一高门，也正出自琅琊临沂（今山东费县东）。此后，东晋一朝琅琊王的封号，向来属于皇帝最为宠爱的皇子。那些由于政治斗争失利而北渡的东晋皇族，也往往会被北方政权册封为琅琊王。不仅如此，司马睿为了安置那些跟随自己南下的琅琊人士，还在建康设置了一个琅琊郡，郡下设有怀德、临沂等县，可见晋元帝司马睿对这些感怀自己“德行”的琅琊旧人，也是十分感激。这处琅琊郡起先没有实土，到了司马睿的孙子晋成帝司马衍时，拥有了今天江苏句容西北的一块土地。南朝刘宋时，琅琊郡改名南琅琊郡。到了萧齐时，南琅琊郡郡治又搬到了离建康更近的白下城（今南京幕府山南麓）。直到陈朝末年，南琅琊郡才被废除。

然而需要指出的是，虽然从历史上看，山东是琅琊最早的得名地，甚至也有琅琊山，东晋南朝侨置的琅邪郡、南琅琊郡，更在剧中大梁都城金陵的附近，但是这些“琅琊”，与剧中的琅琊山、琅琊阁似乎没有太多内在的相似与关联。而在今天与琅琊有关的地名中，恐怕要数安徽滁州的琅琊山最为人所熟知，也相当符合剧中琅琊山的气质。滁州琅琊山环境清幽，林泉相映，古刹森森，而且距离梁都金陵路途很近。随着《琅琊榜》的热播，2015年10月下旬，琅琊山风景名胜区甚至将一座原名“会峰阁”的阁楼，改名“琅琊阁”，此事颇是引起了社会的非议。至于《琅琊榜》热播之前，滁州琅琊山的盛名，则多半要拜中学语文课本中收录的《醉翁亭记》所赐。北宋文豪欧阳修的这篇千古佳作，开篇就是“环滁皆山也。其西南诸峰，林壑尤美，望之蔚然而深秀者，琅琊也”几句，于是醉翁亭、琅琊山，成了国内几乎家喻户晓的名胜。

其实说起来，滁州琅琊山的得名，还是与出自今河南温县招贤镇、大名鼎鼎的司马懿的后裔司马氏有关。北宋初年乐史的《太平寰宇记·淮南道·滁州清流县》记载：“琅邪山，在县西南十二里。其山始因东晋元帝为琅邪王，避地此山，因名之”；明末清初顾祖禹《读史方舆纪要·南直·滁州》的说法则是：“琅邪山，州南十里。晋伐吴，命琅邪王伷出涂中。时暂驻此，因名。”这里出现了司马睿与司马伷两种不同的说法。司马伷（227—283）是司马懿之子，西晋时先封东莞郡王，改封琅琊王，西晋发兵平吴时，司马伷率兵数万出涂中（在今南京六合），断吴援兵，并最后接受了吴主孙皓的投降。司马睿（276—323）是司马伷的孙子，15岁时袭祖、父的琅琊王爵位，西晋末年北方大乱时，307年来到建邺，开始经营江东，并于317年自建年号，318年称帝，重建晋朝，谥号元帝。

如此看来，无论司马伷还是司马睿，都是对于剧中“金陵”至关重要的人物——司马伷是结束建都建业的孙吴政权的具体人选，司马睿则是开创建康为东晋、宋、齐、梁、陈五朝首都的第一功臣。与“金陵”近在咫尺的滁州琅琊山，无论是因为司马伷“驻此”得名，还是因为司马睿“避地”得名，都显示了这座琅琊山与六朝都城“金陵”兴衰起灭的特殊关系；而《琅琊榜》剧中的琅琊山、琅琊阁，同样搅动了大梁帝都的风云变幻。这样说来，认为剧中“琅琊”地名的原型，主要取自滁州的琅琊山，似乎相对切近。

当然，剧作之于历史，终究只是名号、躯壳的借用。人们知道滁州琅琊山中曾有唐朝所建的琅琊寺，却未曾听说过曾有剧中的琅琊阁。倒是位于金陵亦即建康东郊的句容句曲山亦即茅山，作为梁朝“山中宰相”陶弘景的隐居地，常为梁武帝光顾，而这又与剧中能够预知天下大事的琅琊阁主蔺晨，有了几分神似。真真假假，分分合合，或许，《琅琊榜》作者与编剧海宴故意选取这样一个变迁历程极为复杂的地名作为全书的题眼，正是出于架空历史的目的而有意为之吧。

三、江左

“遍识天下英雄路，俯首江左有梅郎。”《琅琊榜》中的“江左盟”，是梅长苏整个复仇、夺嫡行动的执行组织，“江左”则是梅长苏牢牢掌控的江湖根据地。按照小说和电视剧的描述，江左共计十四州之地，这个范围不仅是江湖上的划定，第一集中誉王也曾奉旨巡视“江左十四州”。在这十四州中，廊州又是江左盟总部的驻地。

那么历史上的江左究竟何指？江左的范围到底有多大呢？

要想了解江左的概念，首先必须明白，在方位上，古人出于坐北朝南的视角，常常以南为上，以北为下，因此左为东，右为西，东西与左右又常常可以互相替代。比如明清时期，文人们常称山西为山右、山东为山左、江西为江右。这和今日的方位惯例——上北下南、左西右东是不同的。所以，“江左”其实就是“江东”。

可是长江是一条由西向东奔流的大江，那为什么会出现江东、江西的说法呢？这是因为万里长江奔流至安徽境内，河道突然向北摆动，至南京城北再次转弯，恢复了东向流动。所以从芜湖到南京一段的长江河道，可以看作是近似南北走向的，而这段江面以东的区域，便被称作江左或江东。

江左或江东的具体范围，随着时代的变化而时有伸缩。早期的江左或江东，大致就相当于先秦吴、越两国长江以南的部分；东汉末年的江东六郡，包括吴郡、会稽郡、丹阳郡、庐江郡、豫章郡、庐陵郡，北至长江，西至江西，南到福建，东到海，大体也是这个范围。随着立足江东的孙吴政权的建立，江东或江左也开始被用来指代整个孙吴。同样，到了东晋南朝时期，由于南北的对立，江左或江东又常常成为北方及后世对南方政权的统称，比如南宋袁枢《通鉴纪事本末》中有“江左经略中原”一章，这里的江左指的就是东晋王朝。

唐玄宗年间，由于将唐初的江南道分成了江南东道、江南西道两部分，江东又成了江南东道的简称。到了唐宋之际，随着江东和两浙的分置，政区意义上的江东，范围缩小到了皖南、南京一带，传统的江东腹地苏杭一带，反倒不属于江南东道（路）的辖境了。

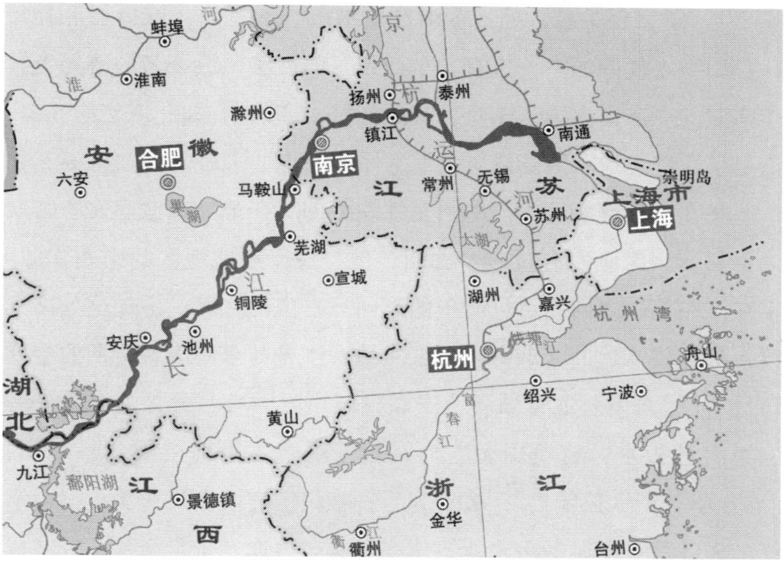

图2–7　芜湖—南京段长江的河道走向

元朝以后，随着政区的调整，江东不再是一级政区的简称，而是恢复成了传统意义上的自然地理区域的概念。不过，无论范围怎样变迁，今天的苏南、浙江、上海、皖南一带，也就是人们熟知的江南地区，大体一直是地理意义与文化意义上的江左或江东的核心区域。

至于《琅琊榜》中“江左十四州”的说法，应该与唐宋时期江南一带的政区划分有关。晚唐诗僧贯休和尚曾有诗云：“满堂花醉三千客，一剑霜寒十四州。”指的正是当时浙江东、西两道节度使的辖地，即润（今江苏镇江市）、常、苏、湖、杭、睦（今浙江建德市）、越（今浙江绍兴市）、明（今浙江宁波市）、婺（今浙江金华市)、衢、台、温、处（今浙江丽水市）十三州，或再加上昇州(南京)。宋代诗词中，也有“十四州”的说法，最著名的诗句当属李清照的“水通南国三千里，气压江城十四州”，如此恢宏的气魄，道尽了女诗人的家国豪情与无限感怀。

又在《琅琊榜》中，廊州是江左盟的所在地。翻检南北朝时期的资料，当时确实有过一个廊州，但是位于雁北地区的山西浑源，不在江左范围之内，可见剧中的廊州只是虚构之名。不过这处离大梁帝都金陵不远的江湖奇才汇聚之地，倒是与东晋南朝时期的会稽（今浙江绍兴市）或宣城（今安徽宣城市）颇有几分神似之处——会稽有佳山水，有美田园，而东晋王羲之主持的会稽兰亭修禊，“群贤毕至，少长咸集”，被推为千古雅聚；宣城山川秀美、群贤络绎，尤其萧齐谢朓的山水诗，使宣城闻名遐迩。于是会稽、宣城成为当时在野乃至在朝名士汇聚的人文渊薮。

值得一提的是，江左或江东原本是个自然地理区域名称，但这个区域自从文明起源时代开始，便拥有了独具特色的文化气质：神秘的宗教、高峻的玉琮、先进的兵器，史前称雄江左的良渚文化，堪称中国新石器时代的一颗耀眼流星。西周初年，泰伯奔吴，这里开始纳入中原文明体系。而在春秋战国的纷争中，长期被北方华夏所忽视的“南蛮”吴、越，更是迸发出了惊人的力量。在历史的舞台上，昭关之下的白发伍子胥、演兵场上的铁面孙武子、挥师入郢的吴王阖闾、卧薪尝胆的越王勾践，演绎了一出又一出荡气回肠的剧目。“行人欲问西施馆，江鸟寒飞碧草多”，多少的沧桑往事，留待后人评说。六朝以前的江左或江东，展现出的是一种杀伐勇武、荡气回肠的文化面貌。晋室南渡之后，华夏正统的斯文之风也被带到了吴越之地，那个曾经出过项羽、孙策的血气方刚的江东或江左，一变而成了王羲之、谢灵运们曲水流觞、吟诗作赋的江南。六朝以后，这里不再是八千子弟手把吴钩的疆场，采莲声中，项羽、孙策俱往矣，江南渐渐取代了江左、江东，成为这片土地更为人熟知的名称。吴侬软语，昆曲悠扬，风流的雅士，水乡的温婉，反倒成了这里最具代表性的文化意象。

四、云南

云南是一个富有曼妙诗意、引人无限遐思的地名，也是《琅琊榜》中少有的、能够与现实完全对应起来的地名。剧中关于“云南”其地的直接描述并不多，不过，作为霓凰郡主的家乡，大梁与南楚对阵的前线，云南的地位仍然显得相当重要。比如在多年前的青冥关水战中，南楚入侵，霓凰临危受命，歼敌三万，才化解了南境危机，这场血战的沙场就在云南前线。又在剧中，霓凰郡主曾情深意切地劝说林殊哥哥与她归隐云南，离开朝政纷乱的金陵，在苍山洱海间逍遥自在，可见云南是片美丽的净土，“苍山洱海”则是直指今天云南的大理了。

提起云南一名的来历，大多数人马上就会想到“彩云之南”——这也是今日云南省的旅游宣传口号。而这柔情似水的美称、口号，竟与雄才大略的汉武帝有着直接的关联。西汉元封二年（前109），汉武帝开疆拓土的军队深入西南腹地，滇王投降，立国百余年的滇国灭亡，汉朝开始在云贵高原陆续设立郡县，实施有效管理，其中就包括了云南县。当时云南县城位于今云南祥云县东南的云南驿镇。至于得名云南的原因，据说是因为汉武帝元狩年间（前122—前117），有“彩云”见于白崖（今大理风仪镇一带），此为祥瑞之兆，所以他派人追踪，然后置县于“彩云之南”，故称“云南”。

追云的传说当然动听，不过终究有些蹊跷。在后世学者的研究中，还有另外两种说法。一说以云南为云岭之南。梁朝刘昭在注释西晋司马彪《续汉书·郡国志》中的云南县时，引用《南中志》的记载，称此处有大山，“郁然高峻，与云气相连结”，于是有人据此认为，云南的得名与这座“云气相接”的山岭有关。二说认为“云南”二字其实是对当地少数民族语言的音译，不能用汉字字面意思来作解释，而具体是哪种语言的音译，则又众说纷纭，如壮族越支系语的“飞起来的土地”（云意为飞，南意为土地），彝语的“黑水流过之地”或“有水的坝子”（云意为水，南意为黑色或坝子），等等。

相比之下，彩云之南、云岭之南、民族语言这三种说法中，前面二说似显牵强，第三种说法最符合古代边疆地名的命名原则，应是最客观的见解。然而，正所谓“真实的未必是流行的”，人们祖祖辈辈津津乐道的，依然是“彩云之南”这个美丽而神奇的传说。好在现实中的云南，也确实在民族融汇的风情与花团锦簇的山水之间，演绎成了游子心中的世外桃源。

西汉时期的云南县属益州郡。东汉永平十二年（69），分益州郡西部置永昌郡（治今云南保山市），云南县改属永昌郡。到了三国时期，蜀汉建兴三年（225）诸葛亮平定南中后，以云南县为中心，设置了云南郡，直至南北朝时未变。不过此时的云南，还只是一郡一县之名，不是整个滇地的统称。及至唐宋时期，云南地区先后出现了统一的南诏与大理国。唐朝中央政府既册封南诏王蒙归义为“云南王”，于是云南成了南诏的代称；五代两宋时期，南诏虽然已经演变为段氏的大理国，但云南名称照旧使用。蒙古蒙哥汗三年（1253）灭大理，改置云南行省，于是云南正式成为省级政区名称，当然这已是后话了。

那么，在《琅琊榜》剧情所设定的梁朝时期，云南地区的真实状况又是怎样的呢？

首先，政区状况。与《琅琊榜》剧中不同的是，那时的“云南”无所谓“郡王”，只是一个郡名，云南郡治在东古复县（今云南永胜县境），而今天的云南省一带，当时统称为“宁州”，宁州治建宁郡味县（今云南曲靖西）。“州”是当时国家一级政区，下辖郡，相当于现在的“省”，而梁朝的宁州，已经是西南版图的极限了，宁州之外，便是今天缅甸一带的骠国。

其次，统治状况。当时宁州的汉化程度与统治程度十分有限。如据《南齐书·州郡志》，宁州“道远土塉，蛮夷众多，齐民甚少，诸爨、氐强族，恃远擅命，故数有土反之虞”。短命的齐朝（479—502）之后，接着就是梁朝。梁朝对宁州的统治状况，后期逐渐有所好转，如据《梁书·徐文盛传》，“大同末，以为持节督宁州刺史。先是，州在僻远，所管群蛮不识教义，贪欲财贿，劫篡相寻，前后刺史莫能制。文盛推心抚慰，示以威德，夷僚感之，风俗遂改”，南朝对宁州的统治达到了最佳状态。但为时不久，太清二年（548），湘东王萧绎为平侯景之乱，召徐文盛由宁州募兵数万赴内地，于是梁朝在宁州的统治力量随之内撤，宁州遂为大姓爨氏割据。随后，宁州又为西魏、北周控制，但西魏、北周也未能直接进入宁州实施统治，而是继续任命爨氏为宁州刺史。

以梁朝宁州这样的状况与《琅琊榜》剧中的“云南”进行比照，可见在“云南”相对独立、地处边境前沿地带、云南穆府拥有实际统治权等方面，剧情还是比较接近真实的梁朝宁州状况的，只是“云南”对抗的“南楚”，或可对应宁州西南域外的“骠国”，“云南穆府”或可对应宁州大姓“爨氏”。按照通常的看法，爨氏为今天彝族主要的祖先，魏晋南北朝时期，其是宁州地区亦即今天云贵地区的实际统治者。彝族男子往往体格高大、高鼻深目、古铜肤色，而彝族女子多面貌清秀。

■ 《长安十二时辰》里的坊市与伏火雷

先说说原著作者马伯庸吧。笔者在媒体采访与写文章时提过马先生，事情的缘起是这样的：2013年的时候，扬州市文物局宣布发现了隋炀帝陵，关键证据是出土了“随故炀帝墓志”。注意，墓志上的“随”，不是隋朝的“隋”，而是“随便”的“随”。很快，马先生在微博中发出质疑，说墓志中出现了“大业十四年”字样，而大业十三年（617）李渊就取代隋朝了，所以这块墓志涉嫌作伪；接着，又有扬州大学的教授指出，墓志中隋朝的“隋”非常可笑地错成了随便的“随”，而且皇帝的墓穴中只可以放玉册，不可能有墓志。于是一时之间，围绕扬州隋炀帝陵造假的质疑，为许多人所接受。也是事有凑巧，笔者早年正好研究过相关问题，而按照笔者的理解，出土了墓志、墓志上的“随”字写法、“大业十四年”纪年，这三点质疑不仅难以成立，反而是坐实此墓为隋炀帝陵的“铁证”。这个事情说起来相当复杂，详见笔者的文章《有关扬州隋炀帝陵“质疑”的质疑》。估计马先生没有看到或者没空看这篇文章，所以没有回应。具体的情况，这里就不细说了。

说回《长安十二时辰》，有网友开玩笑说是《强拆引发的长安血案》，或者中国版的《最长的一天》。而笔者看下来的感觉，真是不错，不错在原著小说作者马伯庸先生能扯出这么多的内容，这就是作家与小心翼翼做历史的人的差别吧；不错在头绪繁多，背景复杂，立意宏大，制作精细，烧脑的程度与观赏的美感也非常值得肯定；还不错在马先生的历史知识与史学功底，真的不可小觑。虽然笔者没有看过马先生的原著小说，但网剧版的《长安十二时辰》，总体而言，真的可以作为哪怕专业人士感悟大唐的参考剧目。

如果把《长安十二时辰》比作一台多幕大戏，那么要看懂这台大戏，就需要掌握剧情、明了舞台、熟悉演员、理解道具。剧情的发展，笔者不想事先掌握，以免少了观剧的悬念；演员的情况，读者有个基本概念，就是大唐长安是座超级国际大都会，外国商人、教徒、使臣、学生以及西部与北方非汉民族的居住人数、到访次数与倾慕之情，都堪称空前，也就可以了。所以在这里，不妨只就所谓的舞台与道具，各举一个例子。

“舞台”，指的是《长安十二时辰》的大唐长安。笔者特别注意到剧中显然不是随意设置长安县、万年县，东市、西市，怀远坊、平康坊等地名的。比如张小敬是长安县不良帅，那他到万年县探案办事就多了些麻烦；取义“怀柔远人”的怀远坊，是四方杂糅的“胡人”的主要聚集地，既在长安县的管辖范围内，又北向紧靠着相当于国际化小商品市场的西市。而林右相所住的平康坊，在万年县管辖范围内，东向紧靠着东市。东市的周围建有众多达官显贵的豪宅，它也就相当于高端人群的消费区。消费场所之一，就是青楼。与剧中表现的情况一样，平康坊确实是当时莺歌燕舞的妓女集中之地，以致后世将“平康”作为青楼的代称。其他如张小敬被关押在怀远坊南面的长安县监狱，大唐“中情局”靖安司在西市东面的光德坊，等等，于是张小敬、檀棋就不得不在东与西之间奔来奔

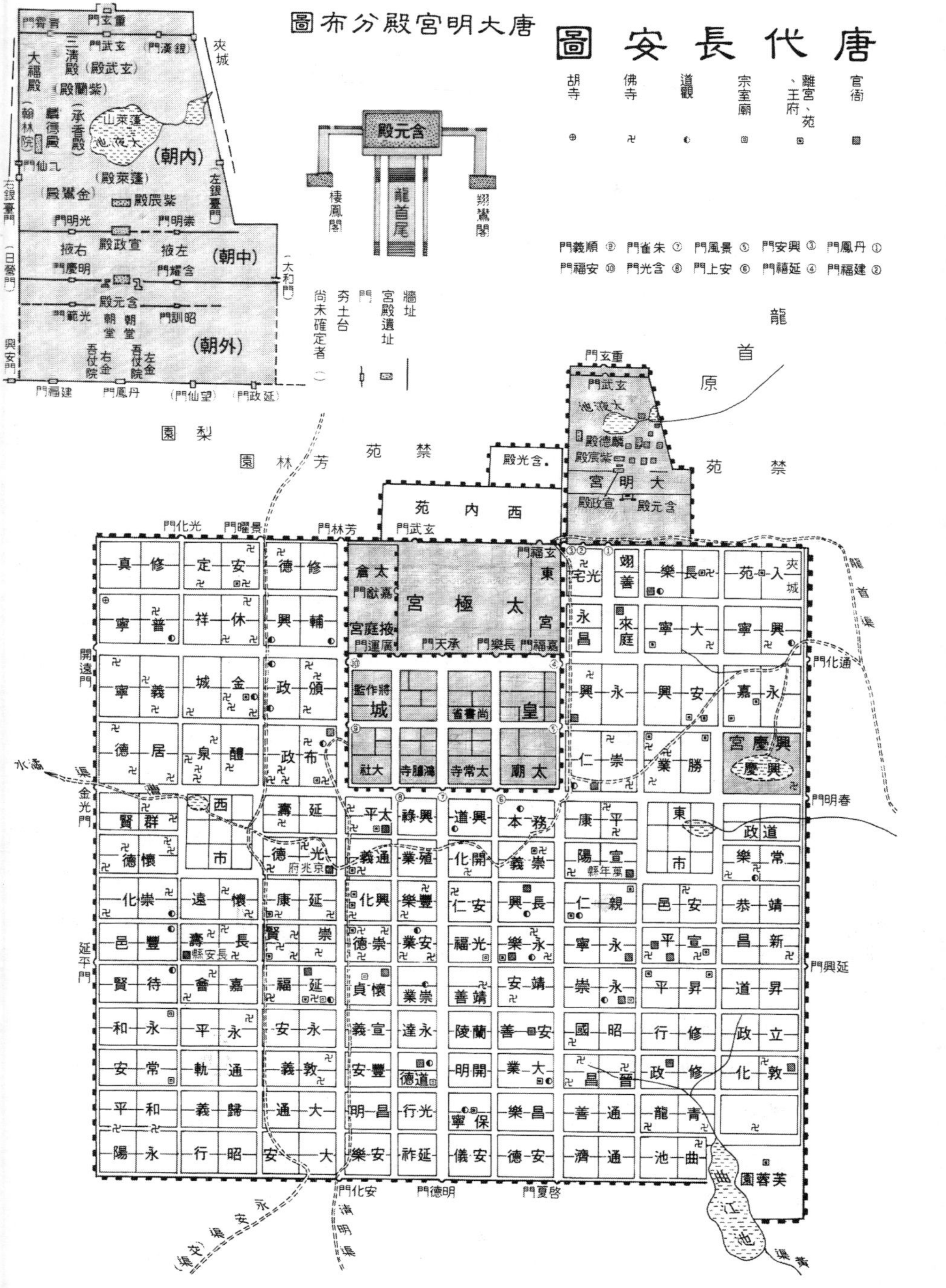

图 2–8　唐代长安图

（程光裕、徐圣谟：《中国历史地图》，中国文化大学出版部1984年版）

去，而在这样的奔来奔去中，剧情得以展开，大唐长安的面貌也得以较为全面地呈现。

大唐长安的面貌如何得以呈现呢？通过观剧，就能了解到长安宫城、皇城、坊市的大致分布。读者对照着看看唐代长安城示意图（图2-8），剧情就会立体起来。比如剧中呈现最多的坊市，坊是格局规整的居民区，市是买卖商品的市场。不同于宋朝汴京的前店后坊，也不同于明朝北京的坊市融合，唐朝长安是坊市分离的，就是把居民区与商业区分开管理。那纵横交错的25条街道分出的108个坊，对应着天上的108组星宿；而以朱雀大街为界，东半部属万年县，有53个坊和占地2个坊的东市；西半部属长安县，有55个坊和占地2个坊的西市。又据说这东市、西市的布局，还是“东西”一词的由来呢。要是果真这样，那又是陆上丝绸之路对中国语言词汇的贡献，这是什么意思呢？

与东西走向的陆上丝绸之路协调一致，由西安往兰州以至河西走廊的城市，古代的市场分布，基本就是东市、西市，甚至城市的形状也是东西延伸。这不同于内地许多城市的北市、南市，以及城市形状的南北延伸。而且西市往往更加平民化、胡化、小商品化，这又对应了“胡人”也就是非汉民族、外国人进城以后，方便住在城西的情况。历史就是这么有趣，有趣的历史又是这么地有规律可循。

再说说剧中的伏火雷。笔者把它比作《长安十二时辰》这台大戏的道具。道具对于戏剧来说，起着符号、象征、点睛、串联等复杂作用，看戏的人应该有所知会。比如《关大王单刀会》里的青龙偃月大刀、《十五贯》里的那串铜钱、《孙悟空大闹天宫》里的那根如意金箍棒，都是全剧的关键或串场的工具。具体说到《长安十二时辰》，全剧得以展开的基础、情节得以悬疑的关键，似乎可以说都是伏火雷。从曹破延炸了旅贲军的3车15桶，再到徐宾舍命得知、张小敬舍命追踪、害怕炸了整个长安城的龙波和鱼肠的300桶，伏火雷一直是巨大的隐患。那么伏火雷到底是什么东西呢？

可以肯定的是，伏火雷的主要原料是黑火药和剧中所说的延州墨。黑火药容易理解，它是用硝石、硫黄、木炭三种原料的粉末，按照一定比例配置搅拌而成的。因为在燃烧时会生成大量黑色烟雾，所以称为黑火药。当药量足够大时，尤其是将它放在密闭的容器中燃烧时，由于会在刹那间释放出大量的光、热与冲击波，所以具有摧毁力。而在《长安十二时辰》中，让黑火药威力倍增，以至于成为恐怖“核弹”的关键还是延州墨。这又是什么东西呢？其实这涉及中国古代一个重大科技发现。

读者们应该都知道北宋的沈括和他的《梦溪笔谈》。在《梦溪笔谈》中，有这样一段记载：“鄜、延境内有石油。旧说高奴县出‘脂水’，即此也。生于水际，沙石与泉水相杂，惘惘而出。土人以雉尾挹之，乃采入缶中。颇似淳漆，燃之如麻，但烟甚浓，所沾幄幕皆黑。予疑其烟可用，试扫其煤以为墨，黑光如漆，松墨不及也，遂大为之，其识文为‘延川石液’者是也。此物后必大行于世，自予始为之。盖石油至多，生于地中无穷，不若松木有时而竭。”这段记载译成白话文，意思是：鄜州、延州即今陕北延安一带，有种石油，过去说的高奴县出产脂水，就是指这种东西。石油产生在水边，和砂石、泉水混杂在一起，时断时续地流出来。当地居民用野鸡尾毛把它蘸取上来，采集到瓦罐里。这种油看上去很像淳漆，燃烧起来像烧麻秆，只是冒出来的烟很浓，把帐篷都熏黑了。我猜想这种烟可以利用，就试着扫了一些烟煤用来做墨，结果写出来的字又黑又亮，即使是松墨，也远远不及它。于是就大量生产，并且定名为“延川石液”。这种墨以后一定会在世上广泛流行，只是从我开始做它罢了。我推想那石油肯定极多，地下的蕴藏无穷无尽，不像松木会有用完的时候。

沈括真是一位伟大的科学家，虽然他的预测是油墨大行于世，而非今天的石油大行于世。回到《长安十二时辰》剧情，因为石脂燃烧后，生成的烟可以用来制墨，所以“坏蛋”报关时报的是300桶墨料，这就避免了引起“海关”人员的注意。而黑火药加上石脂，一旦爆炸，石脂飞溅，就会把人烧到黑色的骨头都露出来，把处处上灯的上元夜长安烧尽，这就是神秘的突厥语“阙勒霍多”怪物伏火雷。当然，伏火雷之所以神秘，关键还在于它的穿越，因为唐朝时内地人连石油都还不熟悉，就更谈不上以石油加火药制作伏火雷了。不过马伯庸的这个穿越，就写小说的老手来说，实在是精彩的一笔。

《长安十二时辰》里值得说的东西很多，回头全剧上线以后，笔者或许会仔细看看，甚至或许会写点什么。其实笔者在看剧写书方面是有得意之作的。2016年初，笔者用8天的时间，看了54集的《琅琊榜》，然后用21天的时间，写了本13万字的《胡阿祥解说〈琅琊榜〉》，包括原道、明时、释名、寻人、证事、说物、穿越7篇49节。这本书好像至今还在热销。当年写它的旨趣，是“还原历史真实，以为剧情谈助，解读剧情关节，以为社会添趣”，而诸位读者如果也这样来看《长安十二时辰》，那就不仅是看热闹消闲，也是得门道做学问了。

下编 地名里的中国

▪ 听歌：“我们都有一个家，名字叫中国”

“地名里的中国”，不妨就从“听歌”开始：

> 我们都有一个家，名字叫中国。兄弟姐妹都很多，景色也不错。家里盘着两条龙，是长江与黄河。还有珠穆朗玛峰儿，是最高山坡。
>
> 我们都有一个家，名字叫中国。兄弟姐妹都很多，景色也不错。看那一条长城万里，在云中穿梭。看那青藏高原，比那天空还辽阔。
>
> 我们的大中国呀，好大的一个家。经过那个多少，那个风吹和雨打。
>
> 我们的大中国呀，好大的一个家。永远那个永远，那个我要伴随她。
>
> 中国祝福你，你永远在我心里。中国祝福你，不用千言和万语。

这首歌叫《大中国》。长江、黄河、珠穆朗玛峰、青藏高原，那是地理的中国；万里长城、风吹雨打，那是历史的中国；兄弟姐妹都很多，那是民族的中国。这样的中国，是我们共同拥有的家；

而当我们面对外国人的时候，“我是中国人”“I am Chinese”，又是我们共同的身份证。

那么，你知道我们的这个家，为什么叫“中国”，又为什么叫China吗？

我先说说“中国”这个名字的发现，那可是充满传奇色彩与偶然因素的惊世大发现。

先是，1963年8月一个雨后的上午，在陕西省宝鸡县贾村，村民陈堆看见院子后面雨后坍塌的土崖上闪着亮光，好奇之中，就用手和小镢头刨，结果刨出了一件高约39厘米、重约14.6千克的铜器。到了1965年，陈堆的哥哥陈湖把铜器背到宝鸡市，卖给一家废品收购站，用换来的30块钱买了一斗高粱。过了一段时间，宝鸡市博物馆干部佟太放在废品收购站转悠时，看中了这件铜器，于是博物馆又以30块钱的价格，将这件铜器赎回。

图3-1　何尊

故事说到这里，还没啥惊奇的，不是有“地上文物看山西，地下文物看陕西”的说法吗？陕西地下的宝贝多着呢。

转眼到了1975年，国家文物局调集全国新出土的文物精品出国展览，这件失而复得的铜器，因为造型凝重、纹饰精美而被选中，送到了北京。当时负责展览筹备工作的上海博物馆马承源先生在清理这件铜器时，竟然在它内胆的底部，发现了一篇122字的铭文。因为作器的贵族名何，马承源先生就把这件铜器命名为“何尊”，并且赞誉何尊是“镇国之宝”。注意，不是“镇馆之宝”，而且分量极重的“镇国之宝”。

为什么说何尊是“镇国之宝”呢？最关键的一点是，在何尊的铭文中，首次出现了连字成词的“中国”二字。相关的两句铭文是这样的：

余其宅兹中或，自之乂民。

这话的意思是：我将住在中国这个地方，治理天下的人民。于是我们获得了非常宝贵的三点认识：

首先，我们知道了早在将近3100年前，已经出现了“中国”这个地名。因为这件何尊铸造于周成王五年，即大约公元前1038年前后，而说这话的人，是大约公元前1046年到公元前1043年在位的周武王。

其次，我们知道了“中国”这个地名，最早指周朝的东都成周，也就是今天的洛阳。换言之，今天的“大中国”，是从洛阳这个“小中国”发展来的。为什么洛阳是最早的“中国”呢？因为洛阳位于当时周朝疆域的中心位置。其实直到今天，以洛阳以及洛阳所在的河南省为“中国之中”的观念，仍然表现在许多方面。比如河南省的雅称有“中州”“中原”；河南人以“中”这个单字表达可以、行、同意等意思；在中华“五岳”中，嵩山为“中岳”。其实地球是圆的，哪来的“中”呢？“中国”“中州”“中岳”等，都是相对范围内的地理概念与比较视野中的文化概念。

最后，我们知道了“中国”两字最初的写法，即“中”像一面旗帜，“國”写作“或”。为什么这么写呢？诸位想象一下，在没有手机的远古时代，首领有事了，怎么召集大家过来？可以想到的一种方法是，在高处竖起一面大旗，大家看到大旗，就从四面八方赶过来，围绕在旗子周围，听从首领发布命令。至于“或”——读作国家的“國”，不读或者的“或”。按照近2000年前的“《新华字典》”、东汉许慎写的《说文解字》的解释，那是“从口从戈以守一”。这里的“口”指城池，“戈”指武器，“一”指土地，“或”就是一个人扛着武器，保卫城池，守护土地，就是《礼记》里说的“执干戈以卫社稷”——干是防守的盾牌，戈是进攻的兵器，社指土地，稷指粮食。进一步说，“中”字＋“國”字就等于“中國”，“中國”这个地名的最初意思，是指位于中间的城池与土地；而作为“国民”，保家卫国就是理所当然的本分。

说到这里，我们真的非常感谢1963年8月的那场雨，使得何尊重现于世；真的非常感恩村民陈堆的初次发现、文博干部佟太放的再次发现、青铜大家马承源先生的第三次发现，使得何尊终成“镇国之宝”；我们也真的非常庆幸这件现在收藏于宝鸡青铜器博物院的超级宝贝，当初没有被当作废铜烂铁熔化掉。当然，我们还会对宝鸡城市形象宣传语“看‘中国’，来宝鸡”，产生非常理解的会心一笑！

接下来要说的China，诸位听了以后，可能就笑不出来了。因

图3-2　何尊铭文拓片

图3-3　何尊铭文中的“中或”二字

为大家都知道的China来源于瓷器的说法，是个美丽的错误。这又是怎么回事呢？

先说美丽的错误。因为大写的China指中国，小写的china指瓷器，所以社会上流行的说法是，称呼中国的China，源于称呼瓷器的china，这样，美丽的瓷器与伟大的中国，就可谓相得益彰了。但在这里，我可以负责任地告诉诸位，这种说法是错的，错在它颠倒了大写的China与小写的china的因果关系。具体来说，就是先有称呼中国的China，再有称呼瓷器的china，因为China中国的瓷器太好了，所以外国人就以china称呼中国瓷器以至瓷器这类物品。打个粗俗的比方，旧时的英语Pekin，既指北京，也指烤鸭，那是北京来源于烤鸭，还是烤鸭来源于北京？这就不必多说了吧！顺带提及，社会上还有China＝吃呐、拆呐、昌南（景德镇在唐朝时称昌南镇）等说法，这当然更属于开玩笑或者异想天开了。

那么，作为中国称呼的China，真实的来源到底是什么呢？我们“打破砂锅问到底”，可以获得这样几层认识：

第一，300多年来，在中外学术界，已经基本达成一个共识，即China来源于秦，秦国、秦朝、秦始皇帝的那个秦，China起初写作Cina，Cin是秦的对音，a是代表土地的后缀。

第二，秦国是怎么来的？大概在公元前890年前后，今天甘肃一带的游牧部族首领非子，被周天子招去养马。因为非子马养得特别好，结果周孝王一高兴，就封了非子一块土地，建立了一个小国。这个小国就叫秦。

第三，秦国为什么叫秦，而不叫元、明、清呢？这得从古文字中找解释。在周孝王与非子那个时代，秦字的写法是这样的：

我们“望文生义”一下，秦字下部并列的两个禾字，象形密集生长在一起的禾苗；中间好像宝葫芦一样的字符，表示朝天生长的禾穗；上部好像爪子的一对字符，表示用双手收获。原来“秦”字的本义是禾，而且是一种密集生长、禾穗朝天、值得收获的禾。这是什么禾呢？经过天水师范学院雒江生教授实地考察与文献验证，这是禾本科优质牧草猫尾谷，别名梯牧草。进而言之，周天子脚下地位卑微的“弼马温”非子，正是靠着持续改良并大量种植“秦”这种牧草，才使马匹膘肥体壮、大量繁殖，从而不可思议地改变了

身份，成为周天子分封的小国的开国者；而为了标志这开国的根本，纪念这难得的荣耀，非子就把国号叫作“秦”了。

说到这里，诸位是不是有些“大跌眼镜”？原来中国称为China的源头“秦”字，最初竟然是种牧草的名字！其实这样的情形，如果放眼世界，并不少见。比如在世界各地不同的语言中，巴西的本意是红木，喀麦隆的本意是大龙虾，西班牙的本意是野兔子，文莱的本意是芒果。可见用物产命名国号，本来就是常见现象，至于用物产命名一般意义上的地名，那就古今中外，数不胜数了。按照地名学术语，这叫特征命名法。

▪ 审图：省区名称的由来

上一篇由听歌开始，这一篇由审图开始。如果仔细观察过中国地图和美国地图就会发现，中国省区的界线都是歪歪扭扭的，好像喝醉了酒一样；美国的州界大多是整整齐齐的，仿佛切豆腐的结

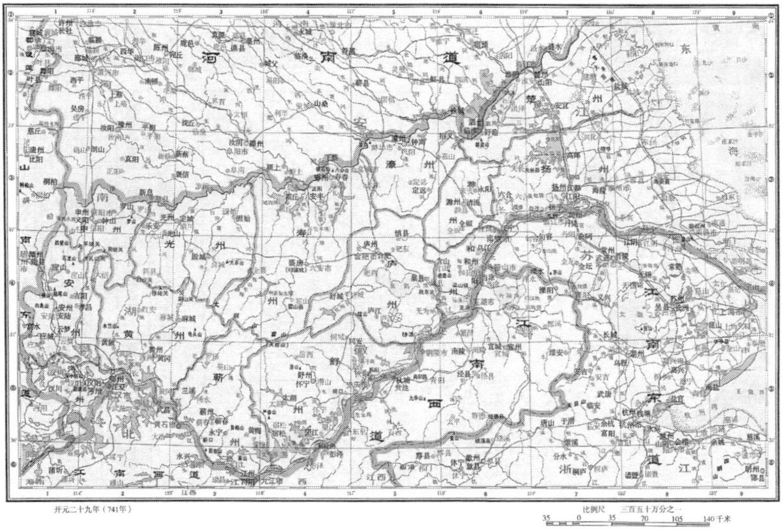

图 3–4　唐朝淮南道

（谭其骧主编：《中国历史地图集》第五册《隋·唐·五代十国时期》，中国地图出版社1982年版）

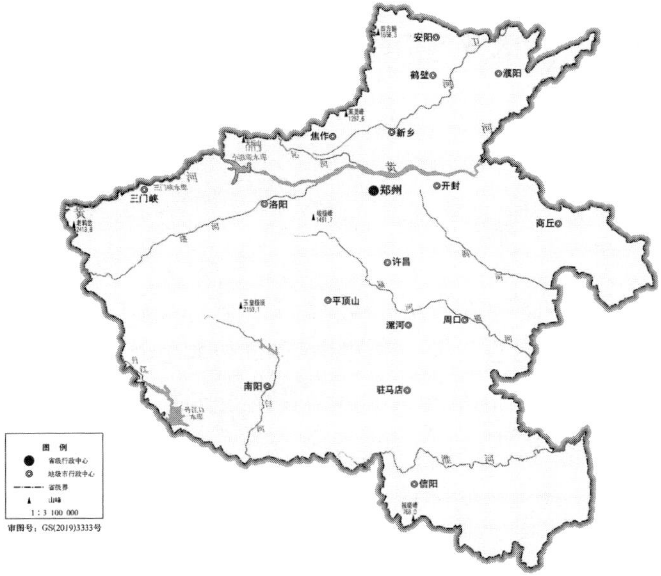

图 3-5　河南省地图

果。为什么会这样呢？政区这东西不是有事没事随意划的，美国有美国的做法，中国有中国的传统。说起中国的传统，自古以来，政区划界就有山川形便与犬牙交错两种原则。山川形便就是按照自然地理形势划界，这会方便地方的行政治理，比如唐朝的淮南道，地域范围清清楚楚，就是淮河以南、长江以北；犬牙交错则是有意打破自然界线，这在冷兵器作战的过去，有利于防止地方势力割据，比如明朝以来的河南省，却有蛮大一块地方在“河北”即黄河以北，而这样的“河南省”，就显得有些“名不副实”了。

回到我们讨论的地名主题上，类似“河南省”这样的“名”不完全符“实”，以今天的省级行政区划来说，就不是少见的现象。比如湖南、湖北二省的分界线，不在洞庭湖，而在洞庭湖以北；陕西省的“陕”，本指今河南三门峡市陕州区西南的陕陌（也称陕原，原为高平之地的意思），陕西就是陕陌以西，但是现在的陕西实为“关西”，即黄河拐弯处的潼关以西。再如山东的“山”，历经变迁，先是崤山，再是太行山，现在也不能说是泰山；江西的“江”，当然是指长江，“江西”却不在长江西面。记得很多年前，有位德国汉学家不理解“江西”这个省名是怎么回事，专门打很贵的国际长途电话来问我，我说这很简单啊，江西是唐朝的江南西道、宋朝的江南西路的简称，老外非常惊奇地夸我真有学问，其实这哪是学问啊，就是浅显的地名知识。

诸位读者，你掌握这些浅显的地名知识吗？如果没有掌握，有时会闹笑话的。我举个例子。

关于四川为什么叫四川，顾名思义的常见说法是，因为境内有长江、岷江、沱江、嘉陵江四条大川。这是错误的，因为四川境内的大川还多着呢。还有一种说法是，四川的“川”取自境内几个带“川”的县名，比如北川、汶川、青川、沐川，但四川境内带“川”的县名，还有金川、通川、达川，以及重庆没有直辖前的合川、永川、南川啊。另外，早年我在四川考察时，与出租车师傅聊天，师傅自豪地说：四川的水陆交通四通八达，汽车、轮船川流不息，所以叫四川，我想这也许是职业期望与善意调侃吧，因为谁不知道李白的诗句“蜀道难，难于上青天”呢？

那么，“四川”得名的正解究竟是什么？由今推古，元朝设置四川行省，其名得自宋朝“川峡四路”的简称“四川路”。川峡四路指益州路（1059年改成都府路）、梓州路（1118年改潼川府路）、夔州路、利州路，“路”在这里是一级政区的通名，相当于现在的省。再往前推，965年，北宋灭后蜀，置西川路，治成都府；973年分置峡西路（也称峡路），治夔州（今重庆奉节县）。及至1001年，西川路分为益州路、梓州路，峡西路分为夔州路、利州路，并且合称“川峡四路”。

当然，要说清楚四川省的名称，还得说说它的两个简称“川”与“蜀”。

先说“川”。四川的“川”，不是河流的意思，而是指平原广野，这又联系着川西平原。自从战国时代秦国蜀郡守李冰治理岷江、建成都江堰以后，川西平原成了“沃野千里，号为陆海”“水旱从人，不知饥馑”“时无荒年，天下谓之天府”的“天府之国”，所以“川”这个简称，实为经济富饶的平原广野的意思。

再说“蜀”这个简称，联系的方面就更加广泛了。先是省境西部在先秦时为蜀国，蜀国被灭后有蜀郡，后来蜀又成为相关地域的称呼，以至三国时代刘备的“汉”被称为“蜀汉”，五代十国时王建、孟知祥先后开国的“蜀”被称为“前蜀”“后蜀”。那么“蜀”的初义是什么呢？从商朝与周朝的古文字看，“蜀”是以桑养蚕的象形字（、），它的上部是蚕茧，里面是蚕宝宝，外面是桑叶；先秦蜀国的开国人物蚕丛，也是因为驯化野蚕、教民蚕桑而得名的。所以蜀地自古以来桑蚕业、丝织业发达，四川是古代丝绸之路的重要起点之一，蜀锦也是中国四大名锦之一。进而言之，因为蜀锦，四川省会成都自古就有锦官城、锦城、锦里的别称，有“此水濯锦，鲜于他水”的锦江。

以上简单梳理了四川省名以及川、蜀两个简称的由来，这些由来，竟然涉及了政区划分、自然地理、农田水利、经济产业、历史过程、古代文字诸多方面，是不是有些“小地名，大学问”的味道？这样的“小地名”，与四川同等级别的，还有22个省、5个自治区的名称与别称[①]，值得诸位当作“大学问”去钻研，而且这样的钻研，往往特别有趣。

怎么特别有趣？我作个简单提示吧。现在我国28个省与自治区名称的来源，可以粗粗地分为三类：

第一类，得名于山水名称，共13个，即与黄河有关的河北、河南，与洞庭湖有关的湖北、湖南，与长江有关的江西，与辽河有关的辽宁，与旧称浙江的钱塘江有关的浙江，与太行山有关的山东、山西，与陕陌有关的陕西，与南海有关的海南，至于黑龙江、青海，大概就不必解释了吧。

第二类，得名于城市名称，共8个。其中4个是1＋1＝1模式，即江宁＋苏州＝江苏，安庆＋徽州＝安徽，甘州（今张掖市）＋肃州（今酒泉市）＝甘肃，福州＋建州（今建瓯市）＝福建。另外4个是小1＝大1模式：云南来源于云南县，相传汉武帝时取义“彩云之南”而置云南县；贵州来源于今贵阳市的旧称贵州，这个旧称又来源于今贵阳市北的贵山；吉林来源于今吉林市的旧称吉林乌拉，在满语中，“吉林”意为“沿”，“乌拉”意为“大河”，“吉林乌拉”就是“沿着大河（松花江）”的意思；台湾来源于“大员”

---

① 北京、上海、天津、重庆四个直辖市，香港、澳门两个特别行政区，虽在政区级别上与省、自治区同级，但其名称属于城市名，与省、自治区的情况有所不同，故本篇不作讨论。

的转音，“大员”本指今台南安平镇一带，原是当地高山族部落名的译音。

第三类，得名于其他情形，共7个。四川就不说了。广东、广西得名于广南东路、广南西路，“广”字源于三国孙吴所置的广州，“广南”则意为广大的南方；宁夏取义夏地安宁，这里的夏，指历史上的西夏国，今天银川还保存着许多西夏王陵；西藏的“西”，是中国西部的意思，“藏”在藏语中代表“圣洁”；新疆旧称“西域”，自古以来就是中国领土，但对清朝中央政府而言，却是新开辟的疆土，所以习惯上称为“新疆”；至于内蒙古，当然得名于蒙古族了。

诸位读者，你知道你所在省区名称与简称的来源取义吗？除了四川以外，我说的都太简单了，所以更详细些的答案，留给你们去完成。

■ 填表：南北二京的地名“履历”

上面的两篇，先从“听歌”切入，说了“中国”与China，后从“审图”切入，说了28个省区；本篇则从“填表”切入，说说我用地名填出的这份南北二京近700多年来的“履历表”：

表3-1　南北二京近700多年的城市称谓

时代	北京	南京
元朝	大都，汗八里	建康路
		集庆路
		应天府
明朝	北平府	南京、应天府
	北京、顺天府，行在	京师、应天府
	京师、顺天府	南京、应天府
清朝	京师、顺天府	江宁府，天京，江宁府
中华民国	北京、京兆地方	南京府，江宁县
	北平	南京
中华人民共和国	北京	南京

为什么单说近700多年呢？因为3000多年的北京城、2000多年的南京城，历史太悠久了，来不及说。为什么单说北京、南京？因为中国现在称“京”的城市，只有北京与南京。也因为此，曾经有北京的人士提出，说我国现在既非两京制，也无陪都的说法，怎么能有两个“京”呢？考虑到以前是北平与南京这对名称，现在不妨反过来，成为北京与南平，即改南京为南平，而为了避免重名，福建省南平市可以另外改个名。诸位觉得如何？反正我觉得这是在找麻烦，于是我也极力鼓动并全程参与了一件地名方面的大事，即在2007年把“南京老地名”成功申报为“南京市非物质文化遗产”。这可是全国的首例，而第一批公布的50条“非遗”老地名的第一条，就是南京。

那么如何理解地名是文化遗产呢？不妨就以元朝以来700多年间的北京、南京为例，看看地名——具体来说就是城市称谓，所填写的这两座古都的“履历表”……

先说北京。元朝定都北京，当时称为“大都”，这也是北京首次成为统一帝国的首都，历时近百年。为什么称“大都”？我们知道，元朝的统治民族是蒙古族，蒙古族来自“天苍苍，野茫茫，风吹草低见牛羊”的广阔草原，他们视野广大、心胸开阔；蒙古族的英雄们，从成吉思汗铁木真到大元世祖忽必烈，建立了疆域庞大、超迈往古的国家。所以蒙古族特别喜欢“大”字，如国号称“大元”，年号有大德、至大，首都也改此前金朝的中都为大都。至于大都的蒙古语名称“汗八里”，“汗”是君主的意思，“八里”是城的意思，“汗八里”就是“君主城”，即帝都。

明朝时，北京称呼的变迁比较复杂。先是1368年徐达率领的明军攻占大都，元朝皇帝妥懽帖睦尔北逃茫茫草原，大明改大都为北平府。北平，平定北方的意思，这是中国古代边疆地名命名的常规路数，即以平、定、安、宁等字眼，表达愿望或威慑。等到1403年，即朱元璋的四子、燕王朱棣夺了朱元璋的太孙、建文帝朱允炆帝位的次年，改北平府为顺天府——“顺天”是顺应天命的意思，并建为“北京”。不过值得注意的是，当时明朝首都仍在京师应天府即今南京，北京顺天府还是陪都，皇帝驻跸时也只称“行在”。“行在”是临时性首都的意思。再到1421年，明成祖朱棣改京师为南京，降为陪都，改北京为京师，升为首都。关于“京师”的意思，《春秋公羊传》中说：“京师者何？天子之居也。京者何？大也。师者何？众也。天子之居，必以众大之辞言之。”所以后世泛称国都为“京师”。

京师、顺天府的名称，为清朝所沿袭。到了民国时代，1912年北洋政府建都于此，又改京师为北京，1914年改顺天府为京兆地方。1928年北洋政府垮台，北京再改回北平，京兆也被废除。及至1949年9月27日，中国人民政治协商会议第一届全体会议通过决议：“中华人民共和国的国都定于北平。自即日起，改名北平为北京。”

再说南京。当元朝时，南京先称建康路。“路”相当于现在的地级市，建康路是从南宋的建康府改过来的。1329年改称集庆路，这是因为元文宗图帖睦尔在登基前，曾以怀王的身份住在这里，这里是他的“龙兴之地”，所以在他即位的第二年，即改建康路为集庆路，又把他住过的王府改建为大龙翔集庆寺。等到1356年，朱元璋率领的红巾军攻占集庆路，遂改应天府。应天者，上应天命，下顺民心，这正是中国传统时代“天–天子–子民”的政治结构与“得民心者得天下”的政治理念的集中体现。再到1368年，朱元璋称帝，国号“大明”，于是以应天府为南京，开封府为北京。1378年，开封罢称北京，南京改称京师，正式定为首都。1421年，因为朱棣迁都北京、改称京师，于是原来的京师改回南京，但此后终明一代，南京都是陪都，同样设有诸多的中央官署。

1645年，即清兵入关的第二年，南京陷落，南京之名也被废止，应天府则被改为江宁府。相对于应天府、南京来说，江宁府的名称自然带有贬义。江宁府这个名称，追根溯源，来自江宁县。早在281年，即西晋灭吴的次年，“以江外无事，宁静于此”而命名江宁县。这当然是立足于建都洛阳的西晋王朝的立场而言的，即视孙吴为僭伪政权，以长江以南为偏远之地。同样，清朝改应天府为江宁府，也是贬抑南京的政治行为。后来，1864年清政府镇压太平天国以后，又把1853年以来的太平天国首都“天京”改回江宁府——“天京”是何等响亮气派，较之江宁，两者的取义有着天壤之别。

民国时期，南京的名称又有了一次反复。先是1912年1月1日，孙文改江宁府为南京府，在此就任中华民国临时大总统，此举结束了延续2000多年的世袭帝制，意义非凡。1913年，袁世凯在北京就任大总统，撤销南京府，改称江宁县。1927年4月1日，国民革命军占领江宁，国民党政府定都于此，又更名为南京。及至1949年中华人民共和国成立，开国领袖们胸怀博大，也为了表达对孙文先生的敬重，所以保留了南京一名，并且沿用至今。

以上，就是地名填写的南北二京近700多年来的“履历表”。

从这份“履历表”中，诸位读者看出什么名堂了吗？我总结与引申了两点，与大家分享：

第一点，北京建都时的名称，如元朝的大都、汗八里，明清的京师、顺天府，民国前期的北京、京兆地方，以及南京作为“龙兴之地”以及首都、陪都时的名称，如元朝的集庆路，明朝的南京、京师、应天府，太平天国的天京，民国后期的南京，都是与当时政治地位相得益彰、辉煌灿烂的名称；而明初的北平、行在，民国后期的北平，尤其清朝的江宁府，仅从名称来看，地位就逊色了很多，这正对应了当时北京、南京政治地位的下降。所以我们说，地名浓缩了南北二京的沧桑岁月，见证着南北二京的如烟往事，地名是历史的印记。

第二点，北京作为基本连续的大元、大明、大清三个统一王朝的首都，其统治民族分别是来自草原的游牧民族蒙古族、以农业为底色的汉族、来自白山黑水的狩猎民族满族，所以我常说，理解中华民族的融合看北京。北京的炸酱面，五颜六色，正是民族融合的鲜活象征。北京的地名也是充满“胡气”的，比如“胡同”，就是蒙古语“水井”的汉字记音。人们生活的地方不能没有水井，所以北京“胡同”特多，老北京民谚就说：“有名胡同三百六，无名胡同似牛毛。”北京还有许多的“海”，中海、南海、什刹海、后海。这个“海”也来自蒙古语，本是“海子”的简称，是湖泊的意思。至于南京，号称六朝古都、十朝都会，前后有孙吴、东晋、宋、齐、梁、陈、南唐、大明、太平天国、中华民国建都，而它不同于北京的地方：一在断断续续地建都，于是建都时地位提高、名称响亮，不建都时地位下降、名称低迷，所以南京具有尤其明显的兴衰起伏的特点，以至于南京诞生了中国最好的怀古文学作品，南京甚至被联合国教科文组织“创意城市网络”授予了“世界文学之都”的称号；二在建都南京的政权都是华夏汉族政权，南京也因此承担了华夏文化薪火相传的使命，所以我又常说，理解华夏民族的纯正看南京。换言之，北京、南京这样的名称演变，可谓凸显了地名作为文化遗产的特别价值与无穷魅力。

上下五千年、纵横一万里的中国，曾经建都的地方很多，其中最负盛名的是所谓“七大古都”，即西安、北京、洛阳、南京、开封、安阳、杭州。北京、南京的地名“履历”既具有历史印记、文化遗产的特别价值与无穷魅力，其他古都当然也不例外……

▪ 逛街："寻常巷陌，人道寄奴曾住"

上面的三篇，从大到小，说了国家、省区、都城的地名故事。这篇，我们进一步缩小到街巷名称，感受一番寻常街巷、名不寻常。这些不寻常的名字，或许还会引起你逛街的兴趣呢……

第一个例子，六尺巷。我老家的六尺巷，不似早年那般清静，现在已经成为"网红打卡地"了，爆棚的游客，往往还边逛边哼着那首中国风浓郁、曲调优美的《六尺巷》：

> 我家两堵墙，前后百米长。德义中间走，礼让站两旁。
>
> 我家一条巷，相隔六尺宽。包容无限大，和谐诗中藏……

这是一条怎样的巷子呢？这条巷子，位于安徽省桐城市老城区西后街，原安徽省荣军休养院内。巷子长约百米、宽则六尺、鹅卵石路面，看上去普普通通；而它不普普通通的，是这条地名背后的"德义""礼让""包容""和谐"……

话说清朝康熙年间，正在京师（今北京）任职的正一品大员、文华殿大学士张英收到一封来自桐城的求助家书，"告状"老家盖房子时，与邻里吴家发生了地界纠纷。张英看罢，写诗劝道：

> 一纸书来只为墙，让他三尺又何妨。
> 长城万里今犹存，不见当年秦始皇。

张英家人接获这封特别的回信后，几番吟诵，深感愧疚，于是大度地让出三尺宅基地；吴家见此情形，觉得张家有权有势，却不仗势欺人，大为感动之下，也就后退三尺。这样，在张家（俗称“宰相府”）与吴家的院墙之间，就空出了一条六尺宽的南北向通道，后来得名六尺巷；张英的这首诗，也收获了“最强调解诗”的美誉。影响至于今日，桐城还有“争一争行不通，让一让六尺巷”的说法

图3-6　桐城六尺巷

与做法，年轻人在狭路窄巷遇见迎面走来的老者，也总习惯贴墙避让，甚至桐城出产的老酒，都有“让三尺”品牌。这就是中华传统文化讲究的德义、礼让、包容、和谐的君子美德吧。

第二个例子，回车巷。类似桐城六尺巷这样地名很写实、典故很有趣的寻常街巷，在我们国家还多着呢。如2017年8月我曾走过的邯郸回车巷，诸位可能比较陌生，但若提及语文课本里的“将相和”，你们一定熟悉，而回车巷的得名，就与廉颇、蔺相如这两位“感动中国人物”有关：

> 七雄争霸，秦为最强，素怀一统天下之志，因恃其强，屡犯赵境，赖廉颇力拒，终莫能入。时有蔺相如者，尝完璧归赵，渑池赴会，两屈秦王，屡建功勋，因拜上卿，位在廉颇之右。
>
> 廉颇自恃有攻城野战之功，耻居相如之下，怒甚，扬言欲羞辱之。一日，相如外出，行经狭巷，遥望廉车驰来，不忍将相水火，殃及国家，遂避匿于旁巷之中。是以国计为重、私怨为轻之义举也。
>
> 世人不悟，皆以相如为懦夫；而廉颇亦不谅其情，日益骄横。迨河东人虞卿游赵，往见廉颇，责之以理，晓之以情。廉颇大惭，遂肉袒负荆，亲造相府，长跪庭中。相如趋前答拜。自此将相和好，赵国日兴。
>
> 相传此地为蔺相如旧日回车之故址，明代万历十二年曾建碑于此，后破损无存。今重立此碑记。

邯郸市文物保管所1981年6月24日所立的这篇碑记，基本史实来自司马迁的《史记·廉颇蔺相如列传》，其中涉及的成语如完璧归赵、负荆请罪，体现出的品质如顾全大局、勇于改过，都是我们需要知道、值得学习的。如今，这位于邯郸市串城街南段、东西走向、长约70多米的回车巷，以及巷子东端的回车巷文化广场，店铺林立，商业繁华。诸位想象一下，当你驻足于此，眉飞色舞地给外地游客讲述“将相和”的精彩、称道回车巷的美名时，那份“我知你不知”的快意，一定会让你非常享受吧！

说过了我家乡的六尺巷、我走过的回车巷，我要说的第三个例子，是宝岛台湾高雄的道路名称，字面直截了当、寓意丰富多彩。其中最富典型意义的，是从南到北的十条东西方向的横贯路，分别名为一心、二圣、三多、四维、五福、六合、七贤、八德、九如、十全。这都是些什么意思呢？

一心，一心一意、同心同德、专心致志的意思；

二圣，或说是制礼作乐的周公、大成至圣的孔子，或说是文圣孔子、武圣关公，他们都是令人敬仰的古圣先贤，值得我们见贤思齐；

三多，多福、多寿、多男孩，这是中国传统时代的理念；

四维，指礼、义、廉、耻，明礼义、知廉耻，国家才能治理，社会才能安定；

五福，长寿、富贵、康宁、好德、善终，五福齐至，寓意着幸福美满的人生；

六合，上、下、东、南、西、北为六合，六合指天地四方、宇宙人间，成语“六合同春”寓意天地人间的祥和康泰；

七贤，魏晋时代著名的“竹林七贤”，即嵇康、阮籍、山涛、向秀、刘伶、阮咸、王戎，他们游于竹林之中，好清谈，喜饮酒，诗文酬唱，被推为中国古代名士的代表人物；

八德，孙文先生以忠、孝、仁、爱、信、义、和、平八目为固有道德；

九如，《诗经·小雅·天保》中的九个“如”，即如山如阜，如冈如陵，如川之方至，如月之恒，如日之升，如南山之寿，如松柏之茂，后来就以“天保九如”作为福寿绵长的祝福词；

十全，十为满足，全为完美，十全就是完美无缺的意思。

诸位，这样的高雄道路名称，是不是一道又一道亮丽的中华文化风景线？走在这样的道路上，是不是仿佛走在不仅丰富，而且深邃的中华传统道德里？

我要说的第四个例子，是名列“南京十佳老地名”的一批街巷。早在2004年3月初，南京开展了评选“十佳老地名”活动。到了4月中旬，8位地名专家，我也是其中之一，在市民投票最多的前20条地名中，最终评出“十佳老地名”：乌衣巷、朝天宫、桃叶渡、成贤街、龙蟠里、夫子庙、长干里、孝陵卫、莫愁路、虎踞关。需要说明的是，在评选活动开始前，没人知道最后的结果；而等到基本尊重民意的结果出来后，我在接受记者采访时，真是非常感慨，因为这“南京十佳老地名”，竟然具有广泛、形象、到位的象征意义与指示作用。

何谓象征意义？我就说说乌衣巷、成贤街两条地名吧。

乌衣巷得名于三国时代，当时这里驻扎着身穿黑色制服的吴国军队，所以得名乌衣巷。这条地名真算不上优美，那它为什么能得到市民与专家的高度认可，乃至位居“十佳”之首呢？按照我的理解，乌衣巷的闻名遐迩，联系着唐朝“诗豪”刘禹锡的《乌衣巷》诗，《乌衣巷》诗又堪称南京历史的画龙点睛之笔。此话怎讲？“朱雀桥边野草花”，野草开花，点染出曾经热闹的朱雀桥畔的荒芜；“乌衣巷口夕阳斜”，夕阳斜晖，映衬着过去显赫的乌衣巷里的寂寞；“旧时王谢堂前燕，飞入寻常百姓家”，王家、谢家的高门华堂，已经变成寻常百姓人家。这样的人世变迁，岂不就是古都南京兴衰起伏的形象写照吗？由此，乌衣巷成了历史沧桑的南京的象征。

再说成贤街，它得名于明朝的国子监。曾有外地游客问我，国子监是否就是国家监狱？这样的笑话不会发生在南京人的身上。所谓国子监，简单说就是明朝的国家最高学府（太学），当时人认为读书人经过国子监的培养，才能成为“贤人”，所以把国子监所在的街道称为“成贤街”，成贤街也就成了人文雅致的南京的象征。

至于其他的八条地名，我在这里姑且放条引线，意在“引逗”你们前来南京做客与“脚读”：龙蟠里、虎踞关象征着地理形胜的南京，南京的别称就叫“龙蟠虎踞”；朝天宫、孝陵卫象征着京都大气的南京，彰显着南京的政治地位；夫子庙象征着市井百态的南京，这是最雅也最俗的南京；桃叶渡、长干里、莫愁路象征着城市性格的南京，桃叶渡得名于风流才子王献之在这里迎送女友桃叶，长干里因为李白的纯情诗句“郎骑竹马来，绕床弄青梅。同居长干里，两小无嫌猜”而传诵古今，莫愁路则精准反映了屡仆屡起的南京城市“化愁为不愁”的微妙心态。

这就是“南京十佳老地名”的象征意义，它们竟然从历史、地理、政治、文化、社会、性格六个方面，全面代言了南京这座“六朝古都”“十朝都会”，你说奇妙不奇妙？

奇妙的还不仅此呢！进一步品味，“南京十佳老地名”整体指示了南京城市的时空发展过程。就“南京十佳老地名”专名的产生时间看，先秦地名为长干里，六朝地名为龙蟠里、虎踞关、乌衣巷、桃叶渡、莫愁路，宋朝地名为夫子庙，明朝地名为朝天宫、成贤街、孝陵卫。这样的时间分布，准确反映了南京城市的历史记忆，主要是六朝和明朝，这正是南京确立其历史地位、奠定其城市规模的两个最重要时期。又就“南京十佳老地名”的地域分布看，除了城中的成贤街、城外的孝陵卫，其他八条老地名都在“老城南”，这客观反映了南京城市的空间发展过程，所以诸位要逛古都南京，首先就得考虑逛老城南。

以上就是与我们的日常生活息息相关的寻常街巷、名不寻常。换成文学语言，这就是南宋词人辛弃疾在《永遇乐·京口北固亭怀古》词中咏叹的“寻常巷陌，人道寄奴曾住”的意思吧，因为小名“寄奴”的南朝刘宋开国皇帝刘裕曾经住过，“寻常巷陌”就变得不寻常了。我想，当你逛街走巷时，如果你关注街巷地名，你就不会寂寞，因为你时刻在发现，在学习，在追溯，在感悟。而这样的逛街走巷，又是不是显得特有文化？

▪ 品味：舌尖上的地名

啥叫“舌尖上的地名”？先说个改来改去的地名故事。

云南省有个县级市宣威。“宣威”之名始于明洪武年间在此设宣威关，“以资镇摄”；及至清雍正五年（1727）设宣威州，民国二年（1913）废州为县。新中国成立后，考虑到“宣威”涉嫌“宣扬朝廷天威”、带有旧时代的民族压迫色彩，于是1954年6月30日，经县人代会通过、报内务部（即后来的国务院）批准，改“宣威县”为“榕峰县”。“榕峰”来源于境内东山最高峰的名称，“榕峰耸翠”更为“宣威八景”之首。然而到了1958年，当地就急吼吼地恢复了宣威县名，并于1959年11月30日得到了国务院同意云南省将榕峰县改回宣威县的请求。这又是怎么回事呢？诸位大概想不到，这次改名的关键竟然在火腿。

说起中国传统美食，“火腿”可谓一道亮丽的风景。火腿是中国人的发明，大约起源于唐朝以前，至今已有千年以上的历史。民间传说，宋朝抗金名将宗泽进献家乡义乌腌制的猪腿给朝廷，康王赵构见其肉色鲜红似火，赞不绝口，于是赐名“火腿”，后人为了纪念宗泽，遂把他奉为火腿业的祖师爷。“火腿”得名的另说，则是火腿乃以烟火熏制而成，故名。而发展至于今日，最负盛名的火腿，要数“南腿”金华火腿、“北腿”如皋火腿、“云腿”宣威火腿。其中的宣威火腿，1923年还曾得到孙文先生“饮和食德”的亲笔题词，以褒扬宣威爱国实业家、邓小平夫人卓琳（浦琼英）的父亲、“火腿王”浦在廷先生的优秀品格与他改良创新宣威火腿的特殊贡献，于是宣威火腿越发脍炙人口、誉满天下，“宣威”地名也随着宣威火腿的畅销而名播世界。

有意思的是，当1954年宣威县改名榕峰县、“宣威火腿”也随之改名“榕峰火腿”后，榕峰火腿却突然滞销了。原因其实很简单：榕峰火腿无人知晓，所以卖不出去。这严重影响了当地的经济收入。无奈之下，1958年榕峰县又改回宣威县，“榕峰火腿”也恢复了“宣威火腿”的旧名，于是，具备名牌产品效应的“宣威火腿”不仅再次畅销，而且销量迅速增长，如据县食品公司的原腿销售资料，1954年159.5吨，1959年706吨，1984年1309吨……

这就是“火腿”上的“宣威”、舌尖上的地名！诗意些说，舌尖品的是味道，地名带的是感情，舌尖感觉着一方水土的一方美味，地名富集了一方美味的一方记忆，而一方水土＋一方美味＋一方记忆＝你我他她舌尖上的万千地名！

舌尖上的地名，以我的“老家”桐城、祖籍宁波为例，就是不胜枚举。

前几天，酷暑炎热时节，九位家人从桐城赶来句容，“四世同堂”，庆贺我的生日。带来的满满当当的家乡味道，有朝笏（就是其他许多地方所说的长条状烧饼）、锅巴、炒米、青草麻丰糕，半熟的蒿子粑、火烘肉，保鲜的水芹菜、香干，以及地里现摘的黄瓜、辣椒、茄子、豇豆、番茄……大家品着蕴含六尺巷典故的“让三尺”酒，尝着老母亲精心烹调的大关水碗，那番乡音、乡味，那份乡情、乡念，引发已近花甲之年的我，几度泪目。

自从17岁离家上大学，迄今40余年过去了，老家清香怡人的“桐城小花”茶，我是日日不离口；可蒸可煎可炸、香甜不腻的“桐城丰糕”，冬春时节我是必定备足，“小花”与丰糕搭配的早餐，总会开启我惬意的一天；至于1995年起桐城酒厂出品、近年已经不见的“文都宴酒”，则总在我的回味中，而且回味中还夹杂着几许的惋惜：“文都”，多么响亮的吾邑桐城的名号！

让我感觉奇怪而又似乎“顿悟”的是，虽然我17岁才第一次踏上祖籍宁波的土地，却自小喜欢宁波奶奶的厨艺，宁波特色的汤圆、年糕、油焖笋、四喜烤麸、雪里蕻毛豆，那是百吃不厌；宁波的杨梅酒，四十不惑以后，也是长饮不醉。又有稍稍得意的趣事，因为我在电视节目中，借用李白《梁园吟》的“玉盘杨梅为君设”诗句，点评了宁波慈溪的杨梅酒，“为君设”竟然成了慈溪一家酒坊的杨梅酒注册商标……

舌尖的味觉，那是愈久愈醇的自然本性；地名的标记，那是与生俱来的人文传统。而舌尖与地名的奇妙结合，让舌尖拥有了四海九州，让地名具备了色香味形！

舌尖的四海九州，地名的色香味形，放眼祖国大地，我都不知从何说起了。不妨列举些普遍到人尽皆知、卓越到举世公认的“舌尖”地名或“地名”舌尖吧。

如由原国家质检总局、原国家商标局申请或注册，2011年评出了第一批共18个“全国五星级地理标志保护产品”：

表3-2 第一批“全国五星级地理标志保护产品”

保护产品名称	地理标志分类	省市区
贵州茅台酒	酒类	贵州
五粮液酒	酒类	四川
安溪铁观音	茶叶类	福建
中宁枸杞	中草药材类	宁夏
金华火腿	食品饮料类	浙江
宣威火腿	食品饮料类	云南
龙井茶	茶叶类	浙江
文山三七	中草药材类	云南
普洱茶	茶叶类	云南
山西老陈醋	食品饮料类	山西
库尔勒香梨	蔬菜瓜果类	新疆
绍兴黄酒	酒类	浙江
阳澄湖大闸蟹	水产品类	江苏
五常大米	粮食油料类	黑龙江
固城湖螃蟹	水产品类	江苏
镇江香醋	食品饮料类	江苏
浏阳花炮	轻工产品类	湖南
赣南脐橙	蔬菜瓜果类	江西

以上除了“五粮液酒”没有冠以产地“宜宾”地名、“浏阳花

炮”不能“品尝”外，这些五星级保护产品的名称，都是地名＋特产的结构。这样的“结构”，又真是表现在方方面面。比如茶叶与地名。俗话说“茶叶喝到老，茶名记不了”，可见茶叶名称的五花八门；而以产地命名，又是颇为主要的一种命名方式。如黄山毛峰、庐山云雾、信阳毛尖、太平猴魁、六安瓜片、凤凰单枞、祁门红茶、霍山黄芽、福鼎白茶、安化黑茶等，地名与茶香可谓彼此浸润、相得益彰。这样的地名，就是典型的“舌尖上的地名”；这样的产品，也就意味着品质与信誉的保证。

再如我们常说的“中国八大菜系”，咸鲜的鲁菜、麻辣的川菜、鲜香的粤菜与闽菜、清淡的苏菜与浙菜、香辣的湘菜、鲜辣的徽菜，不仅基本符合我们平常认知的“南甜”“北咸”“东辣”“西酸”的口味嗜好，而且在炒、烧、煎、炸、煮、蒸、烤、淋等烹饪技法上各擅其长、争奇斗艳，乃至有“好事者”把这“八大菜系”作了拟人化的描绘：鲁菜如同讲究礼义廉耻的士人，川菜、湘菜就像内涵丰富、才艺满身的江湖术士，粤菜、闽菜宛若风流儒雅的公子，苏菜、浙菜、徽菜好比清秀素丽的江南美女，云云。当然这样的描绘，尽可仁者见仁、智者见智，比如按照我的感觉，被善意调侃为“轻度腐败”（如臭鳜鱼、毛豆腐）、“严重好色”（味道重、颜色浓）的徽菜，就与江南美女的形象很是不搭……

诸位，这就是奥妙无穷、耐人寻味的“舌尖上的地名”，而循着这样的地名追下去，你就会在对话孔老夫子“食不厌精、脍不厌细”的生活美学的同时，有着享不尽的口福。

▪ 魅力：天堂般的“江南”与秘境“香格里拉”

“谁不说俺家乡好！”就以我来说，无论是祖籍的宁波、籍贯的上海，还是成长的桐城、工作的南京、生活的句容，逛着有典故、倡道德的街巷，品着色香味形兼善的美食，再与朋友们聊聊家乡地名的来源取义，那真是一种文化生活、诗意人生……

多少年来，行走各地，在外国，我是自信的中国人；在北方，我被看作讲情调的南方人；在南方，我努力做个雅致的江南人。因为差异产生美，差异产生交流的话题，于是，美美的、说不尽的“江南”，也就成了我最爱说的话题之一。

我说“江南”，常引晚唐韦蟾的《送卢潘尚书之灵武》诗开头：

> 贺兰山下果园成，塞北江南旧有名。
> 水木万家朱户暗，弓刀千队铁衣鸣。
> ……

这首唐诗不太有名，却很有趣。如何有趣？我们由此知道，早在9世纪的晚唐时代，远在西北的贺兰山下，已被称为“塞北江南”。而再追溯上去，依据北宋乐史《太平寰宇记》中灵州“本杂羌戎之俗。后周宣政二年破陈将吴明彻，迁其人于灵州，其江左之人崇礼好学，习俗相化，因谓之‘塞北江南’”，以及北宋曾公亮、丁度《武经总要》中兴州“有水田、果园……置堰，分河水溉田，号为‘塞北江南’”等记载，我们可以判断：至迟在6世纪末时，以今银川（古称兴州）、吴忠（古称灵州）为中心的银吴平原，随着大约两三万江南战俘的迁入定居，社会风俗从“本杂羌戎”变得“崇礼好学”，加上水田、果园、堤堰、灌溉的经济面貌，已经获得了“塞北江南”的美誉。时至今日，这里大漠金沙、黄土丘陵的自然景观与水乡绿稻、林翠花红的人文景观相映成趣，又交织出一幅“塞上江南”的五彩画卷。那么问题来了，为何这样的社会风俗、经济面貌、地理景观，就被比附为“江南”呢？不妨再说个可以求解的动人故事——

还在“塞北江南”得名的6世纪初，506年，建都建康（今江苏南京市）的梁朝发动北伐，主帅萧宏命令秘书丘迟给镇守寿阳（今安徽寿县）的北魏将军陈伯之写了封信。这位陈伯之，原是齐梁改朝换代之际叛逃北魏的，而当他得信后，竟然率领八千军队，重新回归梁朝。这是一封怎样的书信呢？古往今来，人们都以为《与陈伯之书》中的这几句最为感人：

> 暮春三月，江南草长，杂花生树，群莺乱飞。见故国之旗鼓，感平生于畴日，抚弦登陴，岂不怆悢……将军独无情哉？

人岂无情？所以丘迟的一封信，招来陈伯之的八千兵！我想，这既是陈将军故国乡关的情思，也是丘秘书文学经典的力量，更是说不清也说得清的“江南”的魅力。

“江南”的魅力何在？在于说不清的模糊。比如“江南”作为地名，在哪里，是什么，可谓言人人殊。气象学者说江南是梅雨，地理学者说江南是丘陵，语言学者说江南是方言，历史学者说江南是沿革，经济学者说江南是财赋，人文学者说江南是文化，诗人说江南是“江南”。梅雨的“江南”，广及淮河以南、南岭以北、三峡以东；丘陵的“江南”，把苏州、无锡、常州、南京、杭州等排除在外；方言的“江南”，以“吴侬软语”最具代表性，这样说着“官话”的南京就不是江南了，但南朝诗人谢朓《入朝曲》却说：“江南佳丽地，金陵帝王州”，习称“金陵”的南京，不仅是江南，还是中国古代江南的政治领袖城市；至于诗人的“江南”，如在杜牧的《寄扬州韩绰判官》诗中，“青山隐隐水迢迢，秋尽江南草未凋。二十四桥明月夜，玉人何处教吹箫”，又实实在在是“江北”的扬州，甚至直到今天，烟花三月、二分明月的江北扬州，仍被视为典型的江南……

“江南”的魅力何在？又在于说得清的意象。江南是天造一半、人造一半，是人文色彩浓重的自然、自然风韵独具的人文，江南是灵动，是创新，是天堂。就以“江南”是“天堂”来说，温山软水，杏花春雨，流水人家，古镇与园林，飘香的稻米，精致的丝绸，缓缓移动的油纸伞，丝竹流芳的音乐，婉约悠扬的民歌，自然淡雅的布置，聪颖灵慧的性格，如此等等，就凝聚成“江南”地名的文化意象，即“江南”象征着身体与心灵的诗意栖居，代表着和平、安逸、美好的人间天堂。这样的人间天堂，不是西方人天上的、虚构的、教堂里的天堂，而是中国人地上的、现实的、生活中的天堂！进而言之，这样的文化“江南”，又使本指长江以南，尤其特指长江下游以南的地名“江南”，频频跳跃到了远方，比如宁夏的银吴平原、甘肃的天水与陇南、西藏林芝、新疆伊犁等地，都有“某某江南”的美誉，贵州湄潭、青海贵德、黑龙江东宁、内蒙古扎兰屯等县市，也有“某某小江南”的说法，至于冠名“江南”的店招、广告，更是随处可见……

如此看来，真可谓神州处处有“江南”！作为象征性的概念，“江南”已经不是意为“某江之南”的一个普通地名，它凝聚着中国人的天堂情结，写照着中国人的香格里拉！

香格里拉？1933年，英国作家詹姆斯·希尔顿（James Hilton）出版了他的长篇小说《消失的地平线》（*Lost Horizon*）。在书中，希尔顿描绘了一处与世隔绝、名唤“香格里拉”的地方，那里风光秀丽、空气清新，居民品格高尚、健康快乐。1937年，美国好莱坞将小说搬上银幕，公映后荣获奥斯卡金像奖，并由此引发了一股探险家寻觅“香格里拉”秘境的热潮。

半个多世纪过去了。2001年12月，中国云南省中甸县更名为香格里拉县，2014年12月撤县设市（县级市）。那么，中甸真是香格里拉吗？

据专家们考证，希尔顿笔下的“香格里拉”（Shangri-La），就是藏传佛教经典中的“香巴拉”（Shambhala），藏语意为“心中的日月”，这里雪山环绕、天地纯净、宁静祥和、黄金佛塔林立，是一处神秘完美的人间乐土；而迪庆藏族自治州尤其中甸县一带的地理环境、自然景致、民族风情、人文面貌，与希尔顿书中的描绘惊人相似，于是理想的香格里拉＝现实的中甸，成了最占优势的说法。

其实，无论“江南”还是“香格里拉”，这类地名的具体所指，也许相对次要，这就好像陶渊明笔下的“桃花源”，已经成为世世代代中国人理想家园的代名词；换言之，诸如江南、香格里拉、桃花源这些谁都想要的、美美的地名，究竟在哪里，到底怎么样，往往很难说清，那就干脆模糊以对，而选择开动我们的双脚，前去欣赏中华大地的处处“江南”、绿水青山的处处“桃花源”、理想完美的处处“香格里拉”，前去感触“地名中国”的无限精彩吧！

▪ 巡礼：佛道名山

常言道“仁者乐山，智者乐水”，其实“乐山”也可以“益智”的，比如我家的“靠山”宝华山、“案山”茅山，徜徉其间，所思所悟就甚多……

宝华山位于江苏句容市北部，原名花山，因春夏时节黄花漫山遍野而得名。及至民间传说中济公和尚的原型、梁代高僧宝志来此立庵传经，于是庵名志公庵，山名也逐渐变为宝华山（华就是花）。到了明朝，神宗皇帝赐名“护国圣化隆昌寺”，宝华山、隆昌寺更是声名大振。尤其隆昌寺，明末以来拥有“律宗第一山”的美誉，寺内的石戒台是举行放戒仪式的地方。在佛教中，放戒好比现代大学里授予学位，而取得隆昌寺“学位”的戒僧光临天下名刹，都会受到热忱接待。由此也可见，无论哪个行当，“持守规矩”都是令人起敬的。如我曾经受领任务，为宝华山里蜿蜒曲折的道路命名，即拟出了以宝华山历代佛教大师命名的普照路、雪浪路、妙峰路、见月路、松隐路、文海路等，借以表达我的虔敬之情。

茅山位于江苏句容市南、常州市金坛区西，是道教上清派的发源地，拥有“第八洞天，第一福地”的美誉。茅山本名句（勾）曲山，“句（勾）曲”为古越语记音，其义没有确切说法。西汉年间，咸阳人茅盈、茅固、茅衷三兄弟来此结庐修道，采药炼丹，治病济民，句（勾）曲山也从此改名三茅山、茅山。茅山道士中名声最大的一位，应推南朝秣陵（今江苏南京市）人陶弘景，我在喜马拉雅FM讲授“中国大智慧”课程时，“处世智慧”所选的十位超级“智者”，就包括了“与皇帝做笔友的山中宰相”陶弘景。这是一位怎样的“智者”呢？以本领言，他“读书万余卷，善琴棋，工草隶……尤明阴阳五行、风角星算、山川地理、方图产物、医术本草”；以道教言，他撰写了带有教派史性质的《真诰》，编订了首部道教神仙谱系《真灵位业图》，此图包括了按照7个等级排列的大约3000名天神、地祇、人鬼、仙真；以处世言，他身兼“华阳隐居”与“山中宰相”两种角色，隐居则“每经涧谷，必坐卧其间，吟咏盘桓，不能已已”，“宰相”则梁武帝时“国家每有吉凶征讨大事，无不前以咨询，月中常有数信，时人谓为山中宰相”。这样的陶弘景，尤其值得大家学习的精神，还有他“顾惜光景，老而弥笃”的终身努力，从而实现了在当时很难达到的“逆天改命”。

其实如我家附近的佛山宝华、道宗茅山，那在中华大地真是星罗棋布。而善于学习的读者，如果巡礼一番这些佛道名山，则佛教追求的内心体验、道教讲究的对话自然，都能带给你们以智慧的启示……

说起佛教名山，所谓“天下名山僧占多”，其中最负盛名的，又是有着“金五台、银普陀、铜峨眉、铁九华”之称的佛教四大名山。

五台山位于山西五台县东北，由东台望海峰、西台挂月峰、南台锦绣峰、北台叶斗峰、中台翠岩峰五座山峰环抱而成。因为五峰高耸，峰顶平坦宽阔，犹如垒土之台，故称“五台”。五台之中北台最高，海拔3058米，素称“华北屋脊”。山中气候、植被垂直分布明显，盛夏凉爽宜人，所以又名“清凉山”。还在佛教初传中土的东汉永平年间（58—75），这里就有了大孚灵鹫寺（今显通寺），寺名相传得自台怀镇西侧山峰与古印度灵鹫山形似。及至唐朝，五台山被确定为代表智慧的文殊菩萨道场，南禅寺大殿、佛光寺东大殿则是留存至今的唐代木构建筑杰作。至于明朝重修的藏式舍利塔，巍然屹立，素身金顶，俗称“大白塔”，它在青山绿丛之中，显得格外醒目，所以人们又把它看作佛山五台的标志。

普陀山位于浙江舟山市境内，是舟山群岛中的一座小岛，面积12.5平方千米，最高峰佛顶山海拔291.2米。“普陀”之名来自梵语“小白华”的汉语音译“普陀洛迦”，因为古时小白华树遍布山中，所以也有“白华山”之称。早在后梁贞明二年（916），日本僧人慧锷从五台山请得观音像归国，途经普陀山时为大风所阻，遂于紫竹林结茅留居，并在此建“不肯去观音院”，供奉观音。及至南宋，普陀山成为代表大慈大悲的观音菩萨的道场。明清时代因其“五百丛林，三千僧众”的鼎盛规模，更拥有“海天佛国”的美誉。

峨眉山位于四川峨眉市西南，有大峨、二峨、三峨之分，通常所说的峨眉山是指大峨，主峰万佛顶海拔3099米。北魏郦道元《水经注》引《益州记》：“去成都南千里，然秋日清澄，望见两山相峙，如蛾眉焉。”这是说大峨、二峨两山相对，犹如美女的一对细长弯曲的蛾眉，峨眉山因此得名。此地起初流行道教，唐宋以后佛教日趋兴盛，后被尊为代表理德行德的普贤菩萨的道场。峨眉山多有奇观，如早晨或傍晚，站在金顶舍身岩前，朝着太阳相反方向的云层望去，竟有可能看见自己的身影，影外绕着光环。这就是

“峨眉宝光”，实为一种光学现象。

九华山位于安徽青阳县西南，有九十九峰，以天台、莲华、天柱、十王等九峰最为雄伟，主峰十王峰海拔1342米。《太平御览》引《九华山录》载：“此山奇秀，高出云表，峰峦异状，其数有九，故号九子山焉。”李白有诗赞道：“昔在九江上，遥望九华峰。天河挂绿水，秀出九芙蓉。”从此更名九华山。唐朝开元年间，新罗（今朝鲜半岛）王子金乔觉来此修行，99岁高龄圆寂时，手软骨鸣，颜面如生，佛徒视之为地藏菩萨化身之一，九华山于是成为代表大愿大孝的地藏菩萨道场。发展至于后来，九华山更是享有“佛国仙城”的美称。

相对于外来而中国化的佛教，道教是中国土生土长的宗教；相对于“天下名山僧占多”的现象，道教也有“三十六洞天、七十二福地”的说法。“洞天”意为有洞通天，“福地”意为得福之地。这些洞天福地都属名山胜境，道士们在此建宫立观，精勤修行，感悟着天地人神之间的和合大美。

位于山西垣曲县与河南济源市交界处、道观辉映的王屋山，有着“第一洞天”“太行之脊”之称。其山三重，状若王者之屋，故名。主峰天坛山海拔1711米，相传4000多年前轩辕黄帝设坛于此，祈天求雨；天坛两翼，东有日精峰，西有月华峰。“愚公移山”的传说故事也发生在这里。此山南麓就有愚公村、愚公洞、愚公井等胜迹，愚公村东南有一大山口，就是愚公移山处。

位于四川都江堰市西南、名列“第五洞天”的青城山，因为林木青翠，诸峰环峙，状如城郭，故名。东汉时，沛国丰（今江苏丰县）人、五斗米道（天师道）创始人张陵（张道陵）在此修炼，由此可知青城山在道教中的特殊地位。又在四川，既有“道家居青城，佛家占峨眉”“峨眉天下秀，青城天下幽”之说，青城之幽、剑门之险、峨眉之秀、夔门之雄也被推为“蜀中四秀”。

位于江西贵溪市西南、道书“第三十二福地”的龙虎山，得名于两山对峙、状似龙虎。西晋末年，“张天师”张道陵的第四代孙张盛移驻龙虎山，此后历代“天师”也都世居此地，宋代遂有“北有孔夫子，南有张天师”之说。及至清末，“张天师”已经承袭62代。鼎盛时期，龙虎山建有十大道宫、八十一座道观、五十座道院、十所道庵，可谓名副其实的“道都”。

位于湖北丹江口市西南的武当山，主峰天柱峰海拔1612米。就政治地位的显赫、建筑规模的宏大言，武当山堪称中国道教第一名山。这里是道教敬奉的“玄天真武大帝”的发祥地，因为“非玄武不足以当之”，故名“武当”。武当山道教的鼎盛期是在明朝。如明成祖朱棣在此大兴土木，建成了拥有八宫、二观、三十六庵堂、七十二岩庙、三十九桥、十二亭的庞大道教建筑群，史称“北建故宫，南修武当”，又敕封武当山为“大岳”，位在“五岳”之上；明世宗再加扩建，形成“五里一庵十里宫，丹墙翠瓦望玲珑”的景象，并加封武当山为“治世玄岳”，尊为至高无上的“皇室家庙”。至于诸位都会津津乐道的武当武术，那也是中华武术中的一块瑰宝，所谓“北崇少林，南尊武当”是也。

▪ 泛舟：五湖四海

如果说万古江河那是读不尽的水，则五湖四海就是泛不完的舟了。如何泛舟？唐人吕岩有《绝句》曰："斗笠为帆扇作舟，五湖四海任遨游"……

"五湖四海"，现在是个习用成语。毛泽东同志在《为人民服务》中写道："我们都是来自五湖四海，为了一个共同的革命目标，走到一起来了"；诸位在学习或工作中，面对来自东南西北中的兄弟姐妹，也会豪情满怀地形容为"我们来自五湖四海"。这是指代全国各地，也比喻广泛团结的"五湖四海"。又有另种意义的"五湖四海"，本是实实在在的某些湖与某些海的统称，只是"五湖"包括哪些湖、"四海"包括哪些海，并不容易说清楚。

先说"五湖"。古代所谓"五湖"，众说纷纭：一说就是太湖，二说是太湖加上附近四湖（又有游湖、莫湖、胥湖、贡湖等多种说法），三说是与太湖相通的五个湖湾（菱湖、游湖、莫湖、贡湖、胥湖），四说是太湖流出的五条通道（松江、霅溪、荆溪、滆湖、韭溪），五说就是五个大湖的总称（具区、洮滆、彭蠡、青草、洞庭，或太湖、射阳、青草、丹阳、宫亭）。我在这里之所以要不厌其烦地列出这么多的说法，是想例证一下地名考证思路的重要。其实，从早期典籍如《周礼》记载"东南曰扬州……其泽薮曰具区……其浸五湖”来看，具区（太湖）既与五湖并举，可见“五湖”不是太湖，也不包括太湖在内。实际情况是，“五”在这里是个虚数，这就好比“九牛一毛”的“九”，不是从九头牛身上拔下一根毛，“五湖”同样不能拘泥为五个湖泊，而是泛指太湖流域一带的所有湖泊。当然到了近代，问题就变得简单了，即“五湖”真成了我国五大淡水湖（鄱阳湖、洞庭湖、太湖、洪泽湖、巢湖）的专称，只是这五大淡水湖的名称，解释起来仍不简单。

鄱阳湖在今江西省北部，是我国第一大淡水湖，面积约3960平方千米。北宋初年，鄱阳湖名出现，南宋《舆地纪胜》解释：“湖中有鄱阳山，故名鄱阳湖，其湖绵亘数百里，亦名彭蠡泽。”其实鄱阳湖与彭蠡泽的关系蛮复杂的，现代学者考证认为：起初彭蠡（彭蠡泽、彭泽）在长江北岸，以后江北的彭蠡逐渐萎缩，而江南由于地面下沉成湖并且湖面迅速扩大，遂拥有了彭蠡泽之名；北宋时此湖主名彭蠡泽、别称鄱阳湖，南宋时反转过来，主名鄱阳湖、别称彭蠡泽；再到后来，鄱阳取代彭蠡，就是今天这样的情况了。鄱阳湖汇聚赣、抚、信、饶、修等水，北经湖口注入长江，起着调节长江水位的作用。湖区为白鹤、黑鹳、鸿雁等候鸟越冬栖息地，素有“珍禽王国”之称。又紧傍鄱阳湖西北的庐山，雄伟秀丽；庐山胜景含鄱口势含鄱湖、气吞长江，放眼口外，千帆竞发、百舸争流，好一派山水壮阔风光！

洞庭湖在今湖南省北部，是我国第二大淡水湖，面积约2740平方千米，号为“八百里洞庭”。它纳湘、资、沅、澧四水及长江汛期泄入的洪水，在城陵矶汇入长江。屈原《九歌·湘夫人》“洞庭波兮木叶下”，可知战国时已有洞庭之称。唐朝巴陵县（今湖南岳阳市）令李密思《湘君庙记》：“洞庭山，盖神仙洞府之一也。以其洞府之庭，故以是称。湖名因山……”即洞庭湖得名于洞庭山，洞庭山得名于此处是神仙的“洞府之庭”。洞庭湖烟波浩渺，渚清沙白，其湖光山色，正如北宋范仲淹《岳阳楼记》中的名句：“衔远山，吞长江，浩浩汤汤，横无际涯，朝晖夕阴，气象万千……沙鸥翔集，锦鳞游泳，岸芷汀兰，郁郁青青……”如此登楼泛舟，怎不生出“先天下之忧而忧，后天下之乐而乐”的“仁人之心”！

太湖在今江苏、浙江两省交界处，是我国第三大淡水湖，面积约2450平方千米，通称“三万六千顷”，太湖之名也因此得来——“太”就是“大”，“太湖”意即“大湖”。太湖包孕吴越，异名众多：具区、姑蔑，可能是古越语的汉字记音，取义不详；震泽，可能取义于它位居东南，对应着八卦中的东南为“震”；洞庭，湖中的包山亦名洞庭山，这个洞庭的取义，史籍上说是因为山中有石穴洞室，不知其深广几许；五湖，有种解释是它周长五百余里，故名。太湖自然风光温柔妩媚，人文胜迹亦是丰富多彩。而特别值得琢磨的，还有太湖的成因，诸如潟湖说、壅塞说、构造说、平原淹没说、地震陷落说、风暴流涡动说，莫衷一是。近年又有学者提出了陨击说，认为太湖湖盆那独特的外形轮廓，即湖西岸线呈平滑的弧形、湖东岸线内凹破碎，乃是5000万年前，一颗巨大陨石从东北方向俯冲地面砸出来的，太湖湖盆根本就是个大陨石坑！

太湖湖盆是不是天降瑰宝，还在探讨之中；位于今江苏省北部的我国第四大淡水湖、面积达到约1960平方千米的洪泽湖是人力的产物，却是毫无疑问。“洪泽”之名始见隋代。隋炀帝杨广游幸

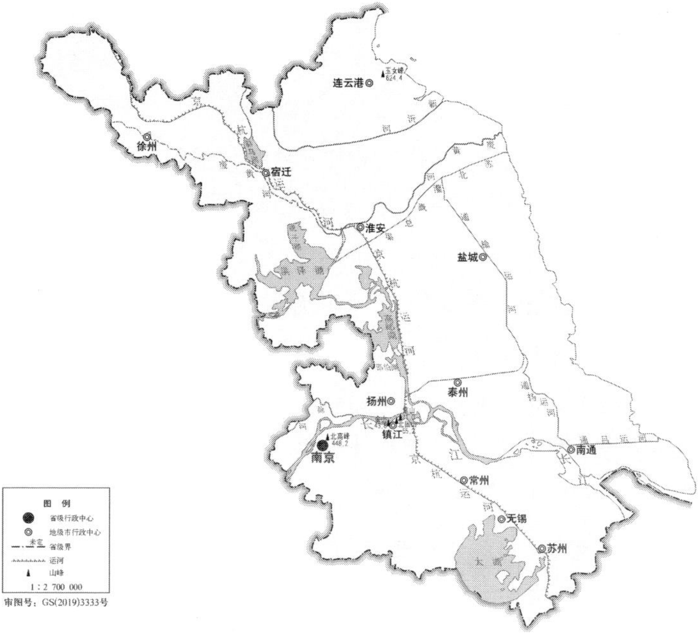

图 3-7　太湖、洪泽湖与江苏省水系

江都（今江苏扬州市），途经破釜涧时，大雨倾盆，洪水肆泛，故将破釜涧更名洪泽浦。1128年，南宋东京（今河南开封市）留守杜充掘开黄河大堤，谋求阻止女真金朝军队南下，结果黄河夺淮入海，淮河干流因此泄水不畅，洪泽浦水面则渐次扩大。再到明清两代，为了服务于“蓄清刷黄”“济运保漕”的国家大政，即蓄淮河清水以释黄河浊水、借淮河水势以冲黄河泥沙，以求保证京杭大运河漕运的畅通，遂筑成巍峨壮观的高家堰（洪泽湖大堤），拦蓄淮河与洪泽湖水，于是仿佛今日的洪泽湖横空出世。

位于今安徽省中部的巢湖，习称为我国第五大淡水湖，面积约782平方千米。因为它的形状好像鸟巢，故名。这里水产资源丰富，有“日进斗金”之誉，银鱼、白虾、湖蟹号称“巢湖三鲜”。巢湖战略地位显要，历为用兵之地。不妨说个有趣的错误：三国曹魏鱼豢的《魏略》中记载，孙权与曹操在巢湖一带对峙，孙权“乘大船来观军，公（指曹操）使弓弩乱发，箭著其船，船偏重将覆，（孙）权因回船，复以一面受箭，箭均船平，乃还”；然而到了《三国演义》中，孙权的木船被动借箭，变成了诸葛亮的草船主动借箭，时间也从213年变成了赤壁之战前的208年。所以我常说，《三国演义》不是三国历史，因为类似这样的移花接木，在《三国演义》中还多着呢。

顺带提及，巢湖列名“五湖”之中，现在颇受不少社会人士的质疑，因为内蒙古自治区东北的呼伦湖，也是淡水湖，面积约2315平方千米，是巢湖的三倍，与太湖相当。如此，上述的“五湖”，也就是习惯成自然的一种说法而已。

说过“五湖”，再说“四海”。今天我们所说的地理概念的“四海”，是指中国四大边缘近海，即渤海、黄海、东海、南海。就这四海的得名言，渤海也称“勃海”，“勃”有旁边附生的意思，符合此海体量较小的特征；黄海因为近岸海水较黄而得名，东海、南海因为相对方位而得名，也都容易理解。需要说明的是，东汉以后，南海又名“涨海”，“涨”是弥漫无边的意思；又清朝时，黄海与渤海也可合称“北洋”，清末李鸿章创办于威海卫（今山东威海市）的海军“北洋水师”因此得名。然则回到中国古代的语境，成语“五湖四海”的“四海”，习惯用语“四海之内皆兄弟”的“四海”，却是东南西北、整整齐齐的“四海”；只是这东、南、西、北“四海”的具体所指，在不同时代也不一样。

东海。先秦古籍中的东海，大致相当于今天的黄海。秦汉以后的东海，则包括了现在的黄海与东海。明朝以后，东海又重新分成两部分，即北部为黄海，南部仍称东海。

南海。先秦古籍中的南海，相当于今天的东海。秦朝统一岭南后，设置南海郡，从此以后直到现在，南海就专指现在的南海了。

西海。西汉末年，在今青海湖附近设置了西海郡，这是把青海湖看作西海；东汉末年，在今内蒙古居延海附近设置了西海郡，这是把居延海看作西海。其他如博斯腾湖、咸海、里海、波斯湾、红海、阿拉伯海以及印度洋西北部，甚至地中海，也曾有过西海的称呼，总之都是我国西部或以西的较大水域。

北海。先秦古籍中的北海，指今天的渤海。秦汉以降，凡是塞北大泽，往往就被称为北海，如贝加尔湖、巴尔喀什湖、里海，都曾拥有北海之名。

据上所述，可见中国古代具体的“四海”所指，是非常多元乃至没有定论的，问题出在哪里呢？出在西海与北海。一方面，中国古人认为，大地的四周都是大海，既然有了东海、南海，就不能没有西海、北海；另一方面，中国的西边与北边，又确实没有呈环绕状的海域，于是西海、北海也就因时而变了。

同样还要顺带提及的，是此“海”非彼“海”的有趣现象，即有些称“海”的地名，并不是海（指大洋边缘部分的水域）。如古代的青海（今青海湖）、居延海，现在的洱海、邛海、岱海、星宿海、乌梁素海，北京的中南海、什刹海，都是湖泊。其实湖泊的通名非常丰富，除了湖、泊、海以外，还有淀、池、潭、泡、泽、塘、陂、洼、荡、漾、泖、淖、湫，以及蒙古语的“诺尔”、藏语的“错”、维吾尔语的“库勒”，等等。

▪ 风俗：吉祥或忌讳

何谓“风俗”？先说两个地名故事吧。

公元35年，东汉光武帝刘秀麾下的虎将岑彭，奉命征讨割据蜀地的公孙述，所到之处，势如破竹，公孙述大惊失色道：“是何神也！”及至“晨夜倍道兼行二千余里”的大军再也无力前进，岑彭只得安营扎寨。没想到的是，此处地名竟是“彭亡”（今四川眉山市彭山区江口镇）！岑彭得知，虽然感觉大触霉头，但因暮色已临，只得决定暂宿一晚。结果就在当晚，公孙述派出的诈降刺客刺杀了岑彭，“彭亡”真成了岑彭的死地。

公元219年，汉中王刘备麾下的虎将关羽北伐曹操，樊城（今湖北襄阳市汉江北）告急，曹操堂弟曹仁安排战功赫赫的“五子良将”于禁、曾经射伤关羽的“白马将军”庞德率领七军，驻扎在樊城以北的罾口川。而当关羽得知于禁驻扎之地时，高兴地说：“于禁必为我擒矣。鱼入罾口，岂能久乎？”关羽这话的意思是：罾是渔网，罾口就是网口，于禁进了罾口川，那就如同鱼儿落了网，在劫难逃。果然，关羽水淹七军，于禁被俘投降，庞德不屈而死，关羽威震华夏。

上述这两个故事中的地名，彭亡是真实存在的，罾口川大概属于小说家的编造，不过也编造得挺好，因为它符合中国传统风俗。

传统时代的不少中国人认为，如果地名与姓名相克，人必遭其害；而为了避免遭害，就要迁移他处，或者改变地名。即以谐音为“鱼”的于、余、俞、虞等姓为例，如果住地地名为山、岗、岭、岩一类，就得改为河、湾、沟、塘等，道理也不复杂，鱼儿离不开水，这就是长期相沿、积久而成的风俗。展开些说，风俗是社会风尚与民众习俗的合称；因为社会风尚、民众习俗是以自然地理环境、社会生活条件为基础而形成的，所以风俗的内涵无比丰富、外延非常广泛。所谓“一方水土养一方人”，就是风俗的形象表达，而“一方水土”的中国地名与“一方人”的中华风俗，也就具有了如同血缘般的联系……

中国地名所体现的中华风俗，丰富广泛，岑彭忌讳彭亡、于禁在罾口川触霉头，以及类似的《三国演义》中“凤雏先生”庞统死于“落凤坡”、《说唐》里“玉面哪吒”裴元庆命丧“庆坠山”，都属于忌讳、触霉头风俗。而与此恰成对比的，是在地名中表达得尤为充分的吉祥、讨口彩风俗。如有首清朝以来广为流传的《店铺字号诗》：

> 国泰民安福永昌，兴隆正利同齐祥。
> 协益长裕全美瑞，合和元亨金顺良。
> 惠丰成聚润发久，谦德达生洪源强。
> 恒义万宝复大通，新春茂盛庆安康。

这七言八句56个字，只要从中抽取两三个字，即可组合成店铺字号，表达着生意兴隆、财源茂盛的美好愿望。店铺字号是这样，下及镇乡村、上到省市县，当然也不例外。如言现在的情况，截至2019年底，按照《中华人民共和国行政区划简册》所附“县级及以上行政区划地名索引”，首字带有祥瑞祈福之意的地名，安字33例，宝字10例，昌字12例，德字16例，定字12例，丰字12例，富字12例，福字11例，和字14例，惠字11例，吉字13例，嘉字10例，金字29例，乐字10例，隆字9例，宁字25例，平字38例，泰字8例，兴字22例，永字31例，以上这20个首字、合计328个政区名称，竟然占了我国省、地、县三级政区3213个名称首字的10%；又据《中华人民共和国乡镇行政区划简册》，截至2019年底，乡镇街道名称的首字，福近百例，和、富超百例，兴、安超两百例，太平也超百例。

同样象征美好祥瑞但用字不那么直白的地名，还有非常典型的龙凤地名。如统计上举的两本《简册》，首字为“龙”的地名超过600个，首字为“凤”的地名也有159个，这还不包括无法统计的山水、村落、道路、寺观等地名中的龙凤。就以我的桐城老家为例，住处是龙眠春晓，龙眠春晓前枕龙眠河、近望龙眠山，我家的祖坟，则在龙眠山里的凤形村。而如此之多的龙凤地名，无疑联系着“龙凤呈祥”的传统风俗意象，于是中华大地的龙凤地名，精彩无限：既有龙凤的居所如龙井、龙潭、龙窟、龙穴、凤冈、凤林，也有龙凤的躯体如龙首、龙颈、龙角、龙须、凤羽、凤尾，既有龙凤的姿态如卧龙、盘龙、游龙、回龙、凤翔、凤栖，也有龙凤的颜色如青龙、黄龙、苍龙、白龙、金凤、银凤，这真是地名所呈现的龙姿凤表、龙飞凤舞、龙章凤彩……

接着龙凤地名往下说，诸位可能不知道，起先“凤”是总称，若是分开来说，则雄的称“凤”，雌的称“凰”，所以司马相如（男）追求卓文君（女）时弹奏的曲子，称为《凤求凰》，而后世却喜欢给女孩子起名叫“凤”，这显然是把性别搞错了；又应该知道的是，在中国传统的“十二生肖”中，唯有龙是想象、建构出来的动物，这既反映了龙在中国文化中的特殊地位，也提醒我们见到龙地名时，要多留个心眼，因为有些龙地名，与“龙凤狮麟”的“龙”无关，只是“十二生肖”中“龙”的表达。

所谓“十二生肖”，是指中国古人挑选出来、代表“十二地支”、用作纪数年月日时的12种动物，堪称极为有趣的风俗文化符号。十二地支与十二生肖的配合关系是：

子鼠，丑牛，寅虎，卯兔，辰龙，巳蛇，
午马，未羊，申猴，酉鸡，戌狗，亥猪。

用十二生肖纪年、纪月、纪日、纪时，当然都以12为一个周期。那么十二生肖与地名有何关系呢？诸位不妨翻开云南、贵州地图，就可以看到许多鼠场、牛街、龙场、鸡街一类地名，它们大多属于“生肖地名”。这些鼠、牛、龙、鸡，表示的是民众们赶场、赶街（北方地区习称赶集，湘赣等地习称赶墟）的日子。原来云南、贵州一带，尤其农村地区，自古就有赶场赶街、买卖交易的风俗，又因这种赶场赶街多以12天为一个周期，于是约定俗成，就以生肖动物命名这些集市了，比如羊街，赶街的日子就是未日，猴场，赶场的日子则是申日。

值得思考的是，按照道理，十二生肖动物命名集市地名的机会是均等的，但实际上有些生肖动物用得不多甚至很少，这又涉及某些地方的民间忌讳心理。因为忌虎（猛虎伤人），改称猫场、寅场；因为忌兔（兔子尾巴长不了），改称长耳朵街；因为忌蛇（毒蛇吓人），改称长虫街、小龙场。也有因为感觉粗俗而改用同音字的，如以“基”代“鸡”，以“耇”（高寿的意思）代“狗”，以“珠”代“猪”，于是就有了基场、耇街、珠场。写到这里，我想起了大学时代的一次经历。有回我在北京玩，路过珠市口，却没见啥珠宝店，一番打听之后，才知道这“珠市口”本是生猪交易市场，原名“猪市口”。

北京珠市口属于行业地名。这样的行业地名，在城市与乡村中多如恒河之沙，我们行走其间，总能嗅到浓浓的市井气息。就说我生活的南京吧，网巾市、箍桶巷、羊市桥、珠宝廊、绒庄街、弓箭坊、估衣廊（旧衣市场）、明瓦廊（经营明瓦的场所）、鸡鹅巷、教敷营（轿夫营）、堂子街（多有澡堂子）、扇骨营、颜料坊、糖坊桥……如果一直数下去，大概真能凑出个“七十二行”。又在传统风俗中，这“七十二行”不仅行行供奉行业神（祖师神与保护神），如酒神杜康、茶神陆羽、靴工祖师孙膑、酱菜祖师蔡邕（蔡邕谐音菜佣）、梨园（演戏）神唐玄宗、印染业二圣梅福与葛洪，而且俗语也总是鼓励“行行出状元”，换成今天的说法，就是提倡“大国工匠”精神吧。

▪ 吟诵：“诗句连地理者，词气多高壮”

清人宋长白《柳亭诗话》引金长真之语：“诗句连地理者，词气多高壮”，如庾信“关山连汉月，陇水向秦城”，王维“树色分扬子，潮声满富春”，岑参“驿路通函谷，州城接太行”。在这样连举十几例后，宋长白感叹：“登高临胜时，诵此数语，意兴与山川同廓矣。”就是当你吟诵这些诗句时，你的意境与兴致，也会变得如同山的高大、川的悠远……

步着前人后尘，我也试举三例，与诸位一起感悟“诗句连地理者”的况味。

例一，杜甫《闻官军收河南河北》：

剑外忽传收蓟北，初闻涕泪满衣裳。
却看妻子愁何在，漫卷诗书喜欲狂。
白日放歌须纵酒，青春作伴好还乡。
即从巴峡穿巫峡，便下襄阳向洛阳。

这首诗被誉为老杜“生平第一首快诗”，那如何“快”呢？事情快乐：蹂躏天下、延续八年的“安史之乱”终于被平，千里之外的诗人闻讯，不禁喜极而泣；心情快慰：漂泊异乡已经多年，马上就能挈妻携子踏上归途，诗人喜极而狂；行程快捷：由长江而汉水，由汉水而中州，诗人想象着回乡的水路陆程，喜极而奔。然则这诸多的快意，又通过首联与尾联串珠一样的三对六个地名，得到了淋漓尽致的展现：剑外，剑门关外，这里借指诗人当时所在的梓州（今四川三台县）；蓟北，河北北部，这是安禄山、史思明叛军的老巢。剑外、蓟北，忽传、初闻，起势迅猛而又抑扬顿挫。巴峡，长江巴江段的铜锣、明月、黄草三峡的统称；巫峡，长江峡江段的三峡之一；襄阳，南船北马交换之地，也是诗人原籍；洛阳，号称“天下之中”，唐朝东都，也是诗人阔别多年的故乡。巴峡巫峡、襄阳洛阳，两对四个地名，“即从”“便下”、先“穿”再“向”，连续四个动作，于是质朴的地名焕发出鲜活的生命与奔放的真情……

例二，陆游《书愤五首·其一》：

早岁那知世事艰，中原北望气如山。
楼船夜雪瓜洲渡，铁马秋风大散关。
塞上长城空自许，镜中衰鬓已先斑。
出师一表真名世，千载谁堪伯仲间。

不同于杜甫《闻官军收河南河北》的“快”意，陆游的这首《书愤》，紧扣的是个“愤”字。愤什么？愤“早岁”的北望中原、浩气如山，及至暮年仍壮志未酬、一切落空。这样的“愤”，又凝聚于“塞上长城”“出师一表”两个典故里，彰显在瓜洲渡、大散关两条地名中。“塞上长城”的“塞上”，原指边境险要，后来也泛指北方长城内外；“塞上长城”的“长城”，则化用了攻灭后秦、抵抗北魏的东晋刘宋名将檀道济的典故——因为道济威名显著，竟然招致宋文帝的冤杀，临刑之际，道济怒斥："乃坏汝万里长城！""出师一表"，指诸葛亮的《出师表》，诸葛亮坚持北伐、鞠躬尽瘁，《出师表》恳切忠贞，鬼神也泣其壮烈。诗人以此两个典故，表达了他扬威边地、舍我其谁的自负和恢复中原、报效朝廷的志向。然而奸佞主降、小人作梗，处此世事艰难、岁月不居之际，诗人回想着他早年亲临的东南瓜洲渡（今江苏扬州市瓜洲镇）、西北大散关（今陕西宝鸡市西南），在这一水一陆、宋金对峙的两处战略要地，诗人也曾"从戎何壮哉"，现在却"书生无地效孤忠"，只得寄愤懑于雄放的"楼船夜雪"、豪迈的"铁马秋风"中，于是瓜洲渡、大散关两条地名，遂蕴藉着浓浓的爱国之心与深深的悲怆之情！

例三，李白《黄鹤楼送孟浩然之广陵》：

故人西辞黄鹤楼，烟花三月下扬州。
孤帆远影碧空尽，唯见长江天际流。

相对于杜甫上引诗的快意人生、陆游上引诗的愤懑心情，诗仙李白的这首送别短诗，可谓风格既行云流水，意象亦高壮开阔，这样的风格与意象，烟花三月、孤帆远影、碧空、天际，有着到位的写照。而特别值得分析的，是诗中地名背后的典故惹出了很大麻烦，这又是怎么回事呢？

黄鹤楼，名声很大，位于今湖北武汉市蛇山黄鹄矶头。北宋《太平寰宇记》："昔费祎登仙，每乘黄鹤于此憩驾，故号为黄鹤楼。"费祎是三国蜀汉名臣，深得诸葛亮的器重，他屡次出使孙吴，

图3–8　黄鹤楼旧影（1880年）

孙权也很惊异于他的才能。大概也是因此，在民间传说中，费祎得道成仙了，孙吴所筑的这座瞭望楼，也因他常驾鹤来此，得名黄鹤楼。广陵即扬州。广陵既是扬州旧称——唐朝时，扬州有段时间也称广陵郡——又黄鹤楼与扬州一水相通，正所谓“唯见长江天际流”。这都没有什么问题。问题出在“故人西辞黄鹤楼，烟花三月下扬州”所用的典故，本是梁朝殷芸写的孙吴小说：“有客相从，各言所志。或愿为扬州刺史，或愿多资财，或愿骑鹤上升。其一人曰：‘腰缠十万贯，骑鹤上扬州。’欲兼三者。”这个故事说的是：四位哥们相聚，各自畅谈理想，一位想当官，另一位要发财，再一位欲成仙，轮到第四位了，他语出惊人：当官（上扬州）、发财

(十万贯)、成仙(骑鹤),我三者都要!

其实平心而论,李白在这里化用这个典故是欠妥当的,因为无论孙吴的扬州还是梁朝的扬州,治所都在今天的南京市,级别相当于现在的省,辖境在长江以南;而唐代的扬州,治所就在今天的扬州市,级别只相当于现在的地级市,辖境也在长江以北。也就是说,殷芸小说里的扬州与李白诗歌中的扬州,根本就不是一回事,虽然同为"扬州",却是异地同名。那么这件事情重要吗?当然重要!就拿"现实意义"来说,因为李白的这首诗写得太好了,诗中的意境也太美了,所以扬州的旅游节就叫"烟花三月节",扬州还想着大做"腰缠十万贯,骑鹤上扬州"的形象宣传呢;至于知根知底的南京文化人,当然不肯出让这么重要的旅游资源、雕塑题材。于是扬州与南京之间,经常为此打起"口水战"……

诗歌里的地名,有着怎样的况味,据上所举三例,诸位大概品出些什么了吧?如在形式上,地名可以使诗句修辞典雅、音律抑扬;在内容上,地名可以为诗句创造意境、烘云托月。如此等等,所以我在这里特别建议你们吟诵《唐诗三百首》时,多多关注诗中的地名,查查这些地名都在哪里,又联系着怎样的人与事,你一定会收获良多!就以大家熟悉的李白为例,他诗中的地名多了去了,"江夏黄鹤楼,青山汉阳县",竟然一联十字全是地名,他又好用古地名(如秦、吴、楚、燕)、壮观地名(如金陵、长安、洛阳、嵩山、峨眉、黄河、长江、东海、洞庭)。那么,这是一位怎样的诗仙李白呢?又以诸位知道的玉门关、阳关为例,王之涣《凉州词》"羌笛何须怨杨柳,春风不度玉门关","春风"真的吹不过玉门关吗?王维《送元二使安西》"劝君更尽一杯酒,西出阳关无故人",

西出阳关后，真的遇不到“故人”即老朋友了吗？在这里，玉门关、阳关究竟具有怎样的象征意义呢？

进而言之，一代有一代之文学，唐诗好用地名，唐诗之前的汉赋、魏晋南北朝骈文，唐诗之后的宋词、元曲、明清小说，又何尝不是如此呢？还有，文学作品对地名的描述，也往往扩大了地名的知名度，于是地缘诗重，名随文行，如张继《枫桥夜泊》之于寒山寺，杜牧《清明》之于杏花村，刘禹锡《金陵五题》之于朱雀桥、乌衣巷、石头城，欧阳修《醉翁亭记》之于琅琊山，《西游记》之于花果山，《水浒传》之于梁山泊，都是这方面的典型例子，值得我们好好琢磨……

再推而广之，诸位经常接触到的地名成语与地名对联，也是地名与文学结合的优质“产品”。以成语言，作为语言中一种简短有力的固定词组，其中多见地名。如黔驴技穷、邯郸学步、巴山蜀水、夜郎自大、楚河汉界、得陇望蜀、新亭对泣、绿林好汉、寿比南山、福如东海、围魏救赵、暗度陈仓、高阳酒徒、蓝田生玉、合浦珠还、中流砥柱、泾渭分明、河东狮吼、白山黑水、吴头楚尾、一口吸尽西江水、八公山上草木皆兵、上有天堂下有苏杭，等等，皆属地名成语。以对联言，又称楹联或对子，这是中华文化中的瑰宝，而地名对联往往甚是有趣。如乾隆皇帝下江南时路过通州（今江苏南通市），出了上联“南通州北通州，南北通州通南北”，如何对下联呢？纪晓岚对的是：“东当铺西当铺，东西当铺当东西。”虽然工整，格调却不高，于是后人又对出了其他下联，其中地名联有“东天竺西天竺，东西天竺天东西”“东运河西运河，东西运河运东西”；又如晚清时代反映民怨的对联“宰相合肥天下瘦，司农常熟世间荒”，“宰相”指合肥人李鸿章，“司农”指常熟人翁同龢，此联肥瘦对比、熟荒差异，可谓非常巧妙；再如庆祝抗日战争胜利的名联“中国捷克日本，南京重庆成都”，上联三个国家名，下联三个城市名，捷克、重庆、成都又都以名词当动词用，确为难得的妙对！

▪ 尴尬：惹人笑话的“望文生义”

如果说，本编前面的各篇短文主要说的是地名知识，那从这篇开始，我就要多涉及些理解地名甚至探索地名的方法了……

先说两个坊间流传甚广的有关外国地名的“故事”。

晚清，一位略闻新知的童生请教私塾先生：“何谓伽利略意大利人？”私塾先生回答：“这有何难？伽利略的意思就是赚大钱的人。”

这位私塾先生望文生义，把本义为“牧羊场”的“意大利”瞎解为“意思就是赚大钱的人”；而多次公派出国的李鸿章竟也闹出笑话，当李鸿章的儿子要被派去担任驻葡萄牙公使时，李大人惊讶地问：“怎么葡萄也有牙？”

也许葡萄牙这类译名确实离奇古怪，难免李大人有此“千古一问”。不过李大人的勇于提问还是值得肯定的，因为勇于提问正是求得真知的途径。其实就地名的含义来说，如果我们养成“打破砂锅问到底”的习惯，往往发现其中奥妙无穷，不仅能够收获超级良好的文化感觉，而且可以避免惹人笑话的尴尬情况。诸位想一想，这是不是很来劲的学习乐趣？

地名奥妙无穷，比如大家都知道无锡，可你知道无锡是什么意思吗？无锡作为县名，最早见于西汉。到了新朝王莽时，改为有锡，东汉再改回无锡。因为这样的改来改去，于是就有了以唐代“茶神”陆羽《游惠山寺记》为代表的解释：

> 山东峰当周秦间，大产铅锡，至汉兴，锡方殚，故创无锡县，属会稽。后汉有樵客，山下得铭，云：“有锡兵，天下争；无锡宁，天下清。有锡沴，天下弊；无锡乂，天下济。”自光武至孝顺之世，锡果竭，顺帝更为无锡县，属吴郡，故东山谓之锡山。

所谓“山东峰”，指惠山东峰，“东山谓之锡山”，指无锡锡山。很清楚，按照陆羽的解释，无锡就得名于锡山的锡资源枯竭，而这本来是件好事。我们知道，锻造兵器的合金中，需要在铜中加入锡，这样不仅质地坚硬，而且韧度更好，所以有了“有锡兵，天下争；无锡宁，天下清。有锡沴（灾害），天下弊；无锡乂（安定），天下济”的说法。也就是说，“无锡”寄寓了天下和平安宁的美意。只是奇怪的是，你见过先有锡、再无锡、又有锡、再无锡的山吗？况且经过现代科学考察，锡山也没有产锡的地质条件。所以一言以蔽之，把无锡说成“锡山无锡”，纯属无稽之谈。那么无锡到底是什么意思呢？按照古语言学研究的结论，“无锡”属于古越语地名的汉字记音或汉语化，它的确切含义已无从考证。换言之，把“无锡”说成“没有锡”，就仿佛把“意大利”说成“意思就是赚大钱的人”、把“葡萄牙”说成“葡萄也有牙”，都是望文生义的笑话。

这样的笑话，在我们的生活中，又真是屡见不鲜，不妨就东南地区的江苏、浙江再各举一例。

江苏的苏州，既来自“姑苏”，也别名“姑苏”，于是许多导游充满诗意地对游客们说：因为苏州姑娘长得水灵漂亮，所以得了个“姑”字；繁体字的“蘇”，上面是草字头，下面是一条鱼加一片禾，象征这里草木茂盛，是鱼米之乡。真是这样吗？典型的望文生义！姑苏的真实含义，迄今仍然不知。

浙江的义乌，因为那里有“全球最大的小商品批发市场”，于是名扬世界。义乌本名乌伤，这个名字西汉就出现了，到了唐朝改名义乌。为什么叫乌伤、义乌呢？说是当地有位颜回的后代颜乌。《论语》里记载，孔子称赞颜回“一箪食，一瓢饮，在陋巷，人不堪其忧，回也不改其乐。贤哉，回也”。颜回是孔子最得意的弟子，颜乌则是古今传扬的大孝子。如何大孝子？说是颜乌父亲去世后，他哭得死去活来，因为家贫如洗，没有工具，他只能以手挖坟，直挖得双手血肉模糊。颜乌的孝行感动了乌鸦，大群的乌鸦衔来土块，帮着筑坟，乌鸦的喙都磨破受伤了，于是颜乌的血、乌鸦的血，筑成了一座紫红色的小坟包，乌伤也因此得名，后来又取乌鸦受伤、民感其义的美意，改名义乌。这真是感天动地的中华孝道故事！然而起码就地名得名来说，乌伤也是不知确切含义的古越语地名。当然，这并不影响颜乌葬父、乌鸦衔土的传说，具有值得弘扬的教育意义。

需要说明的是，也不是所有的古越语地名都不知其义。如以“余”字齐头的余杭、余姚、余暨等地名，因为东汉古籍《越绝书》中留下了弥足珍贵的一句话，“越人谓盐曰余”，即汉字记音的古越语读音“余”，意思为“盐”，我们就知道了这些地名的来历，都与盐有关。

东南地区有大量的古越语地名，虽然后来写成汉字形式，却不能按照汉字“望文生义”。西南、东北、西北的许多地名，情况也是一样。

西南地区有大量以“那”字齐头的小地名，如那南、那孝、那坡，这个“那”，不是汉语习惯中与“这”相对的“那”，而是古壮语“稻田”的意思，明确这一点非常重要，因为这涉及学术界已经争论了百多年的亚洲栽培稻是起源于印度、越南还是中国的问题，而广西、云南等地的壮语“那”字地名，能为解决这个问题提供“一臂之力”。

东北地区的牡丹江市，有首差不多等于“市歌”的《牡丹江之歌》，又名《花的城，花的江》。其实牡丹江并不盛产牡丹花，在满语中，牡丹江本名穆丹哈达，“穆丹”意为弯曲，“哈达”意为山岭，合起来，就是发源于山岭的弯曲河流。

西北地区的贺兰山，看着字面，我也不知作何解释，而翻翻古籍就清楚了。唐朝李吉甫在《元和郡县图志》中说：“山有树木青白，望如驳马，北人呼驳为贺兰。”驳，是传说中一种形似马而能吃虎豹的野兽。又明末清初顾祖禹《读史方舆纪要》中说：“（贺兰山）盘踞数百里，上多青白草，遥望如骏马，北人呼骏马为贺兰也。”这里的“北人”，指中国古代北方草原民族，他们称呼“驳”或“骏马”的读音，汉字记下来就是“贺兰”。

“贺兰山”已经不容易按照汉字“望文生义”了，好在这也让我们避免了一些尴尬的惹人笑话。但另一方面，类似这样“不知所云”的少数民族语地名，却非常值得我们深入探讨，因为它们的含义，就像《爱我中华》歌中唱的那样，“五十六个星座五十六枝花，五十六族兄弟姐妹是一家”，这一大家子，文化丰富多彩，地名也是异彩纷呈。简单举些一看就知是汉字译写的地名例子吧：克拉玛依，在维吾尔语中，克拉是黑色的意思，玛依是油的意思，合起来就是“黑色的油”，克拉玛依油田也正是新中国成立后勘探开发的第一个大油田；乌鲁木齐，维吾尔语“优美的牧场”；呼和浩特，蒙古语“青色之城”；哈尔滨，满语“晒网场”；西双版纳，傣语“十二个行政区”。汉语中的“山”，藏语称“日”，维吾尔语称“塔格”，蒙古语称“乌拉”，于是有了达才马日、慕士塔格、沙松乌拉。至于把慕士塔格习称为慕士塔格峰，把雅鲁藏布习称为雅鲁藏布江，那就属于为了方便理解而通名重复的双语地名了，直译过来，就成了慕士峰峰、雅鲁江江，蛮好玩的吧？

为了加深这种“蛮好玩”的印象，不妨再列举些汉字记音的少数民族语地名。如藏语汉译的马尔康（四川），兴旺发达之地；卓尼（甘肃），松树；玉树（青海），遗址。蒙古语汉译的包头（内蒙古），有鹿之地；昌图（辽宁），绿色草原；阿勒泰（新疆），出金子的地方。满语汉译的珲春（吉林），雪橇；瑷珲（黑龙江），可畏；巴图（云南），勇士。其他如普洱（云南），哈尼语“水湾寨”的意思；齐齐哈尔（黑龙江），达斡尔语“边境”的意思；通什（海南），黎语“树下田”的意思；磨黑（云南），傣语“盐井”的意思；呼图壁（新疆），锡伯语“有鬼的地方”的意思……

▪ 演变：避讳与雅化

避讳、雅化，这是中国地名演变的两种必须知道的情形，前者是强制的规定，后者是柔性的追求。

说起避讳，不妨先举个参考事例。

在今云南保山市有个金鸡村，村边有处不韦县城遗址。这不韦县，从西汉到梁朝，存在了600多年。提到“不韦”，喜欢历史的读者肯定会想到吕不韦，这不韦县还真与吕不韦有关系。东晋常璩《华阳国志》记载：“徙南越相吕嘉子孙宗族实之，因名不韦，以彰其先人之恶。”这件事情的前因后果是这样的：大权在握的南越国（建都番禺，今广州市）丞相吕嘉不愿归顺朝廷，而且兴兵作乱，汉武帝震怒，出兵十万平叛。当平定南越叛乱的喜讯传来时，汉武帝正在左邑桐乡，当即改名闻喜（今山西闻喜县）；而当吕嘉的首级送到时，汉武帝正在汲县新中乡，遂改新中乡为获嘉县（今河南获嘉县）。两年之后（公元前109年），汉武帝又将吕嘉的子孙宗族远迁西南边地，并且设置不韦县，意在昭彰吕嘉家族的先祖吕不韦的恶行。那吕不韦有哪些恶行呢？他身为大商人，不好好做生意，却投资身在赵国都城邯郸的秦国人质公子异人（即后来的秦庄襄王），视为“奇货可居”；他身为秦王嬴政（即后来的秦始皇帝）的相国、“仲父”，不好好治国理政，却钟情于豪奢、显摆、权势、内斗，结果被嬴政免职发配，饮毒自杀。

说到这里，读者大概会觉得奇怪了：按照百余年来的习惯做法、普遍情形，我们纪念伟人、表彰先烈，才会以他们的名字命名地名。比如广东省的中山市，遍布全国的中山路、中山公园，南京的中山陵、逸仙桥，澳门的孙逸仙博士大马路，是为纪念推翻帝制、创立共和的伟人孙文先生的（孙文号逸仙，今人习称“孙中山”）。东北抗日英雄，素有“南杨北赵”的说法，即南有杨靖宇、北有赵尚志。1940年2月23日，杨靖宇在冰天雪地、弹尽粮绝中，孤身一人与大量日寇周旋，战斗几昼夜后，在濛江县壮烈牺牲；1946年2月，濛江县改名靖宇县，今属吉林省白山市。1942年2月12日，赵尚志在对敌作战中身负重伤被俘，他英勇不屈、视死如归；1946年11月，珠河县改名尚志县，即今黑龙江省尚志市。原山西省辽县，1942年5月25日八路军副总参谋长左权将军牺牲在这里，当年9月改名左权县。张自忠是为国捐躯的抗日名将，今天北京、天津、武汉都有张自忠路，上海有自忠路；武汉的彭刘杨路则三合一，纪念三位辛亥革命烈士彭楚藩、刘复基、杨洪胜。诸如此类的纪念表彰地名，可谓不胜枚举。这不奇怪，因为一个不记得来路的民族、一个忘记了先烈的国家，是没有希望的。那么话说回来，汉武帝设置不韦县，却是为了昭彰吕不韦的恶行、羞辱吕嘉家族，这是怎么回事呢？其实这涉及了古今观念的不同，即古代讲避讳，今天讲纪念。

所谓避讳，诸位其实并不陌生，平常我们对长辈、父母、老师不会也不敢直呼其名，这就是类似“避讳”的传统。放到中国古代，避讳就是“为尊者讳，为亲者讳，为贤者讳”，就是尊者、亲者、贤者的有些事情，是不能写也不能说的，他们的名字，尤其是皇帝的名字，更是一不准写，二不准说，三不准用。那必须要写、要说、要用，怎么办呢？就通过避讳的方法，如改字、缺笔、空格，表达敬意或敬畏。具体到地名避讳，更属比比皆是，因为地名作为社会“公共资源”，总是被人说来说去、写来写去，如果触犯了尊者、亲者、贤者的名讳，岂非大不敬？而大不敬的后果，严重时甚至是杀头之祸。

因为避讳而改变地名，在中国历史上，与皇帝制度相始终，即从秦朝开始，到民国消亡，历时超过2000年；作为“国家行为”的避讳对象，也是五花八门，皇帝与他爹、他爹的爹，太子、太后甚至外戚，孔丘，这些人的本名，甚至“嫌名”即与本名音同音近的字，都在或曾在地名避讳范围内。而其例证之多，乃至有本专门的工具书，即李德清所著的《中国历史地名避讳考》（华东师范大学出版社2002年版），书中所录条目约800条。举几个例子吧。因西汉文帝刘恒，恒山改常山、恒水改常水、恒山郡改常山郡。为什么要改恒为常呢？因为这两个字的意思差不多，也有常改为恒的。因明光宗朱常洛，常州府、常熟县改为尝州府、尝熟县。因隋文帝杨坚父亲杨忠，汉中郡改汉川郡，中江县、中丘县改内江县、内丘县。然而地名上用得很多的“丘”也麻烦，因为孔圣人名丘，于是清雍正三年（1725）新造了一个“邱”字，不仅用在地名上，而且用在姓氏上，原来的那个“丘”，则成了孔子的专用字。这样，可怜姓“丘”的人，哪怕“行不更名”，也无法做到“坐不改姓”，即统统被迫改“丘”为“邱”了。

地名避讳往往出于被动情形，接下来要说的地名雅化，则大多出于各方人士的主动追求。我举两个例子。

第一个例子，南京城里的雅化地名。如皮市街，得名于这里遍布皮货摊贩市场，说着说着，就雅化成评事街了；草鞋街，得名于这里做农副产品生意的多是习惯穿草鞋的农民，说着说着，就雅化成彩霞街了；怨声巷，得名于这里旧时地势低洼、雨天泥泞不堪、行人怨声载道，后来雅化成了渊声巷；卖糕桥，得名于桥南原来有家卖糕的小店，后来雅化成了迈皋桥……

第二个例子，闻一多巧改珞珈山。在我的家乡桐城，许多高考学子的理想，是在武汉大学圆大学梦。问其缘故，常会提及武大樱花道之美、珞珈山之充满诗意；再问珞珈山如何充满诗意，高中生们大多语焉不详。于是我就会如此解说一番：珞珈山本名罗家山（山主姓罗），或也写成落驾山（楚庄王熊旅或吴大帝孙权在此设营）、落袈山（观音菩萨在此留下一件袈裟）、逻迦山（可能与佛教寺庙有关），这些地名无论来源怎样，好像都或者直白，或者意思有些绕来绕去。及至1929年，才华横溢的学者、诗人、武汉大学文学院首任院长闻一多，在考察罗家山新校址时，面对巨岩层现、奇石峭立、人烟稀少的这座荒山，忽然灵机一动，建议将“罗家山”等名按照谐音改为“珞珈山”，众人一致叫好。如何好呢？珞，原指一种坚硬的玉石；珈，古代女子佩戴的精美华贵的头饰；珞珈山名，则可谓“点石成玉”，富有诗情画意，乃至透着一股禅境灵心。而时至今日，武大校歌一唱三叹：“东湖之滨，珞珈山上，这是我们亲爱的学堂”，“啊，美丽的珞珈山，多少雄鹰竞翱翔”，“啊，心中的珞珈山，今朝多磨砺，明日作栋梁”；武大学生IT社团取名“珞珈网”，武大校庆宣传造型称为“珞珈style”，无数从武大走出来的学子也以“珞珈人”而自豪。如此看来，闻一多先生贡献的这条雅化地名“珞珈山”，竟已演变成武汉大学别致的雅称，这就是文化的力量吧……

顺带提及，地名的演变，既然有雅化，也就有俗化，还有包括了雅化与俗化以及其他情形的讹变。仍以南京地名为例，如鹰扬营，得名于明朝时这里驻扎着鹰扬营，后来俗化成阴阳营，而且还分成了南阴阳营、北阴阳营，南京大学鼓楼校区的教工宿舍就在这一带；娄湖头，得名于三国孙吴谋臣、娄侯张昭宅前的水塘，后来娄湖逐渐干涸，地名也俗化为老虎头，老虎头44号，就与大家应该知道的“周处除三害”励志故事有关，这里是周处读书台；库司坊，明朝地名，因为此处住着臭名昭著的奸臣阮大铖，所以百姓们俗称裤子裆，比喻其人道德之不堪。还有些地名的演变，说不清是雅化或俗化，则可称为讹变，举南京地名的例子：厚载门变成后宰门、沟儿巷变成狗耳巷、罗寺转弯变成螺丝转弯、三铺两桥变成三步两桥、泼妇营变成破布营、府后岗变成傅后岗，皆属讹变的情形吧……

▪ 正名：从“埃峰”到“珠峰”

1962年10月，中印边境发生严重武装冲突，中国边防部队面对印军的大举进攻，被迫于10月20日进行自卫还击。几内亚、坦噶尼喀、阿拉伯联合共和国等一些亚非国家的领导人纷纷来函表示关切。周恩来总理除分别复电外，11月15日，又就中印边界问题致信亚非国家领导人，信中写道：

> 这条中印之间的传统习惯边界，它的东段是沿着喜马拉雅山脉的南麓，它的中段是沿着喜马拉雅山脉，它的西段是沿着喀喇昆仑山脉。
>
> 在东段，印度政府提出争议的传统习惯线以北的地区，历来是属于中国的。这个地区包括西藏地方所属的门隅、洛渝、下察隅三个部分，面积共为九万平方公里……这个地区的地名大部分是用藏语命名的。例如，人们在这里把河叫做“曲”，娘江河叫娘江曲；把山口叫做“拉”，色山口叫“色拉”；把地方叫做“隅”，门地方叫“门隅”。这里的行政设制是同西藏其他部分一样的，基本的行政单位叫“宗”，例如，申隔宗、德让宗。

周恩来总理在信中，为什么要解释这许多地名呢？因为“名从其主”原则是大家都理解的一条国际惯例，即地名的民族语言文字归属，是确认地名所指地域之主权归属的重要依据。推而广之，如果因为复杂情形，导致一地多名，那么对于主权国家来说，当然要用自己的地名，不用别人的地名，这也就是地名使用中的“必也正名”原则。

说起“必也正名”，语出《论语》所载孔子与弟子子路的对话。先是子路问孔子“为政奚先”，孔子回答：“必也正名乎……名不正则言不顺，言不顺则事不成，事不成则礼乐不兴，礼乐不兴则刑罚不中，刑罚不中则民无所措手足。”这段话的意思是：治国理政，一定要先正名啊！名分不正，说话就不顺当合理，说话不顺当合理，事情就办不成，事情办不成，礼乐就不能兴盛，礼乐不能兴盛，刑罚就不会得当，刑罚不能得当，民众就不知如何是好。当然，孔子的“必也正名”，指的是什么身份的人说什么话、什么地位的人做什么事，但这里不妨借来用用，说明地名有时也需要“必也正名”，尤其在涉及国家主权、民族团结、国际关系等情形时，更是马虎不得。如涉及国家主权者，台湾不可称为Formosa（汉译“福摩萨”，意为“美丽的地方”），因为这是葡萄牙殖民者命名的；钓鱼岛不可随日本人称为“尖阁群岛”，因为钓鱼岛和台湾一样，自古以来就是中国的领土。又如涉及民族团结者，“迪化”意为“启迪教化”，所以更名乌鲁木齐；“归绥”意为“归属教化”“绥靖远方”，所以更名呼和浩特。再如涉及国际关系者，与朝鲜隔江相望的安东改名丹东，中越边境的镇南关先改睦南关再改友谊关。

“必也正名”的地名，下面我就展开些说一个例子，以见此事马虎不得。

众所周知，位于中国和尼泊尔交界处、中国称为珠穆朗玛峰、尼泊尔称为萨迦玛塔（Sagarmatha）的那座金字塔状的高山，是世界第一高峰，也号称是南极、北极以外的地球第三极：高极。

高极有多高？因为地壳变动与测量技术的进步，其海拔高程也在不断改写。最早公布的测高数据，是1852年印度测量局的29002英尺，约合8839.81米。我国对珠峰的科学测高则始于1966年，1975年7月23日公布的数据即8848.13米，得到了联合国与世界多国的认可。后来，我国又几次复测珠峰高程，2005年10月9日公布的数据，岩面高程8844.43米，±0.21米，峰顶冰雪深度3.5米；最近的2020年5月的测量数据，是2020年12月8日中国国家主席习近平、尼泊尔总统班达里共同向全世界宣布的8848.86米，这是基于全球高程基准的珠穆朗玛峰雪面高程。

高极叫啥名？说起来颇为复杂，也有些令人心酸。

南侧的尼泊尔人称珠峰为萨迦玛塔。在梵文中，萨迦意为天，玛塔意为山峰，合起来意为高过天庭的山峰或摩天岭，简而言之，就是天山吧。

在西方国家中，Mount Everest即埃佛勒斯峰，也写作额菲尔士峰，原是不少人对珠峰的习惯称呼，这来源于印度测量局局长英国人George Everest的名字。说到这里，诸位是不是觉得有些蹊跷——中尼界峰的名称，关乎印度、英国啥事？这得费些口舌解释一下。

先是18世纪后期，英国完成了对印度的征服，设置了直接统治英属印度全部领土的总督；再是19世纪早期，尼泊尔被迫割让大片领土给英属印度，外交也受英国监督。等到1849年，英国人开始遥测喜马拉雅山。由于对相关高峰的已有名称一概不知，因而他们只是用罗马数字从东到西顺序排列，珠穆朗玛峰的编号是XV（15）。再到1852年，当测量数据处理得差不多时，他们才发现XV峰是世界最高峰。1858年，英国皇家地理学会将XV峰命名为“埃佛勒斯峰”，以纪念测量此峰时的印度测量局局长、英国人埃佛勒斯爵士。

单就科学意义来说，确认XV峰是世界最高峰，无疑是对地理学的贡献。但以埃佛勒斯命名此峰，也无疑意味着英国扩张野心驱动下的象征性占领。事实上，印度测量局对此峰的测量，已比中国清朝康熙时的测量至少晚了135年；况且在主权国家中国和尼泊尔，此峰本来就有名字，也轮不到外国人给它命名，这就如同自家的孩子，总是自家的长辈给起名！所以20世纪上半叶尼泊尔独立以后，带有殖民主义印记的“埃佛勒斯峰”即被原有名称“萨迦玛塔”取代；而在中国，自1952年起，埃佛勒斯峰也被正名为“珠穆朗玛峰”。那么，珠穆朗玛峰这个名字又是怎么回事呢？

查考历史文献，明朝时，藏文名著《米拉日巴诗歌集》记载，珠峰的全称是“久穆拉缅扎西次仁玛”，“久穆”意为“女神”，“拉缅”一般认为是“第三”的意思，“久穆拉缅”意为“第三女神”。为什么是第三女神？因为藏族同胞把以珠峰为主的附近五座雪山视为“五姐妹”，而珠峰居中。至于“扎西次仁玛”，意为“吉祥长寿神女”，这是第三女神的具体名字。换言之，“珠穆朗玛”只是“扎西次仁玛”的尊称“久穆拉缅”的转音。

“久穆拉缅”又是何时写成“珠穆朗玛”呢？在1721年木版印

制的《皇舆全览图》上，已经采用了“朱母朗玛阿林”的汉译名称，“阿林”是满语“山峰”的意思，“朱母朗玛阿林”就是“第三女神山峰”；到了1770年制成的《乾隆内府舆图》上，“朱母朗玛阿林”改成“珠穆朗玛阿林”；再到1863年绘制的《皇朝大清一统舆图》上，又将“珠穆朗玛阿林”标作“珠穆朗玛山”。然而遗憾的是，由于近代中国国力衰弱、缺乏话语权，大行于世的名称仍是“埃佛勒斯峰”。

及至中华人民共和国成立后的1951年，浙江慈溪人、开明书店自然编辑室主任王鞠侯，在2月16日出版的《开明少年》杂志第66期上，发表《大小高低》一文，文章雄辩地证明了此峰是由中国人最早发现、最先命名，提出应把“额菲尔士峰”正名为“珠穆朗玛峰”。这个提议得到了中央政府的高度重视。1952年5月8日，中华人民共和国内务部和出版总署联合发出通报，通报中指出：

> 我国西藏喜马拉雅山的最高峰，原名“珠穆朗玛峰”。远在公元1717年（即清康熙五十六年），清朝理藩院主事胜住会同喇嘛绘制西藏地图时，即根据当地藏族的习惯称呼开始用这个名称……但自1852年印度测量局测得此峰高度后，西人便从1858年起，将印度测量局局长额菲尔士（英国人）的名字作为此峰的名字。我国编撰地志舆图的人也盲目地采用了这个名称。用帝国主义殖民官吏的名字来称呼我国的最高山峰，实在是很大的一个错误。
>
> ……

> 此后无论教科书、舆图或其他著作，凡用到珠穆朗玛峰或者冈底斯山时，都不得再误称为“额菲尔士峰”或者“外喜马拉雅山”。

关于“冈底斯山”不得误称为“外喜马拉雅山”问题，这里不去讨论。而自此以后，遵从“必也正名”的原则，按照“名从其主”的习惯，这座世界第一高峰、地球的高极，遂被“正本清源”为珠穆朗玛峰（罗马化拼写形式为Qomolangma Feng），并为全世界的人们广泛接受，从而维护了中国国家的主权与中华民族的尊严。

▪ 见证：沧海与桑田

“沧海桑田”是个成语，用来形容世事多变、人生无常。其实，沧海变桑田、水面变陆地，桑田变沧海、陆地变水面，本来就是地理环境变迁的常态。这样的变迁，地名往往又是坚强而且鲜活的证据。

以沧海变桑田言，江苏苏北海岸线的向东延展最为典型。比如追到2000年前的西汉末年，江苏沿海从北到南设有赣榆、朐、海西、盐渎、海陵五县。海西（今灌云县东南）得名于东面就是大海，盐渎（今盐城市）得名于引海晒盐，海陵（今泰州市）得名于这里是傍海的高地。又朐县（今连云港市西南锦屏山侧）得名于朐山，秦朝在山南置朐县，公元前212年，秦始皇帝“立石东海上朐界中，以为秦东门”，即秦朝陆地东界到此为止；及至1500多年前，朐县移治今连云港市西南海州镇，约百年后，因为濒临大海而得名的海州又移治到这里。而最麻烦也最有趣的还是赣榆（今连云港市赣榆区东北）。从字面看，“赣榆”说不清是啥意思，于是有人望文生义，说古代这里的人既“戆”又“愚”，或说从前这里移植了江西（赣）的榆树，如此等等。犹记2017年12月23日，我在“赣榆地名来历学术研讨会”上做总结发言：“问题的答案，考古挖不出，文献找不到，神话靠不住，对音太模糊。看过材料、听过发

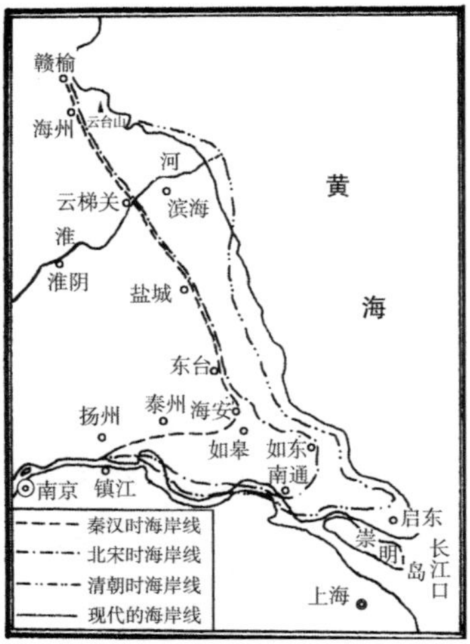

图3-9　苏北海岸的历史变迁（华林甫：《插图本中国地名史话》，齐鲁书社2006年版）

言的感觉，诸位先生可谓脑洞大开，其诚可敬，绞尽脑汁，其意甚美。只是我觉得，赣榆地名的讨论，应该跳出字形、关注读音、不要陷入繁琐、寻求直截了当。地名无论是约定俗成，还是专门命名，往往没有想象中那么复杂。”那我琢磨出来的“赣榆”是什么意思呢？简而言之，“赣榆”是古越语的华夏语（汉语）记音，意译过来，就是“盐仓”，这与古代的盐渎、今天的盐城是一个命名思路。

接着往下说，苏北地区这些2000年前紧邻大海、吹着海风、带着咸味的地名，今天却已距海不近，甚至蛮远了，如盐城市人民政府东距海岸线，就超过50千米。那么如此明显的海陆变迁，原因何在呢？其实并不复杂。我们知道，从1128年到1855年，黄河夺淮入海700多年，而随着长江流域的全面开发，入海的江水也是越来越黄。于是，不仅黄淮河口形成了黄淮三角洲、长江江口从冲刷型的三角湾变成了堆积型的三角洲，而且在沿岸洋流的携带下，黄河、淮河、长江的大量泥沙沿岸沉积，累计到了现在，就涨出了相当于4个上海市、大约2.5万平方千米的苏北土地。这样的“却喜涨沙成绿野，烟村耕凿久相安”（乾隆皇帝诗句），是自然演变与人文力量共同作用的结果，我们从苏北诸多的“海”地名、“盐”地名的名（得名缘由）不符实（坐落位置），也能获得简单明了的理解。

海变成田的沧桑，地名可以作证；反之，陆变成水的流转，也不乏地名例证。仍以苏北为例，前面在《泛舟：五湖四海》中提到，因为高家堰的拦蓄，洪泽湖横空出世；未及提到的是，这承担着“蓄清刷黄”使命的洪泽湖，还是一座高矗地上、随时可能溃决的“悬湖”。后来悲剧果然上演了：清康熙十九年（1680），淫雨连绵，黄淮并涨，洪泽湖水势若滔天，犹如置于釜底的泗州城（原址在今江苏泗洪县东南、盱眙县对岸）内水深数丈，历时千年的泗州城终被彻底淹没，时任泗州知州莫之翰慨叹道：“嘻，甚矣哉！官若浮鸥，民皆抱木而逃，自是城中为具区矣！”“具区”本为“太湖”别称，这里借指洪泽湖水汪洋浩瀚。可怜州城已成湖底的泗州，只得寄治盱眙县，后来又迁虹县，等到1912年，泗州改为泗县，即今安徽泗县。至于那座保存完整、原汁原味的“泗州”水下古城，时至今日，竟然获得了“东方庞贝城”的“美誉”，其特别的历史、文化、艺术价值与旅游、探险、猎奇潜力，吸引着海内外考古学家与旅游界人士的广泛关注。这是对桑田而沧海的泗州古城的祭奠，还是已经失去生命的泗州古城另种意义的新生？值得思考！

地名作为证据，可以反映的自然与人文的变迁，当然还有很多方面，不妨再举几例。

按照传统的地名命名原则，山南水北谓之“阳”，山北水南谓之“阴”。这是因为我们的国土处在北半球，山南水北是向阳面，反之则为背阴面。中国的阴阳地名绝大部分是符合这条原则的；历时已近2400年的咸阳，更因位于九嵕山之南、渭水之北、山水俱阳而得名，“咸”者，全部、都是的意思。而换个思路，如果发现阴阳地名与山水位置不相符合，往往就有特别缘故。如武汉三镇之一的汉阳，不在汉水北岸，而在汉水南岸。这有两种可能性，一是汉阳迁址了，二是汉水改道了，事实是怎样呢？追溯起来，隋大业二年（606）改汉津县为汉阳县时，这里确在汉水之阳（北）；及至明朝成化（1465—1487）初年汉水改道，汉阳变成了位居汉水之阴（南），只是“汉阳”这个地名依然沿用了下来。也就是说，“汉阳”与“汉水”的相对位置，从名副其实到名不副实的变化，竟为揭示汉水改道提供了确凿证据。

再如植被面貌的变迁，地名也常起着“温度计”般的测量作用。在今甘肃敦煌市东北，西汉时期本有一座军事城堡渔泽障；元封六年（前105），渔泽尉崔不意教民种田，收成颇丰，于是取义勤效得谷，设置了效谷县。600多年后的西魏又置效谷郡。然而当地脆弱的自然环境，本不适合开展大规模的农耕，结果没过多少年，北周即废效谷郡，效谷县也并入新置的鸣沙县（今敦煌市西）。鸣沙县得名于县内的鸣沙山（今敦煌市南），此山与山下的泉水都很神奇，如唐《元和郡县图志》记载：“鸣沙山，一名神沙山……其山积沙为之，峰峦危峭，逾于山石。四周皆为沙垅，背有如刀刃，人登之即鸣，随足颓落，经宿吹风，辄复如旧。有一泉水，名曰沙井，绵历古今，沙填不满，水极甘美。”见多识广的读者，一定知道这就是大名鼎鼎的鸣沙山、月牙泉；而若再多知道一些这里地名的变化，即自然的“渔泽”，经过人为的“效谷”，导致“鸣沙”即沙漠范围的扩大，你们应该就会萌生一种保护环境的使命感吧！

图 3-10 鸣沙山与月牙泉

再说一个动物分布的例子，我想你们的这种使命感会更强。无论是从考古发现还是地名释义，我们都了解到亚洲象在我国的分布范围本来非常广泛。单说地名，今天河南省的简称“豫”，来自先秦古地名“豫州”，《说文解字》：“豫，象之大者”，也有认为“豫”是人牵着象的意思，可见2000多年前河南地区多象；又1000多年前，岭南地区还因大象太多，乃至践踏了庄稼，于是杀象聚骨、立起石塔，以求震慑象群，这类“镇象塔”也具有地名指示意义。然而对比一下今天的情况，野生亚洲象在我国仅见于云南省南部，而且数量十分稀少，这有气候变迁的自然原因，更是人类残酷猎杀结出的恶果。

地名能够证明的人文历史，同样五花八门。纸短话长，这里仅举一例。在中国历史纪年中，第一个可信的朝代是夏朝，只是夏朝始于4000多年前，太过久远，既没有出土文字，也缺乏直接遗迹，所以夏朝的面貌显得非常模糊不清。而新中国考古学家寻找夏朝的重大突破，竟然源自两个地名。1959年，中国科学院考古研究所徐旭生先生通过爬梳古籍，把目标聚焦到了春秋战国时代的阳城（今河南登封市东南告成镇）——相传大禹曾经住在这里。进一步实地调查，又得知在告成镇西1000米有处当地人称“王城岗”的地方。这个地名是如此显赫，引起了考古学家的注意。以后在这一带历时多年的考古发现也堪称惊人：东西并列的两座城堡遗址，祭奠坑、窖穴、房基、灰坑，玉器、绿松石器、陶器、石器、骨器，如此等等，而最令人兴奋的是，遗址与遗物的年代距今约4000多年，即与夏朝早期非常接近。这里就是“禹居阳城”的地方吗？考古学家展开了想象的翅膀……

■ 回家：地名“万花筒”

14篇地名短文浏览下来，诸位应该感受到了中国地名的气象万千、精彩无限了吧！这样的气象万千、精彩无限，等待着你们去发现、去欣赏、去学习、去研究。这里不妨展示一下“我家”的地名，作为例证：

> 我出生在安徽桐城城关镇文庙边的光荣街。祖籍宁波柴桥。籍贯上海，老宅在上海黄浦区瑞金一路39弄4号。祖父迁居上海经商，父亲作为高级技术工人援皖。母亲出自桐城望族张氏，民国时外公在城关开诊所、在钱庄置田产。

这段文字，摘自前几年南京大学历史学院让我提供的《学术自传》。而结合我的身世经历再说细些，“我家”的串串地名又是这样的：

祖籍，宁波柴桥，今为浙江省宁波市北仑区柴桥街道；

籍贯，上海，已经拆迁的老宅，本来位于上海市黄浦区瑞金一路39弄4号；

老家，安徽桐城，先后住在桐城县城关镇光荣街，桐城县（市）文昌街道北后街、文城东路龙眠春晓；

现在生活的地方，是时常往返的两处，即江苏省南京市栖霞区仙林大道南大和园、江苏省句容市宝华镇新湖仙林翠谷。

以上叙述中涉及的地名，按照《地名管理条例》的表述，可以归并为五类：

1.行政区划名称：安徽省、上海市、浙江省、江苏省，宁波市、南京市，桐城县（市）、句容市，黄浦区、北仑区、栖霞区，城关镇、宝华镇，柴桥街道、文昌街道，皖。

2.居民委员会名称：钱庄。

3.街路巷名称：瑞金一路39弄、光荣街、北后街、文城东路、仙林大道。

4.住宅区名称：龙眠春晓、南大和园、新湖仙林翠谷。

5.其他地理实体名称：文庙。

面对这20多条类别丰富的大小地名，写稿的此刻，我颇有在玩地名“万花筒”的感觉。诸位玩过“万花筒”吗？这是一种光学玩具，将有鲜艳颜色的实物放在圆筒的一端，圆筒中间放置三棱镜，另一端用开孔的玻璃密封，从孔中看进去，就能看到美丽如花的对称图案。而将它稍微转一下，又会出现另一种图案。不断地转，图案也在不断变化，故名“万花筒”。万花筒的英语名称Kaleidoscope也很写实，它集合了希腊语的kalos（美丽）、eidos（形状）、scope（观看）三个名词。我小时候不仅经常玩万花筒，而且还会自己制作呢！只是现在想来，我曾转出的那些“花样”，都是转瞬之间离去，极难重现眼前，我又未免伤感于岁月的变迁……

说回地名“万花筒”。如果我们把地名的五个要素即音、形、义、位、类，比作万花筒里的五块彩片，把地名背后的语言、文字、历史、地理、风俗、观念、人物、传说等，比作把玩万花筒时的旋转，那么，这些内容组合而成的地名“万花筒”里呈现出来的图案，真是五颜六色、千变万化！就说“我家”的这些地名吧，行政“职称”有高有低，高到省、市（直辖市）、县（县级市），低到镇、街道、居民委员会；字面“感觉”有雅有俗，雅者如栖霞、宝华、文昌、仙林、龙眠春晓，俗者如柴桥、钱庄、北后街；来源取义有直白有难解，直白如南京、城关、光荣，难解如浙江、句容，“浙江”不是江流曲折的意思，“句容”不是茅山“形似己字……有所容”的意思。只是这些话题，如果放开来说，那就无边无际了。咋办？选说一条地名吧，我的祖籍“宁波”。

每到宁波，与朋友们在三江口品茶赏景、谈文论史，是我的必选动作。这三江口的热闹、繁华、有情调，与上海的新天地、南京的1912相仿佛。所谓“三江口”，是因甬江、余姚江、奉化江在此汇聚，今天宁波的简称“甬”即来自甬江，而追根溯源，宁波老城也发端于三江口。

先是唐开元二十六年（738），在四明山东麓的今鄞江镇置明州，州名就得自四明山，四明山名则与山中的一处奇景有关。唐人刘长卿《游四窗》诗云：“四明山绝奇，自古说登陆。苍崖倚天立，覆石如覆屋。玲珑开户牖，落落明四目。”这是怎样的奇景呢？在四明山大俞顶有处四窗岩，长方形悬崖的腰部有洞，远处仰望如窗，清初顾祖禹的《读史方舆纪要》描述：“石窗四面玲珑，每天地澄霁，望之如户牖，中通日月星辰之光，亦名四窗，故曰四明。”

再是唐长庆元年（821），明州迁治今三江口一带。历经修建，到了唐朝末年，宁波老城基本定型。南宋绍熙五年（1194）改置为

图3-11 四窗岩

庆元府。元至元十四年（1277）又改为庆元路。及至朱元璋吴元年（1367），复改庆元路为明州府。等到明洪武十四年（1381）又改为宁波府，至今不变。

以上明州—庆元—明州—宁波这样的地名沿革，也许诸位读来比较枯燥，然而稍加追究这些沿革背后的故事，其实相当好玩：

比如唐朝的明州，因为“明”为日、月合体，好事的地方官员与社会贤达就在明州城里整了一个日湖和一个月湖。近些年来，宁波又在开挖明湖，并称这日湖、月湖、明湖延续着宁波的城市主题。

再如庆元，联系着南宋的第四位皇帝赵扩。宁宗赵扩的父亲光宗赵惇患有精神病，群臣于是瞒着赵惇，拥立赵扩继位。赵扩诏改年号为“庆元”，并把他曾经任职的明州升格为庆元府，即以年号为府名，真是荣耀至极。元朝灭南宋后，觉得“庆元”这个名字蛮好，遂沿用了下来，只是改府为路。

又如元末明初的先改明州、再改宁波，也是有说法的。志在灭亡元朝的朱元璋当然鄙视“庆元”二字，于是复活了“明州”的旧称。没想到的是，明州文人单仲友竟然斗胆上书，指出“明”作为国号，乃是皇朝至尊的象征，理应避讳，今以一府之地而称“明州”，太没文化了。的确没文化的洪武大帝朱元璋接书，颇为尴尬，在召集文武大臣几番商议后，取义“海定波宁”的美好愿望，改名为“宁波”。

一条看似并不复杂的地名“宁波”，以上简单说说，就有如此纷繁的演变过程、涉及广泛的有趣故事，我想，这就是地名引人入胜的特别魅力吧。“我家”的地名“万花筒”是这样，“你家”的地名“万花筒”呢？应该也不例外吧……

那么如何发现、欣赏、学习、研究地名呢？我在这里提出两点建议：一是多想想，二是多走走。

多想想。比如诸位应该去过黄山吧？那就一定听说过那句“版权”归属徐霞客的“五岳归来不看山，黄山归来不看岳”。有趣的是，就在写这篇文章时，我想核实一下徐霞客这句虽然得罪了“五岳”（东岳泰山、南岳衡山、西岳华山、北岳恒山、中岳嵩山），却被黄山视为金牌广告词的出处，结果很是费了一番功夫，也没找到，看来这是以讹传讹的说法。那从这个事情，你们又是否得到了一些启发呢？凡事都要穷根究底，不要人云亦云，而我穷根究底获得的认识是，明朝的徐霞客说过“登黄山，天下无山，观止矣”，清初学者桑调元写过一副对联“六经读罢方持笔，五岳归来不看山”，于是两相叠合，大概就有了人民群众集体创作的“五岳归来不看山，黄山归来不看岳”这句俗语。

多走走。比如桃花潭不是“潭”。在来安徽泾县之前，我一直想当然地以为李白名句“桃花潭水深千尺，不及汪伦送我情”的桃花潭是座水潭。及至2015年6月，我踏访当地，才尴尬地得知这桃花潭竟是青弋江上的一处水面。因为此处水面在悬崖陡壁下，不见阳光时，水色较他处江面更深，又形若水潭，故名。又据清人袁枚《随园诗话》记载：当初汪伦邀请李白来此的信中说，“先生好游乎？此地有十里桃花；先生好饮乎？此地有万家酒店”，于是李白欣然而至，却既不见桃花，也不见酒店，汪伦遂道：“桃花者，潭水名也，并无桃花；万家者，店主人姓万也，并无万家酒店。”李白闻听，开心大笑。

抱着质疑多想想，开动双脚多走走，气象万千、精彩无限的中国地名，就会让你更聪明、更健壮！